Le livre de
l'enfant doué

Arielle Adda

Le livre de l'enfant doué

Préface de
Jean-Charles Terrassier

Solar
FAMILLE

Si vous souhaitez recevoir notre catalogue
et être tenu au courant de nos publications,
envoyez-nous vos nom et adresse, en citant ce livre
et en précisant les domaines qui vous intéressent.

Éditions SOLAR
12, avenue d'Italie
75013 PARIS
Internet : www.solar.tm.fr

ISBN : 2-263-02851-X
Code Éditeur : S02851

« L'intelligence et la sensibilité sont le sel de la terre.
Le diable mange fade. »

Robert Escarpit, *Lettre ouverte à Dieu*.

PRÉFACE

La diversité des enfants est un fait.

La rigidité de la société, de son système éducatif et de ses normes en est un autre, tout aussi évident.

Comment un enfant doué, précoce, en marge de la norme, peut-il réussir à exister, à ne pas renoncer à être lui-même dans un contexte a priori inadapté à sa personne ?

Telle est la problématique à laquelle Arielle Adda s'attache à apporter des réponses.

L'intelligence est souvent dite, à juste titre, facteur d'adaptation, mais, paradoxalement, elle peut devenir un facteur d'inadaptation chez l'enfant lorsqu'il perçoit, plus ou moins consciemment, que cette dimension de sa personnalité n'est pas la bienvenue.

C'est tout l'art de l'éducation, et en premier lieu celui des parents, de garantir un épanouissement normal, c'est-à-dire total, de l'enfant.

Dans cette perspective, la sensibilité de l'enfant compte autant que l'intelligence.

Les deux sont d'ailleurs inéluctablement intriquées. L'intelligence entraîne un « effet loupe » sur la sensibilité de l'enfant doué, dont le regard aiguisé va percevoir, et parfois difficilement intégrer, ce que les autres enfants du même âge n'auront pas même entrevu.

L'enfant doué est aux prises avec de multiples décalages internes de développement au sein de sa personnalité, et avec son décalage par rapport aux normes sociales et scolaires – ce que les psychologues nomment dyssynchronie.

Cette situation bien particulière aurait pu mobiliser l'intérêt des spécialistes en éducation et en psychologie. Ce ne fut pas le cas dans notre pays, où, cependant, avait été inventé le premier véritable test d'intelligence – qui fut utilisé, il est vrai, davantage pour évaluer le retard que la précocité.

C'est pourquoi ce sont des praticiens comme Arielle Adda et moi, et quelques autres, et non des enseignants d'Université, qui publient des livres et témoignent de la réalité quotidienne des heurs et malheurs des enfants doués. Un jour peut-être, les officiels de la psychologie oseront s'apercevoir que l'existence des enfants doués pose autant de questions en matière d'éducation que celle des enfants en retard.

Car, en définitive, à qui profite l'indifférence à l'égard des besoins des enfants doués ?

Dans l'absolu, à aucun enfant doué, mais, à l'évidence, elle altère davantage encore les chances de réussite des enfants de familles de niveau socio-culturel modeste, qui auront rarement les moyens d'oser intervenir auprès des enseignants et de s'offrir une consultation auprès d'un psychologue compétent. Ces enfants sont alors totalement à la merci du système, et l'on sait qu'à potentiel égal ils ont deux fois moins de chances de succès.

L'uniformité, en matière d'éducation, conduit à l'inégalité des chances. Cette évidence a longtemps été niée car il est plus facile, et apparemment démocratique, d'affirmer que tous les enfants doivent être éduqués comme s'ils étaient identiques.

Entre 1971, date à laquelle nous avons fondé en France la première association pour les enfants surdoués (ANPEIP), et maintenant, le travail de sensibilisation a eu quelque impact. Actuellement, des parents et des spécialistes osent revendiquer justice, et même le ministre de l'Éducation nationale déclare que les enfants surdoués ne doivent plus être éliminés par le système éducatif.

Un tel gâchis humain n'est pas surprenant, car, jusqu'à présent, les enseignants ne bénéficient d'aucune formation ni même d'information sur l'existence, les particularités et les besoins des enfants doués.

Arielle Adda, avec son intelligence sensible, peut permettre aux parents, aux enseignants et peut-être même à l'Éducation nationale, de percevoir et de comprendre leur fragilité liée à la précocité. Car l'école constitue encore trop souvent un carcan qui altère le développement et l'épanouissement des enfants doués.

Le mouvement pour la libération de l'intelligence à l'école et pour le respect de l'enfant est lancé, mais il a besoin de toutes les énergies et de toutes les compétences face à l'inertie et à la routine.

« Les enfants surdoués devraient pouvoir bénéficier des conditions d'enseignement adaptées leur permettant de mettre pleinement en valeur leurs possibilités dans leur propre intérêt et dans celui de la société. »

Ce ne sont ni Arielle Adda ni Jean-Charles Terrassier qui ont écrit cette phrase, mais bien le Conseil de l'Europe dans sa recommandation 1248 adoptée en 1994.

Alors, décidons-nous, les enfants attendent !

JEAN-CHARLES TERRASSIER

Petit historique

L'état d'enfance a toujours étonné les adultes ; selon le degré de civilisation, la religion et les mythes fondateurs, on a essayé de mettre l'enfant à une place où il ne soit pas trop gênant, dans une catégorie qui comporte par elle-même les réponses aux questions que ces petits êtres ne cessent de soulever par leur seule existence. Même l'enfant que nous avons tous été et dont nous gardons des souvenirs plus ou moins précis, complètement subjectifs et, par là même, pas tout à fait crédibles, nous reste un peu étranger. Qui se reconnaîtrait dans une photo de bébé si on ne lui disait qu'il s'agit bien de lui ? Ce sont les adultes qui discernent dans les traits enfantins des ressemblances avec un des parents.

Le bébé doit être protégé, nourri, soigné, mais longtemps on ne lui a pas accordé de personnalité propre : il rit, il pleure, il est alimenté et il dort. Il faut qu'il manifeste des dons particuliers, exceptionnels même, pour qu'on envisage de le considérer différemment. Mais il risque alors de passer directement à l'état de légende. Il faut bien trouver une explication à ces traits de caractère et à ces raisonnements qui le différencient sans conteste des autres enfants…

Mythes et légendes

Pour les peuples de l'Antiquité, les dieux usaient de leurs pouvoirs à leur gré : ils pouvaient distribuer les dons selon leur bon plaisir, sans souci d'égalité ; il était donc tout à fait normal que l'intelligence ne fût pas également répartie, et nul n'aurait songé à s'en offusquer.

Les Romains pensaient ainsi que l'enfant doué était un vieillard ayant l'apparence d'un enfant – mystérieuse alchimie sans doute opérée par un dieu qui voulait s'amuser, ou bien installer sur terre un allié susceptible de le seconder dans ses desseins à venir. On remarquera d'ailleurs que les hommes au destin remarquable étaient par la suite assimilés à des dieux, tel Romulus, dont la vie bien remplie pour un simple mortel témoigne d'un dynamisme certainement alimenté par des dons intellectuels exceptionnels.

De même Auguste, futur empereur, acquit très jeune une éloquence telle qu'il écrivit et prononça à l'âge de 12 ans l'éloge funèbre de sa grand-mère Julie. Dès lors, son intelligence, son jugement et la circonspection de sa conduite lui attirèrent la faveur de son grand-oncle César, qui annonça publiquement son dessein de l'adopter.

Ne dit-on pas que les abeilles tournaient autour de la bouche de Platon quand il n'était encore qu'un enfant ? Elles savaient que ses paroles étaient comme du miel...

L'intelligence renferme, d'emblée, un élément divin, un peu magique, qu'on ne peut songer à contester. Citons l'histoire de Sénosiris, fils du scribe Satni, rapportée par François-Michel Durazzo[1] : « Sénosiris manifeste, dès sa plus tendre enfance, des progrès stupéfiants et ne tarde pas

---

1. *Les représentations mythiques de l'intelligence dans le débat sur l'enfant précoce*, colloque « Précocité intellectuelle : de la mythologie à la génétique », organisé par l'AFEP à la Sorbonne en avril 1995.

à étonner ses maîtres par sa sagesse, sa mémoire phénoménale et sa maîtrise des hiéroglyphes, jusqu'au jour où il se révèle être la réincarnation de Panishni, venu pour confondre les ennemis des Égyptiens. Sa précocité est source de surprise, mais jamais d'incrédulité, et on apprend, à la fin du récit, que la puissance intellectuelle de Sénosiris est liée non seulement au fait qu'il a conservé les connaissances de sa première vie, mais aussi à l'idée antique qu'avant la naissance l'âme a eu accès au savoir. Ce qui frappe dans le mythe égyptien, c'est la mesure de la précocité : ses progrès physiques et intellectuels sont indiqués, de manière très moderne, en terme de comparaison par rapport à un âge donné. »

Cette idée d'une science antérieure à la naissance se trouve aussi chez les Hassidim : un ange poserait son doigt sur les lèvres de l'enfant qui va naître pour l'empêcher de divulguer ce qu'il sait – et même le lui faire oublier –, la marque du doigt laissant une dépression, au sens propre comme au sens figuré. Ce serait le prix de la vie.

D'une façon générale, toujours et partout, le don intellectuel donne lieu à des mythes : des peuples africains adeptes de la réincarnation, pour lesquels l'enfant doué tient son savoir de l'ancêtre qui s'est réincarné en lui, à Alexandre le Grand, dont on dit qu'entre deux victoires il se délassait en lisant Homère, en passant par Ulysse, Shéhérazade ou Rama, dont l'adresse, l'imagination ou le courage respectifs demeurent des modèles d'efficacité intellectuelle, les vrais héros – ceux qu'on aime en même temps qu'on les admire – sont tous dotés de capacités de raisonnement qu'on ne met jamais en doute. La victoire leur est acquise parce qu'ils ont su prendre la maîtrise des événements grâce à leur intelligence.

Du divin au savant

Dans les pays plus rationnels, plus « modernes », le goût du merveilleux s'efface pour laisser la place à la pure logique, avec son cortège rigide d'idées énoncées avec tant d'assurance qu'on ne saurait songer à les discuter. Descartes avait déjà semé le doute dans les esprits en affirmant de manière péremptoire que c'est l'éducation qui prime, la matière à développer étant sensiblement la même chez tout le monde.

On se souviendra pourtant que Pascal n'avait que 12 ans quand il retrouva seul la trente-deuxième proposition d'Euclide – son père ne voulait pas lui enseigner trop tôt les mathématiques. A 13 ans, il était admis dans le cercle des amis mathématiciens de son père et corrigeait les ouvrages scientifiques. A 16 ans, il composait un traité des sections coniques qui contenait tout ce que les Anciens avaient écrit sur les courbes.

Pic de La Mirandole avait à peine 10 ans que le suffrage public le plaçait au premier rang des orateurs et des poètes. Adolescent, il apprit le grec, le latin, l'hébreu, le chaldéen et l'arabe.

Le très jeune Francis Bacon répondit à la reine Élisabeth Ire, qui lui demandait son âge : « Juste deux ans de moins que le règne heureux de Votre Majesté. » Il n'avait pas encore 16 ans qu'il écrivait un traité destiné à démontrer la « futilité » de la philosophie d'Aristote.

Quant à Napoléon Bonaparte, il élabora à 9 ans la stratégie d'une bataille de boules de neige qui, dit-on, dura quinze jours.

N'oublions pas Julie d'Aragon, dame poétesse d'un grand raffinement : belle, fort bien éduquée, elle était presque une enfant encore quand elle écrivait, en latin et en italien, sur toutes sortes de sujets comme le littérateur le plus instruit. Elle jouait aussi de plusieurs instruments et chantait avec un art admirable. Ses discours étaient empreints de raison et de grâce.

Il ne s'agit pas d'accumuler les exemples d'enfants doués dont le souvenir est resté ; il apparaît seulement que la reconnaissance de ces enfants parés de tous les dons se soit raréfiée après Jean-Jacques Rousseau, notamment, qui néglige le don intellectuel au profit d'un être idéalement parfait, le « bon sauvage », censé s'initier à la littérature, aux mathématiques et aux langues quand il en ressentira le besoin...

« Aux grands hommes, la patrie reconnaissante », dit-on à ceux que la Révolution avait épargnés, mais ces grands hommes ne le seraient devenus que grâce à leur jeunesse austère, à leur zèle estudiantin et à leur conscience des exigences de la République – toutes caractéristiques de nature à diluer un don particulier.

Durant quelques décennies, le don intellectuel fut implicitement reconnu par l'attribution de bourses, destinées aux élèves pauvres et méritants, puis l'objectif visant à favoriser ce mérite intellectuel s'effaça peu à peu : rien n'obligeait à tenir compte de ce don particulier, à favoriser une catégorie d'élèves au détriment de tous les autres. Un moule réducteur se mit insidieusement en place : le don était une illusion, l'étude le remplaçait avantageusement, et, s'il n'était plus nécessaire, on pouvait aussi bien le négliger, l'oublier et, finalement, le nier, pour le plus grand bien d'une société ordonnée et paisible.

Pourtant, quels que soient les arguments de ses détracteurs, leur persévérance et leurs motivations, cette notion de don intellectuel n'a jamais été totalement effacée : il en a toujours subsisté une trace persistante, qui lui a permis d'attendre des jours plus propices pour se faire reconnaître.

Qu'il est long, le chemin...

Si l'on considère ce qui se passe dans le monde, on remarque que des pays aussi divers que les États-Unis, l'URSS du temps de sa puissance, la Chine ou Israël se sont appliqués à différencier les enfants doués et à leur faire suivre une scolarité appropriée, chacun pour des raisons qui lui sont propres et qui relèvent autant de la politique que du bonheur de ces enfants.

En France, quelques psychiatres évoquèrent brièvement ce problème dans de discrets articles, qui ne touchèrent pas grand-monde. De toute façon, le simple fait que ce fussent des psychiatres qui en parlaient suggérait l'idée d'une pathologie de nature à décourager tous ceux qui auraient été tentés de s'intéresser au sujet. On abandonna les notions de don divin, de magie, de réincarnation et de sorcellerie pour adopter une attitude plus « rationnelle », consistant à dire que tout ce qui n'est pas dans la norme doit être traité comme tel – et personne n'a envie de s'entendre dire que son enfant est anormal parce qu'il s'ennuie en classe ou qu'il n'a pas d'ami... Quand un enfant obtenait un résultat exceptionnel au test, on devait penser qu'il s'agissait d'un incident négligeable, dont il était inutile de tenir compte, afin de ne pas marginaliser davantage encore cet enfant déjà un peu différent. Le mieux pour lui était sans doute de faire oublier cet indécent niveau intellectuel...

Enfin Jean-Charles Terrassier vint : psychologue niçois, il fonda en 1971 l'Association nationale pour les enfants surdoués, dont le premier congrès se tint à Nice en 1978. A cette date fut également créé à Paris le centre de loisirs pour enfants doués Jeunes Vocations artistiques, littéraires et scientifiques. La voie avait été ouverte par Rémy Chauvin en 1975 avec son livre *Les Surdoués*, mais c'est Jean-Charles

Terrassier qui donna véritablement l'impulsion créatrice et mena un inlassable combat face à la remarquable inertie de l'Éducation nationale. Quiconque a eu affaire à une administration sait comment cela se pratique : on trouve enfin un interlocuteur attentif et intéressé, l'espoir renaît, un processus prometteur est amorcé, puis on apprend brusquement, à l'occasion d'un énième coup de téléphone, que le service a été remanié et que cet interlocuteur doit s'occuper désormais de tout autre chose, qui n'a plus rien à voir avec les enfants, leur école et leur éventuelle spécificité.

Les innombrables modifications de la scolarité ne prennent jamais en compte le don intellectuel, même si on dit le contraire : ainsi, en 1960, 20 % des élèves de cours préparatoire avaient 5 ans ou moins ; ils ne sont plus que 1,5 % dans les années 90, et la dérogation nécessaire est accordée avec une parcimonie sans cesse accrue. Autre chiffre qui laisse rêveur : 30 % des enfants doués sont en échec scolaire en 3e...

Il faut dire que les détracteurs des enfants doués affectent d'assimiler le don à un gavage intellectuel administré par des parents ambitieux. Cet amalgame est souvent pratiqué à la télévision et dans certains journaux à la recherche d'images choc. Il y aura sans doute toujours des parents, rêvant de donner le jour à un nouveau Mozart, qui inciteront leur progéniture à travailler la musique sans relâche ou qui s'acharneront à lui apprendre à lire sans qu'il en ait le moindre désir. Mais ces tristes histoires n'ont aucun rapport avec des enfants qui s'enchantent eux-mêmes devant leur piano ou qui s'exercent à déchiffrer, avec leurs faibles connaissances, tous les mots qu'ils voient.

Disons tout de suite, d'ailleurs, que le gavage donne toujours des résultats très décevants : un enfant porté à bout de bras s'effondre dès qu'il est livré à lui-même – effondrement sans doute accompagné d'un certain soulagement. On est loin de l'enfant qui ne cesse de poser les questions les plus inattendues avec un sérieux et une avidité de savoir indiscutablement authentiques.

Les parents trop pressants, trop exigeants, reculent généralement au moment de faire passer un test de niveau intellectuel à leur enfant, tant ils craignent un verdict sans appel qui rendrait, de surcroît, leur activisme ridicule. Ils prennent un rendez-vous, l'annulent à la dernière minute sous le prétexte le plus futile, recommencent ce jeu plusieurs fois, en proie à une vive appréhension à l'idée de s'entendre annoncer un chiffre décevant.

Au contraire, les parents d'enfants doués se montrent le plus souvent hésitants quand ils demandent un examen psychologique, précisant qu'ils ne pensent pas vraiment que leur enfant puisse être particulièrement intelligent ; mais ils le voient malheureux, tourmenté, ils ne sont pas certains de bien le comprendre et ont besoin de l'aide et des lumières d'un spécialiste, afin de ne pas négliger un aspect important de sa personnalité. S'ils sont heureux, et même assez flattés, en apprenant les résultats, ils sont aussi anxieux à l'idée de toutes les difficultés qu'ils auront à surmonter et de tous les combats qu'ils devront livrer. Ce n'est vraiment pas l'orgueil qui domine chez eux.

Il serait donc temps d'en finir avec les clichés et les idées reçues, et de traiter le « problème » avec un peu de calme et d'honnêteté...

De rares associations, et plus particulièrement l'AFEP, dont on trouvera les coordonnées en fin d'ouvrage, se battent également depuis quelques années. Citons encore l'ALREP, qui organise des camps de vacances depuis 1982. Les médias, qui ont longtemps évité la question, commencent à s'y intéresser – avec ce goût du spectaculaire lié à leur fonction et qui ne sert pas toujours au mieux la cause qu'ils évoquent –, sensibilisant peu à peu l'opinion : de fait, on ne peut plus dire, sans mauvaise foi, qu'on n'a jamais entendu parler des enfants doués. Viendra le temps où l'on ne pourra plus non plus soutenir qu'on n'en a jamais rencontré...

L'enfant doué acquiert aujourd'hui un petit droit de cité ; son existence commence à être reconnue. Souhaitons que cette porte entrouverte ne soit pas un jour murée dans un pieux souci d'égalité.

Distinctions et nuances

La terminologie utilisée pour désigner les enfants doués varie selon l'époque, l'humeur du moment, les idées qu'ont en tête ceux qui en parlent.

Si l'on commence à s'intéresser « scientifiquement » au sujet dans les années 50, si l'on attribue au psychiatre Julian de Ajuriaguerra l'emploi initial du mot « surdoué »[1], c'est Rémy Chauvin qui, en 1975, en a le premier promu l'usage dans le grand public. Le terme fut repris en 1981 par Jean-Charles Terrassier dans *Les Enfants surdoués ou la précocité embarrassante*.

Peu à peu pourtant, ce vocable, annonçant sans doute trop clairement la situation de ces enfants plus doués que la moyenne, est mal considéré : seul un orgueil mal placé autoriserait à affirmer qu'un enfant – le sien, généralement – est doué, très doué, surdoué... Le *Petit Larousse* précise : « Surdoué : se dit d'un enfant dont l'efficience intellectuelle évaluée par les tests est supérieure à celle obtenue par la majorité des enfants de son âge. » Pour s'approcher davantage de la vérité, il aurait été préférable d'insister, de dire « très supérieure », c'est-à-dire correspondant à une proportion réduite de la population générale.

Le terme de « précoce » semble alors moins ostensible-

1. *Manuel de psychiatrie de l'enfant*, Masson, 1970

ment provocateur, plus facile à faire accepter. On a pu en faire un sigle, EIP, aisé à traduire par « enfant intellectuellement précoce », dont l'hermétisme atténue encore la modestie : l'EIP fait partie d'une certaine catégorie, au même titre que d'autres classifications sous initiales, tout aussi obscures pour le commun des mortels.

Trompeuse précocité

Ce terme fausse pourtant totalement la compréhension de cette intelligence particulièrement développée. Précoce : « mûr avant le temps normal ou habituel ; enfant précoce : enfant dont le développement physique ou intellectuel correspond à un âge supérieur », dit le *Petit Larousse illustré.* Un enfant peut donc être précoce dans le domaine physique, ce qui, à l'évidence, ne signifie pas qu'il va devenir un géant, ou, plus ennuyeux et même attristant, un individu prématurément affligé des maux qu'entraîne un âge avancé. Transposée dans le domaine de l'intelligence, cette notion indiquerait que l'enfant de 10 ans, si brillant dans ses raisonnements, risque de se retrouver déchiffrant péniblement son journal de télévision vers la quarantaine.

« Précoce » a un autre effet insidieusement pervers : quand un enfant ainsi qualifié amorce une chute dans ses résultats scolaires, il ne tarde pas à penser que sa précocité touche à sa fin et qu'il va, désormais, se retrouver parmi les élèves moyens, avant de finir en queue de classe, puisque, son seuil de maturité atteint, il va stagner, piétiner, plafonner et finalement reculer, tandis que ses camarades poursuivront leur progression modeste, mais régulière. Par distraction, par accident ou, peut-être – sait-on jamais ? –, à cause d'une poussée prématurée et inattendue d'hormones dont la science n'a pas jusqu'à présent déterminé la raison, son intelligence aurait connu une accélération anormale dans son évolution, mais la nature, dans son infinie sagesse, va mettre fin à ce désordre, et l'enfant « trop » rapide rentrera dans le rang.

Lorsqu'ils sont en situation d'échec scolaire grave, des adolescents qui avaient passé, dans leurs premières années, un test les situant nettement parmi les plus doués reviennent en consultation, profondément convaincus de la justesse de cette idée ; ils ont même l'impression d'en être la vivante illustration. Ils sont là, tout noués, se tenant de travers, n'osant regarder en face la personne qui avait affirmé qu'ils manifestaient un don certain et dont ils supposent qu'elle doit maintenant les regarder avec pitié si elle a bon cœur, avec colère si elle est fâchée de ce gaspillage.

C'est d'une toute petite voix contrainte, étouffée, timide et apeurée qu'ils demandent : « Jusqu'à quel âge on est précoce ? » Il faut alors tout leur expliquer : la facilité trompeuse des premières années, la méconnaissance de l'effort, et, pour finir, l'échec.

Si on peut qualifier ce terme de « pervers », c'est parce qu'il fait croire à ces enfants trop sensibles, ne sachant comment acquérir une efficace maîtrise de leur don, que leur privilège cessera un jour : ils vivent donc dans l'attente anxieuse du moment où tout va basculer. Cette crainte se réalise le jour où leurs notes deviennent calamiteuses. Leur connaissance si fine et si précise de la langue leur indique le cours inévitable de la précocité, à l'exemple d'une floraison précoce que la moindre gelée fait disparaître sans rémission.

Il est ainsi préférable d'éviter ce mot, nocif, voire destructeur, pour certains.

Reste alors le terme de « doué », plus volontiers utilisé actuellement, plus flou, permettant d'inclure une plus grande diversité de dons. Il ôte sa spécificité au seul don intellectuel, il le banalise, il le rend plus acceptable.

LE DON A SES NUANCES...

Il est vrai que la personnalité de chacun est composée de multiples facettes : chez tout individu, il y en aura toujours de plus brillantes que d'autres, l'ensemble composant chaque fois une constellation unique. Le don n'a pas toujours cet éclat fulgurant qu'on prête si volontiers à des individus « extraordinaires ».

Pour seul exemple, j'évoquerai certains enfants peu doués intellectuellement, au point de ne pouvoir apprendre à lire, mais qui se révèlent capables de saisir d'emblée la personnalité des adultes qu'ils rencontrent et de réagir aussitôt s'ils perçoivent une faille. Ils savent également discerner chez ceux qu'ils aiment la tristesse ou la fatigue, même quand on a tenté de les leur cacher. Cette intuition infaillible peut sembler surprenante chez des enfants en apparence si démunis ; elle prouve simplement que tout être humain recèle en lui des qualités insoupçonnées, dont il faut parfois aider la révélation.

L'idée qu'on se forge d'un don, pris dans l'absolu, est souvent empreinte de merveilleux. On aime voir un calculateur prodige multiplier à l'infini des nombres de plus en plus longs – on s'étonnerait presque qu'il déclare forfait. On admire une mémoire qui confine à la légende, une vélocité extrême de raisonnement, un sens éblouissant de la repartie... Cette idée de merveilleux, somme toute assez naïve, que chacun garde au fond de son âme d'enfant, incite à ne s'étonner de rien, tout en estimant l'exploit à sa juste mesure. Oubliant un instant la jalousie, l'envie, la rivalité, on apprécie sans arrière-pensée une performance dont on aurait douté qu'elle fût réalisable. Voir un être humain, en apparence semblable à tous les autres, accomplir une prouesse qui dépasse l'entendement magnifie l'idée que chacun se fait du genre humain : si un homme a réussi ce prodige, sa force rejaillit sur tous, chacun recueillant une infime parcelle de cette gloire.

On admire ainsi les navigateurs qui entreprennent une course en solitaire, les alpinistes ouvrant une voie où d'autres avaient perdu la vie, les explorateurs qui se mesurent aux déserts brûlants ou glacés, à la jungle, au feu des volcans... On se sent alors soi-même plus grand, plus courageux, plus fort, parce que ces individus qui ont su maîtriser leurs peurs pour affronter des éléments parfois terrifiants vous ressemblent.

Le don intellectuel n'apparaît pas de la même façon aveuglante, c'est peut-être pourquoi, sans doute, il est si souvent nié. Ces enfants sont comme tous les autres... du moment qu'ils n'ont pas d'éclairs qui leur sortent de la tête.

Les émissions de télévision mêlent souvent sur le plateau des enfants pourvus des dons les plus différents. Le musicien sera évidemment la vedette : si jeune, il joue déjà si bien ! On pourra très facilement évoquer les performances du joueur d'échec, et surtout celles des sportifs : tennis, natation, judo... Perdu au milieu de ces vedettes, l'enfant doué, qui n'est ni plus fort physiquement, ni plus beau (quoique...), ni plus sûr de lui, fera pâle figure. On va lui poser des questions banales, il répondra de façon neutre, comme il répond à l'école. Si on insiste, il finira par dire que « oui, en effet, il s'ennuie en classe » – mais ce qui l'ennuie surtout, c'est la réaction de ses camarades (on n'ose dire ses copains) qui auront vu l'émission. Pour peu qu'il se soit forgé une défense qui le fasse paraître agressif, sûr de lui, voire pédant, il semblera tellement antipathique que chacun se réjouira d'avoir échappé à une telle calamité dans son foyer...

Un enfant doué n'est pas forcément télégénique. Pourtant, contrairement aux idées reçues qui se plaisent à les imaginer un peu monstrueux, ces enfants sont particulièrement beaux : l'harmonie qu'ils recherchent si volontiers confère à leurs traits une vivacité pleine de charme. Ils sont aussi modestes, discrets, déjà assez mûrs et perspicaces pour avoir compris qu'il était préférable de rester à sa place sans chercher à tout prix à devancer les autres, d'autant plus qu'ils ne désirent pas du tout se distinguer.

L'enfant qui n'a reçu pour don « que » son intelligence est terriblement vulnérable : c'est un outil qu'il maîtrise encore très maladroitement. Il ne sait jamais où ses idées vont l'entraîner : quand il se laisse guider par elles, il s'attend plus à déchaîner les rires ou à provoquer la perplexité qu'à susciter l'admiration. Il est prudent : chaque fois qu'on l'interroge, c'est sa personne tout entière qu'il doit dévoiler, comme s'il devait se mettre à nu, sans piano, sans raquette, sans échiquier pour le protéger. Sa prestation n'est donc pas spectaculaire, mais des enfants doués, jouant leur propre rôle, sont parfaits de naturel, de simplicité, de pudeur aussi, parce que les mots qu'ils prononcent ont été écrits par d'autres, même si ce sont eux qui les ont inspirés.

Rien à voir avec la superbe que l'on attribue généralement au « génie », figure aussi fascinante que le terme est galvaudé. Encore une fois, la nostalgie de la magie qui a imprégné l'enfance incite à rêver des pouvoirs prodigieux que quelques rares individus posséderaient et dont ils feraient bénéficier le genre humain reconnaissant : ce serait même leur devoir, en contrepartie de ce don exceptionnel dispensé par le ciel.

Le génie intellectuel existe, il n'est absolument pas mesurable par les tests : on ne peut comparer un génie à ses pairs, puisqu'il n'en a pas – on ne peut d'ailleurs le comparer à personne, il est bien seul dans sa catégorie, place totalement inconfortable, du moins durant l'enfance. On nomme ainsi Mozart, Pascal, Goethe, Léonard de Vinci... sans jamais épuiser le mystère.

Pourtant, le génie est plus répandu qu'on ne l'imagine, parce qu'il ne porte généralement que sur un domaine précis, bien délimité, où il permet la conception d'idées remarquables d'originalité, de justesse, d'efficacité : chercheurs, savants, mais aussi peintres, musiciens, dramaturges et philosophes forment une cohorte sublime appliquée au bien de l'humanité. A moins qu'on ne parle du génie du mal... Toujours est-il que cela n'a pas grand-chose à voir avec l'enfant doué, dont l'intelligence se manifeste, au moins au départ, dans tous les domaines.

Depuis peu, d'ailleurs, il est souvent question des « intelligences multiples » décrites par Howard Gardner(1) : musicale, kinesthésique, logico-mathématique – la plus facile à mesurer par les tests –, langagière, spatiale, interpersonnelle (l'intuition) et intrapersonnelle (la connaissance de soi). Pour évoluer harmonieusement, il est évidemment préférable de présenter des bribes de chacune... Ces formes d'intelligence tissent entre elles des liens serrés, et, si l'une se développe, toutes les autres en recueillent des bénéfices – à la condition, toutefois, que le terrain soit propice.

Quoi qu'il en soit, que l'on préfère doué, précoce, prodige ou génial, qu'importe, après tout : le don ne se suffit pas à lui-même ; il faut de l'énergie et de la persévérance pour le faire fructifier. Mieux vaut donc reléguer les nuances au fond de son esprit pour rester attentif à l'évolution de son

1. *Frames of Mind : the Theory of multiple Intelligences*, Basic Books, New York, 1983.

enfant, évolution qui lui est propre, sans vouloir lui appliquer des schémas tout faits. Car, aussi bonne que soit la préparation de ses parents, ils seront toujours surpris, à un moment ou à un autre, par une réaction inattendue, qui les laissera sans voix ; ils savoureront avec plaisir ces surprises sans cesse renouvelées durant la longue route, parfois ardue, mais le plus souvent exaltante, qu'ils vont suivre en compagnie de cet enfant venu comme un cadeau du ciel.

Première Partie

L'ère du soupçon

Les indices

Il s'agit ici d'esquisser un *portrait impressionniste* de l'enfant doué : chaque parent y reconnaîtra des éléments qui évoqueront pour lui des événements précis, éléments qui avaient pu lui sembler curieux et dont la description ne se trouvait pas nettement dans les ouvrages destinés à expliquer le fonctionnement des enfants à des parents attentifs, aimants, mais parfois un peu perdus.

Ce sera, tout d'abord, une ébauche à grands traits, chaque aspect et chaque situation étant examinés par la suite avec davantage de précision.

Un bébé enchanteur

Quand paraît l'enfant, qu'il soit doué ou non, c'est naturellement le plus extraordinaire des bébés, surtout s'il est le premier. Ses parents, émerveillés et inquiets, ne se posent pas de questions sur la valeur de ses capacités – d'ailleurs, tous les bébés sont d'étonnants surdoués, qui saisissent et enregistrent quantités d'informations chaque jour, dès leur arrivée.

On peut, à cet égard, simplement signaler que les enfants doués naissent souvent avec quelques jours d'avance, mais leur poids est normal et ils ne présentent aucun signe de prématurité : ils sont nés à leur heure, qui était un peu en avance par rapport à la moyenne, sans plus.

On sait, de plus en plus sûrement, que les bébés sont extraordinaires dans leur compréhension de tout ce qui survient autour d'eux et qu'ils savent très bien exprimer leurs désirs et leurs malaises ; ils emploient à se faire comprendre une énergie considérable, dont la force est même difficile à concevoir, mais le travail qu'ils doivent fournir en permanence, pour bien saisir la signification de ce qui se passe autour d'eux, exige une alimentation de travailleur de force : les retards sont donc vite insupportables et l'inconfort trop perturbateur, ce qu'ils ne manquent pas de faire rapidement savoir à leur entourage, pour réduire le plus possible cet intolérable délai.

Cette énergie fantastique est évidente chez les prématurés, qui mènent un combat gigantesque pour continuer leur développement, accidentellement freiné ; ceux qui ne possèdent pas cette énergie finissent par renoncer. On peut penser que la force indispensable à cette lutte n'est pas seulement physique, elle doit aussi être un peu morale et intellectuelle, même s'il peut paraître surprenant de prêter de telles qualités à de si petites « choses ».

Généralement, un bébé comprend vite qu'il fait plaisir à son entourage justement en observant, en comprenant, en se laissant aller à sa pente naturelle, qui est de saisir les paroles non seulement pour ce qu'elles signifient, mais bien davantage pour ce qu'elles laissent entendre d'émotions, de sentiments, de raisonnements logiques : il entend l'amour et la raison, alors qu'on le croit encore occupé à absorber et à digérer nourritures terrestres et pratique du quotidien.

Le moindre des progrès de ce bébé enchanteur sera accueilli avec bonheur, émerveillement, joie pure : marcher, ce qui veut dire maîtriser l'espace autour de soi et pouvoir l'explorer avec un début d'autonomie, dire des mots, des phrases, comprendre, répondre aux sollicitations de tous ordres et montrer son plaisir à chacune de ses découvertes et à chacun de ses acquis constituent autant de moments bénis que l'on savoure, en s'estimant gâté par le ciel. Heureux sont les parents qui ont pu goûter ce plaisir ; il s'inscrit dans les souvenirs profonds et émouvants, ceux que l'on évoque rarement, parce qu'ils sont trop précieux et qu'ils risqueraient d'être dénaturés, voire abîmés, si on les exposait indûment. Ils ne font pas partie des anecdotes amusantes qu'on peut ressasser sans danger.

Un enfant aussi agréable est d'autant plus satisfaisant pour ses géniteurs qu'il leur permet de se croire d'excellents parents : tout ce qu'ils disent est aisément compris, les progrès sont réguliers, flatteurs, preuve que l'on a su d'emblée trouver le meilleur mode de relation possible avec l'enfant, puisqu'il n'y a pas de fausse note, pas de malentendu, mais, au contraire, une harmonie à peine troublée par quelques distractions passagères chez l'un ou l'autre des protagonistes.

L'IVRESSE DU LANGAGE

Le moment le plus joyeux est souvent celui où l'enfant commence à parler : les enfants doués parlent ordinairement tôt, à moins qu'un souci de perfectionnisme ne les incite à n'ouvrir la bouche que lorsqu'ils se sentent sûrs de leur diction et de leur grammaire. Le parler bébé les horrifie trop pour qu'ils se hasardent à prononcer des mots qu'ils maîtriseraient encore mal. Ce nouveau pouvoir a quelque chose d'enivrant : nommer un objet pour se le voir donner aussitôt, exprimer un désir pour le voir satisfait devient alors le meilleur des jeux, d'autant plus qu'il va durer indéfiniment : il y a tant de mots à connaître, tant d'objets ayant chacun un nom particulier. A ce jeu passionnant vont s'ajouter les subtilités grammaticales : les enfants doués usent rapidement d'une élégance de langage qui oblige leurs parents à surveiller leur expression verbale, pour ne pas se faire rappeler à l'ordre par un bout de chou qui, il y a peu, balbutiait quelques mots usuels.

■ « Où vais-je aller ? » demande Caroline, 4 ans tout juste, en dessinant son chemin dans un labyrinthe. Ses parents le confirment, ils doivent, désormais, s'appliquer à surveiller leur langage (et ne plus dire « Où est-ce que... ? »).

On peut se réjouir de cette aisance, mais le piège pernicieux et sournois n'est pas loin : la parole comporte un aspect magique. Au lieu de s'épuiser à pleurer, à hurler, même, si la satisfaction du désir tarde trop, il suffit de prononcer simplement quelques mots bien choisis ; et, surtout, on peut dialoguer avec les adultes, exactement comme ils le font entre eux en tenant – jusque-là – les enfants à l'écart de cette spécificité de grande personne.

Si ce piège est tellement sournois, c'est que les adultes sont tout d'abord admiratifs devant cette aisance à parler, ils poussent même cet enfant à s'exprimer le plus souvent possible, en s'interrogeant sur le mystère de cette acquisition quasi miraculeuse, tant elle est surprenante de rapidité et d'efficacité. Tout est dès lors en place pour que chacun des participants s'enferme dans une attitude qui va le ligoter à son insu ; l'enfant au beau langage va désirer s'exercer, et de la sorte exercer son pouvoir, de plus en plus souvent ; les adultes vont tout d'abord se laisser charmer avant de réaliser qu'ils risquent de laisser leur enfant commander, ordonner, décider, à propos des moindres événements du quotidien, parce qu'il le fait avec tant de naturel !

Une telle attitude, empreinte de faiblesse distraite, face à une séduction inattendue, va confirmer l'enfant dans la certitude qu'il possède bien un pouvoir magique dont il peut user à sa guise : ses désirs ne sont plus de simples caprices, mais des besoins impératifs à satisfaire sur-le-champ, ou bien, s'il a tout de même conscience de l'incongruité de cette attitude, il jouera de ce pouvoir comme on dispute, sans se lasser, une partie particulièrement passionnante.

Va alors s'instaurer un engrenage infernal : l'enfant donne l'impression de tout soumettre à un rapport de force ; en fait, il négocie, en suivant un protocole qui est celui du marchandage, quand chacun des interlocuteurs sait qu'on se mettra d'accord sur un moyen terme – à croire qu'un tel système est inhérent aux rapports humains. Seuls les parents, vite épuisés, semblent l'ignorer et appréhendent comme un cauchemar le moment où il leur faudra formuler une exigence, banale et courante, mais source de conflits infinis dans leur situation actuelle.

Ce n'est pourtant qu'un jeu pour l'enfant qui sait si bien parler ; il veut seulement vérifier où se situent les limites des interdictions et donc celles de son pouvoir : s'il pense qu'il peut les modifier, il va s'y appliquer, avec toute l'énergie et toute l'ardeur dont il est capable – et elles sont immenses. La discussion s'étire, il est 10 heures du soir, et ce jeune enfant est encore là, à demander pourquoi il doit aller au lit et quitter un lieu tellement intéressant, qui deviendra encore plus passionnant quand il sera parti, il en est sûr. Il cligne un peu des yeux, certes, mais ce n'est pas par envie de dormir, il n'a jamais eu si peu envie de dormir ; au contraire, il est bien réveillé et tout prêt à participer aux activités des grands, qui témoignent d'une méchanceté incroyable à vouloir ainsi se débarrasser de lui. Si on le met au lit malgré ses protestations indignées, il va pleurer, réclamer à boire, demander un câlin (qu'il serait monstrueux de lui refuser), annoncer un aveu important (qu'il avait tu jusqu'à présent), enfin il va occuper le terrain, parce qu'on ne l'oblige pas si facilement à obéir, alors qu'il n'en voit pas la nécessité.

Comme il a vécu sa journée avec l'intensité qui lui est coutumière, il est fatigué, mais il s'appuie sur une résistance nerveuse inépuisable et il n'a *sincèrement* pas sommeil.

Cette difficulté d'endormissement finit parfois par gâcher des journées délicieuses, où le plaisir de l'échange avec un enfant si mûr, si attentif et si curieux de tout était savouré en toute quiétude. Il est pratiquement impossible de résister à la séduction de ce langage élégant et clair, ponctué de surprenants jeux de mots, qui ne sont déjà plus des lapsus ou des marques de naïve ignorance.

En théorie, il faudrait s'adresser à la raison de cet enfant trop raisonneur, lui expliquer les motivations de la discipline qu'on lui impose, sans vouloir se justifier plus qu'il n'est nécessaire, et clore la discussion avant qu'elle ne s'engage dans des voies sinueuses et interminables. Un jeune enfant, si doué soit-il, n'a pas d'arguments imparables, mais l'on peut être certain qu'il remarquera la moindre hésitation, pour profiter aussitôt de cette faiblesse à peine devinée.

Bien entendu, il s'agit là d'une éventualité ; tous les enfants doués pour la parole ne se bloquent pas dans cet insupportable rapport de force : ils aiment trop l'harmonie des relations et du dialogue, ils n'éprouvent pas le besoin de tenter d'affirmer leur personnalité en s'opposant à l'autorité, pourtant sécurisante, de leurs parents. De surcroît, si l'enfant l'emporte et gagne la partie, il risque d'être pris de vertige à l'idée qu'il est capable de se montrer plus fort que ses parents, censés le protéger et lui enseigner la façon de se comporter dans la vie. S'il est plus fort, donc peut-être plus savant, qui va lui apprendre tout ce qu'il ignore encore et qui va lui assurer une sécurité indispensable ? Il ne faut jamais oublier qu'il s'agit, pour l'enfant, d'un jeu, d'une joute oratoire, mais il y apporte toute la conviction passionnée que les enfants consacrent de manière naturelle et spontanée à leurs jeux.

Leur joie à rechercher la plus grande élégance possible dans leur expression vient véritablement d'eux-mêmes ; ils s'appliquent à la précision, à la concision, à la clarté, et ils en éprouvent un grand plaisir, comme celui que procure une œuvre achevée de la façon la plus rapide et la plus complète qui soit – ce qu'on appelle en mathématiques une « solution élégante ». Ce langage reflète leur pensée, qui doit être claire et aisée à comprendre, tout en donnant un grand nombre d'informations sous une forme ramassée.

■ Charles a 4 ans ; il est, bien entendu, en moyenne section de maternelle. C'est un enfant discret, timide, même, qui n'attire pas l'attention. Dans une épreuve de vocabulaire, il donne des définitions banales : « Un marteau ? » « C'est pour taper. » – « Un facteur ? » « Il donne les lettres. » – « L'hiver ? » « C'est quand la Terre s'éloigne du Soleil. » – réponse logique, pour Charles, il ne peut y en avoir d'autres, puisqu'elles seraient forcément moins précises, plus éloignées de la réalité ; il est même assez content de pouvoir répondre d'une manière parfaitement naturelle pour lui et satisfaisante pour l'esprit.

Ne rêvons pas, Charles était trop discret, il n'a pu échapper à la dernière année de maternelle.

UNE CURIOSITÉ INSATIABLE

Ce genre de réponse rend bien compte du mode de pensée de ces enfants, plus curieux de nature que d'autres. Très vite, c'est avec une énergie immense qu'ils cherchent à apprendre, apprendre n'importe quoi, dans n'importe quel domaine, du moment que cela les aide à comprendre ce qui se passe autour d'eux et les raisons profondes – scientifiques, pourrait-on dire – qui expliquent les événements. Alors, dès qu'ils commencent à raisonner, ils posent des questions, surpris qu'on ne puisse leur répondre, après tant d'années qui auraient dû être passées à apprendre : ces grandes personnes ont bien des lacunes, qu'elles ne cherchent même pas à combler, et elles prennent bien facilement leur parti de cette ignorance, tandis que, pour celui qui a posé la question, restée sans réponse, il faut obtenir satisfaction, toute affaire cessante. Cet inlassable curieux n'est jamais rassasié ; et comment pourrait-il l'être, alors que le vaste monde recèle des millions de phénomènes à découvrir et que la pensée spéculative peut les multiplier à l'infini ?

Certains enfants ne tardent pas à s'agacer des silences, des ignorances, de la désinvolture de leur entourage vis-à-vis de leurs questions, tellement essentielles. Ils se fâchent, ils deviennent irritables, comme s'ils pensaient qu'on leur cachait des choses et qu'on les tenait à l'écart, par négligence, alors que, pour eux, il est aussi indispensable d'alimenter leur besoin de connaissances que de fournir des biberons à un bébé affamé.

Souvent, les parents s'étonnent du savoir quasi encyclopédique de leur enfant. « Où a-t-il bien pu apprendre tout ça, on n'en parle jamais devant lui ?... » Point n'était besoin de répéter sans fin quelque chose pour que cet enfant, tellement désireux d'apprendre, puisse l'intégrer, en tentant d'organiser ses connaissances pour qu'elles forment un tout cohérent et qu'il soit facile de les retrouver dans sa mémoire au moment opportun.

Peut-on se hasarder à dire que ce sont des « guetteurs de savoir » ?

Ce désir de connaître et connaître encore finit par devenir vertigineux ; il y aura toujours tant et tant de choses qui resteront ignorées, hors d'atteinte, à jamais perdues pour cet esprit curieux de tout, rapidement confronté aux limites de son univers. Pour se rassurer, pour se créer un cadre autour d'un savoir précis, circonscrit, ces enfants avides vont trouver un centre d'intérêt particulier : au lieu d'élargir, ils creuseront, rêvant peut-être de tout savoir sur un sujet déterminé, et ils consacreront à cette étude l'intérêt passionné qui les caractérise si souvent.

On dira alors, avec une méfiance mêlée d'inquiétude, qu'il y a des éléments de « bizarrerie » dans cet acharnement à approfondir un sujet, qu'il s'agit d'une personnalité perturbée, sans songer que la source de cette perturbation réside dans la façon parcimonieuse et désordonnée dont le savoir est dispensé aux jeunes enfants.

Il est suspect, en effet, de tout désirer connaître des animaux préhistoriques, avec leurs noms compliqués à l'orthographe tortueuse, quand on ne sait pas encore grand-chose de l'étymologie ; de dessiner les drapeaux du monde entier ; de connaître l'emplacement de chaque pays et le nom de sa capitale ; de nourrir une passion pour les pierres, allant jusqu'à considérer comme anormal tout individu qui ne partagerait pas cet engouement ; il y a aussi les avions, les insectes, parfois – ce qui est ennuyeux et demande, de la part de l'entourage, une sérénité à toute épreuve quand il faut les élever en appartement ; mais, surtout, il y a les chiffres, qu'on peut tourner en tout sens, qui conservent toujours leur logique, avec des résultats immuables, fidèles, sécurisants. Certains enfants dorment avec leur calculette à la place de la peluche habituelle et attendue : dès qu'on l'utilise, on sait que l'ordre éternel de l'Univers ne va pas être brusquement modifié et qu'au lendemain tout sera à sa place, sans crainte de mauvaise surprise ; le soleil brillera, ou bien la pluie tombera, peu importe, ce n'est pas la question, la maison sera toujours là, et surtout, surtout, papa et maman n'auront pas disparu. Il y a des cas où l'ours traditionnel n'est pas assez efficace.

■ **Un père racontait comment son fils de 3 ans et demi avait connu un moment de bonheur absolu quand il avait découvert qu'existaient les nombres négatifs : une porte, inconnue jusqu'à présent, s'ouvrait pour révéler de nouvelles merveilles.**

On conçoit comment un tel enfant peut se montrer parfois épuisant en posant tant de questions ; des parents consciencieux ont alors pour livre de chevet une encyclopédie qui les renseigne et les empêche de déchoir, mais les questions ne cessent pas. Le plus simple est de donner l'encyclopédie elle-même, pour qu'elle soit consultée à volonté.

L'intérêt d'apprendre à lire sans délai devient alors évident – c'est même d'une absolue nécessité.

Un lecteur précoce

Il est absurde de retarder, presque de façon artificielle, le moment de l'apprentissage de la lecture ; les enfants doivent apprendre à lire quand ils en manifestent le désir. Il est, évidemment, difficile, délicat, voire risqué, de s'opposer aux pédagogues, en affirmant que, si un enfant de 3 ans sait déjà déchiffrer, ce n'est pas au prix de longues veilles douloureuses, imposées par des parents trop ambitieux. « Cachez les livres », conseille-t-on parfois aux parents perplexes, venus demander conseil aux spécialistes. « Ne parlez pas de lecture, c'est beaucoup trop tôt ! »

A-t-on peur que cet enfant s'abîme les yeux, comme si, non contents de l'obliger à lire, ses parents ne lui donnaient qu'une pauvre chandelle ?

Lire est une activité si *naturelle*, quand on a compris que c'est dans les livres qu'on trouvera des réponses, que cet apprentissage se fait tout *naturellement*. Il existe, bien évidemment, de nombreuses méthodes fort efficaces, mais, à défaut, je conseille la vénérable émission *Les Chiffres et les lettres*. Parfois, je la recommande même pour les enfants présentant des difficultés d'apprentissage en lecture, surtout s'ils ont été soumis à la calamiteuse méthode globale. Si les enfants parviennent à lire avec cette méthode, c'est qu'ils ont appris en dépit de ce système, qui empêche toute reconnaissance des lettres prises séparément.

Pour les enfants à l'esprit rapide, cette méthode globale comporte un effet pervers : une trop bonne mémoire, une facilité à deviner le contenu d'un texte, en effet jamais très compliqué ni trop inattendu, vont leur permettre de faire semblant de lire, alors qu'ils ne font que réciter par cœur.

Il est pourtant si simple d'apprendre à déchiffrer, quand on en a le désir : il suffit aux maîtres de procéder de façon rationnelle – sans chercher à plaire en exhibant des enfants en apparence brillants, parce qu'ils auront « lu » quelques phrases, tout en restant incapables de transposer ce processus à d'autres énoncés. On a compliqué les choses et fabriqué des dyslexiques en série, au détriment de leurs études tout entières et, surtout, de l'image qu'ils se sont formée d'eux-mêmes.

On a d'ailleurs des exemples de cette facilité des plus jeunes à s'arranger d'une situation qui désarçonnerait plus d'un adulte : pendant la dernière guerre, du fait d'une scolarité mouvementée, perturbée et désordonnée, des enfants n'ont pu apprendre à lire, et leur entourage avait d'autres préoccupations que de vérifier leur situation scolaire. Ces enfants, désireux de suivre la même scolarité que leurs camarades et craignant de se singulariser, ont tout appris par cœur, jusqu'au moment où leur ignorance s'est révélée à une maîtresse de CM1, effarée par cette lacune fondamentale, que personne n'avait encore eu l'occasion de remarquer[(1)].

L'enfant doué connaît donc là son premier dilemme : il a envie de lire, mais il a bien compris qu'il serait mal venu d'exprimer trop ouvertement ce désir à une maîtresse, qui a bien d'autres soucis en tête et qui serait donc dans l'embarras. La solution m'a été fournie par un gentil Pierre de 4 ans, qui chantonnait chez lui : « A l'école, je suis trop petit pour lire, mais, à la maison, je peux ! » Il faut préciser qu'il était précédé de plusieurs aînés qui avaient tendance à le considérer comme un arriéré profond, puisqu'il était encore illettré.

■ Séverine est une petite fille très énergique et volontaire, qui consacre à toutes ses entreprises un dynamisme remarquable ; aussi ses parents s'étonnent-ils qu'elle ne lise pas encore à 4 ans, alors qu'elle en serait tout à fait capable. Cette question ne les préoccupe d'ailleurs pas beaucoup, puisqu'ils ne l'évoquent qu'au moment de partir, la main sur la porte. Séverine nous écoute avec toute son atten-

1. A ce propos, on peut mentionner une méthode pratique pour corriger les effets désastreux de la méthode globale : que l'élève en difficulté sur ce point apprenne à lire à un jeune enfant, qui n'a pas encore subi de tels dégâts.

tion, la tête renversée, les yeux immenses et brillants, pour mieux voir et comprendre ces grandes personnes qui parlent d'elle. « Elle pourrait lire, elle sait bien que nous continuerons à lui lire des histoires le soir, quand elle est couchée, c'est un plaisir pour elle et pour nous ! »

J'explique donc qu'elle peut lire à la maison, puisque, tout le monde lisant, personne ne s'en étonnera, mais, à l'école, c'est autre chose, les autres enfants ne lisent pas, et on trouvera, en effet, bizarre qu'elle soit la seule à lire. Mais elle peut très bien s'arranger de la situation, en faisant chaque fois comme les autres : lire à la maison, dessiner, colorier et réaliser d'autres exercices à l'école. Sur le chemin du retour, elle a chanté joyeusement, et, le soir, elle prenait un livre pour le lire dans son lit avec le plus grand naturel.

Pour Séverine, comme pour Pierre, qui a trouvé cette solution miraculeuse, la lecture s'est installée d'elle-même, parce qu'ils avaient le désir de lire, mais ils n'y ont pas été poussés par leurs parents ; l'urgence était en eux, ils n'avaient besoin de personne pour les pousser.

Cette urgence est peut-être plus impérative pour les enfants des villes ; à la campagne, on peut lire dans la nature les saisons, les arbres, les fleurs, les cailloux, les animaux..., bien que certains gardent un souvenir précis de longues heures passées, le nez plongé dans ces grands livres reliés de cuir rouge et or dont ils n'étaient jamais très sûrs qu'ils avaient le droit de les prendre, le soupçon d'interdit ajoutant sans doute encore au plaisir de la lecture.

Tous les enfants doués n'éprouvent d'ailleurs pas forcément cette attirance pour la lecture. Certains s'en tiennent aux bandes dessinées, au grand désespoir de leurs parents, tant il est vrai qu'on finit par pâtir de cette indifférence à la lecture ; toutes les études, de quelque nature qu'elles soient, exigent un minimum de connaissances littéraires, mais on se montre de moins en moins exigeant dans ce domaine quand un élève se révèle particulièrement doué en mathématiques.

Tous les parents des enfants qui aiment lire ne se réjouissent pas pour autant : il est parfois, et même assez souvent, agaçant de répéter mille fois la même chose à un enfant tellement plongé dans son livre qu'il n'entend manifestement pas ce qui se dit autour de lui – et même ce qu'on lui dit à lui personnellement. Cette apparente surdité perturbe la vie familiale, quand il s'agit de se mettre à table en même temps que les autres ou de ranger des affaires qui traînent à un endroit parfaitement incongru et gênant les déplacements dans la maison... Une telle attitude peut être également irritante, quand elle équivaut à introduire un désordre, toujours imprévisible tant il est aberrant, dans le bon ordonnancement de la vie familiale.

Ce lecteur assidu et passionné finit même par donner l'impression, décourageante pour une mère attentive, que, à ses yeux, les mondes évoqués par les livres ont plus de réalité, et assurément plus d'intérêt, que le quotidien qu'il subit parce qu'il n'a pas le choix. Avec un tel enfant, il faut procéder de façon prudente et délicate, en se gardant de lui dire deux choses à la fois, et surtout de lui donner deux consignes à la suite ; dans ce cas, on peut être assuré qu'il les oubliera toutes les deux, alors qu'il subsiste une faible chance qu'il ait tout de même entendu et compris celle qui tenait en une phrase.

On le voit, ces êtres un peu particuliers ont tendance à pécher par excès, quelle que soit la nature de leur activité préférée.

Ce sont ces indices qui alertent l'entourage et l'incitent à se poser des questions au sujet de cet enfant qui ne ressemble pas tout à fait aux autres. Cependant, quand il s'agit d'un aîné, les parents ne sont pas immédiatement alertés : ils se réjouissent, certes, de la vivacité d'esprit de leur bébé, de sa rapidité à s'exprimer correctement, leur permettant de sauter l'étape du parler bébé, qui en agace plus d'un, mais ils ne s'étonnent pas de cette aisance, ils l'apprécient, sans même imaginer à quel point cette facilité de compréhension est peu courante.

UN ENFANT DISTRAIT

D'où vient la séduction subtile d'un enfant distrait qui a pu, à un moment donné, être tenté par la discussion à tout prix, qui se désintéresse de quantité de sujets adorés par les petits de son âge et qui s'emballe pour un domaine rare, compliqué, où il fait très vite preuve d'un savoir de spécialiste, sans aucun bénéfice d'aucune sorte, puisqu'il est généralement le seul dans son cas et encore beaucoup trop jeune pour adhérer à des associations regroupant les fanatiques du sujet concerné ?

Cette distraction déconcertante caractérise souvent les enfants doués, même ceux qui ne vivent pas en permanence dans leurs livres. Non seulement ils ne rangent pas leurs affaires – ce qui n'a rien d'exceptionnel –, mais, de surcroît, ils peuvent rester un temps infini à ne rien faire, à rêver – à quoi, grands dieux ? –, alors qu'il faut partir pour l'école dans dix minutes, qu'ils ne sont pas habillés, qu'ils n'ont pas pris leur petit déjeuner et qu'ils semblent avoir complètement oublié ces obligations, pourtant routinières et quotidiennes. On les laisse, une chaussette à la main, en leur disant : « Tu continues tout seul. » Et on les retrouve, un peu plus tard, dans la même position, comme si le temps s'était arrêté pour une raison insoupçonnée, connue d'eux seuls, mais certainement très importante, à les voir ainsi figés en plein mouvement.

Ensuite, ils peuvent, à toute vitesse, enfiler une chaussette bleue et l'autre verte, sans en être le moins du monde perturbés ; mais les camarades moqueurs ne manqueront pas de rire, d'un rire insultant, du rêveur incorrigible.

Les filles, plus coquettes de nature, présenteront plus rarement ces rêveries extravagantes, qui surviennent à des moments tellement inopportuns.

Il ne sert à rien de dire : « Tu es habillé en dépit du bon sens, mais, tant pis, tu sors comme ça ! » Parce qu'il sortira effectivement « comme ça », sans en paraître gêné. Ce sont les parents qui, eux, ne pourront cacher leur gêne.

Autant ces enfants sont capables d'apporter un soin minutieux à l'exécution d'un travail qui les passionne, autant ils peuvent se montrer plus négligents qu'il n'est admissible, quand la tâche ne les intéresse pas – et s'habiller, manger, partir pour l'école les laissent parfois complètement indifférents.

Ce désintérêt, tellement manifeste, est vexant pour ceux qui s'appliquent à rendre attirantes les activités qu'ils proposent aux plus jeunes : qu'il soit ostensiblement « ailleurs » ou qu'il bouge sans cesse et se promène partout, cet enfant un peu différent risque d'exaspérer l'adulte qui désirait tant lui faire plaisir. Le rêveur va rêver avec une constance que rien ne peut troubler, celui qui a du mal à tenir en place, quand son attention n'est pas assez mobilisée, va courir en tous sens, gêner tout le monde et se faire admonester parce qu'il n'aura pas été sensible aux efforts qu'on faisait pour l'intéresser – il ne les a en fait pas même remarqués, il n'a pas compris qu'on désirait lui faire plaisir.

On pourrait encore parler de leur maladresse légendaire, qui « signe » souvent un QI élevé. C'est ce que nous ferons plus tard, dans le chapitre intitulé « Les répercussions sur l'enfant doué ».

ENCORE QUELQUES TRAITS DE CARACTÈRE...

Quand on veut évoquer un enfant doté d'un don particulier, il est difficile et même frustrant de s'en tenir à une description par étapes classiques d'âge, de développement moteur, intellectuel, affectif ; chaque enfant suit un rythme qui lui est propre et qui s'inscrit dans son histoire, c'est-à-dire qui prend en compte tous les incidents, et à plus forte raison les accidents, de sa vie. Les personnes qui se sont occupées de lui et la nature des relations établies avec elles, les modifications du mode de vie de ses parents, un déménagement, et plus encore une maladie, une hospitalisation, laissent des marques profondes qui modèlent la personnalité, la façon de penser, le goût et l'attirance pour des sujets précis.

LE SALUT DANS L'HUMOUR

On ne peut, cependant, évoquer les enfants doués sans parler de leur humour, qui apparaît très tôt, non comme une marque de naïveté, mais bien comme la recherche précoce d'un désir de mise à distance des événements – quels qu'ils soient, d'ailleurs. Humour et sensibilité vont de pair, mais l'enfant doué se rend vite compte qu'il est dangereux de réagir trop vivement aux émotions, et même aux situations qui risquent de les déclencher.

Les rires des grandes personnes, qui n'auront pas imaginé qu'un être jeune puisse ressentir une angoisse horrible face à une situation banale, mais qu'il ne comprend pas, peuvent suffire pour que cet enfant apprenne à chercher refuge dans un mode de pensée plus sécurisant. Il a besoin de lutter contre des sentiments trop perturbateurs, et il lui apparaît avec évidence que, pour une fois, les adultes, qui l'aiment pourtant, ne l'ont pas compris.

La sagesse dicte alors de trouver par soi-même une arme efficace qui ne soit ni l'expression véhémente de l'angoisse, dans l'espoir de trouver un apaisement, ni un silence suspect et inhabituel, mais un moyen commode de se rassurer tout seul, en minimisant, en relativisant, en jouant avec les chers mots, parce qu'ils ne déçoivent jamais ceux qui apprécient le plaisir que procure leur usage habile. Manifester trop ouvertement une émotion pourrait être mal compris ; il y a toujours le risque que ces signes soient dramatisés, ou bien, au contraire, minimisés : dans tous les cas, il y aura malentendu, ce qui n'est jamais très confortable.

Très vite, cet humour deviendra un jeu intéressant qui, avantage non négligeable, créera un lien supplémentaire avec les grandes personnes, toujours à l'affût d'une bonne occasion de s'amuser – et y en a-t-il de meilleure que de rire des bons mots de son enfant ?

L'humour aura bien d'autres fonctions au cours de la vie, mais, déjà, chez le jeune enfant, il remplit une fonction indispensable, à peu de frais : ni violence ni larmes épuisantes, seuls quelques mots, en rapport avec la situation, montrent que celle-ci n'a pas laissé indifférent ; et l'exercice que constitue cette tournure d'esprit contribue à forger une armure, légère, certes, mais pourvue tout de même d'une certaine efficacité, toujours utile dans les vicissitudes de la vie.

■ Thomas, auquel son père explique les principes de la digestion, résume, du haut de ses 3 ans : « Donc, moi j'ai un es-Thomas, et toi un es-Papa ? »

■ Léa, 2 ans et demi, propose à son petit amoureux d'aller se marier. Devant le manque d'enthousiasme de celui-ci, elle parlemente : « Mais si, viens, je te ferai de la purée ! »

■ Comme ses parents viennent de lui faire le dernier bisou du soir avant de lui souhaiter une bonne nuit, Antoine, 3 ans et demi, assène : « Et maintenant, laissez-moi, il ne faut jamais déranger un homme qui dort. »

■ Antoine, 3 ans et demi, est indigné par le manque d'esthétique de l'un de ses jouets. La sentence ne tarde pas : « Ce robot, il faudra un jour qu'on lui coupe la tête, parce qu'il ne ressemble vraiment à rien. »

■ Un soir, alors que Victor, 3 ans et demi, et sa maman manquent de tomber dans l'escalier, le premier commente, malicieux : « On dirait une bande de voyous qui ont bu du champagne ! »

On le constate très rapidement, à la condition d'être à l'écoute d'un très jeune enfant, qui est pratiquement encore un bébé : c'est une extrême sensibilité qui imprègne et guide ses réactions. Une simple remontrance peut provoquer un drame, parce qu'elle aura été comprise comme une marque de désapprobation, ce qui pourrait signifier que l'heureuse harmonie familiale va être rompue, par la faute d'un enfant inconséquent, qui agit sans réfléchir.

Il y a des enfants qui se mettent à pleurer quand on gronde le chat, qui, lui, a commis une véritable bêtise, parce que l'atmosphère paisible va ainsi être troublée ; ils pleurent sur cette paix disparue.

UN ÉTONNANT SANG-FROID

En revanche, ils sont capables de conserver un sang-froid remarquable, en cas d'urgence, quand ils se rendent bien compte que les adultes ont besoin de toutes leurs forces et qu'il serait malséant de les perturber encore davantage. On pourrait même, parfois, les croire indifférents au désastre survenu, parce qu'ils n'ont pas eu de manifestations excessives et désordonnées, comme celles que l'on attendait de la part d'un jeune enfant terrifié. Mais, par la suite, ils présentent des troubles, déclenchés par cet événement traumatisant : cauchemars, angoisses et, bien évidemment, difficultés scolaires ; ils se gardent néanmoins d'évoquer le drame à l'origine de leurs perturbations. Il ne faut pas, d'ailleurs, attendre qu'ils en parlent d'eux-mêmes, ils ont trop peur de faire revivre à leurs parents inquiets ces moments pénibles.

■ Michaël a assisté à l'incendie de sa maison. Il a vu sa mère affolée, hurlant sans savoir comment agir, il n'a rien dit, il n'en parle toujours pas, mais il a désormais trop peur pour dormir seul, dans la belle chambre qu'on lui a installée dans la nouvelle maison, il n'arrive pas à apprendre à lire, il est devenu un peu instable, tous comportements qui pourraient sembler surprenants chez un enfant aussi sage, aussi réfléchi et surtout aussi vif d'esprit que Michaël. Quand Michaël a eu la possibilité de parler de sa terreur lors de l'incendie et de son effroi à la vue de sa mère hors d'elle – terreur que nul n'avait soupçonnée, vu le calme dont il avait fait preuve –, il a su se reprendre et mettre de l'ordre dans le chaos de ses émotions.

Ce chapitre n'était qu'une esquisse, quelques traits ont été plus accentués, mais chaque aspect sera repris de façon plus approfondie. Les enfants évoqués ici sont encore en devenir, ils n'ont pas déployé leurs ailes étincelantes, source d'enchantement toujours renouvelé et de tourments incessants pour leurs parents.

La fratrie – les réactions de l'entourage

Longtemps les parents ont considéré leur enfant surtout comme une source de joies : un bébé épanoui, s'enrichissant chaque jour de nouvelles découvertes, de progrès constants dans une harmonie toute naturelle. Puis vient le moment où il lui faut sortir du cocon familial, se socialiser, s'accoutumer à la vie en groupe, élargir son horizon. L'école est là, qui l'attend, elle fournit des jeux, tout un matériel que les parents ne peuvent posséder et l'attentive sollicitude de pédagogues qui sauront favoriser de nouvelles acquisitions. Enfin, cette séparation devient nécessaire ; il est parfois lassant de vivre ensemble, sans se quitter une seconde, et les retrouvailles sont bien plus agréables quand, le soir, chacun raconte sa journée passée au dehors.

L'enfant va donc aller à l'école, comme il est normal à son âge.

C'est alors que ses parents, généralement satisfaits du développement de leur progéniture, commencent à porter sur elle un regard un peu différent, puisque, très vite, l'entourage social émet des critiques, des réserves, ou de simples observations au sujet de cet enfant qui n'est pas tout à fait comme les autres, sans que l'on puisse expliquer avec précision en quoi il se singularise. Si des pédagogues avertis suggèrent qu'il n'est pas semblable aux autres, c'est sûrement avec raison ; dès lors, un doute insidieux s'installe, tout comme lorsqu'on regarde d'un œil changé un environnement tellement familier qu'on ne le voyait plus, ou qu'une personne extérieure porte son propre regard, totalement neuf, sur une situation qui semblait jusque-là tout à fait normale.

Un enfant déroutant

On aura dit : « Il est curieux, cet enfant, il pose des questions inhabituelles pour son âge ! » Ou bien : « Il a tout de même de drôles d'idées ! » Ou encore : « Il n'est pas tout à fait comme les autres, d'ailleurs, il ne joue pas avec eux, il préfère aller avec les plus âgés ! » Il y a tout un monde de suspicion dans ces points d'exclamation, qui ne font que suggérer qu'il y a là quelque chose de « drôle » – ce qui laisse entendre que les parents, eux aussi, ne sont pas dans la « norme » : peut-être tiennent-ils des conversations sur les sujets que l'on évite généralement en présence de jeunes enfants ; peut-être lui parlent-ils davantage comme à un adulte et non comme à un enfant au vocabulaire encore limité et à la syntaxe incertaine ; peut-être ne savent-ils pas exactement ce qu'est un enfant si jeune, et il convient alors de le leur expliquer, doucement, sans les brusquer, pour éviter de les braquer...

C'est donc avec la meilleure bonne volonté du monde que l'on va instaurer des rencontres entre ces parents iconoclastes, la maîtresse, déroutée par des réactions peu habituelles et ne sachant comment agir, la directrice, apte à donner un avis autorisé grâce à sa grande expérience, et une psychologue, quand l'établissement a la chance de bénéficier de ses services. Chacun va donner son point de vue, et de cette confrontation jaillira sans doute l'explication, dans une éblouissante clarté. A cela près que, dans une telle situation, il ne peut y avoir de réelle objectivité, le regard porté sur un enfant jugé différent étant forcément un peu prévenu ; et l'on finit invariablement par confronter des idées théoriques et non les fruits d'une pure observation.

Il devient difficile pour les parents de parler de leur enfant tel qu'ils le voient sans donner l'impression de minimiser certains aspects de son caractère ou même de nier ceux qui attirent tant l'attention des professionnels chargés de s'occuper de lui.

Au fil de cet échange, dont on attendait qu'il fît toute la lumière sur le cas d'un enfant perturbant, apparaissent chez les parents mis en question – et presque par la force des choses – une incertitude, un manque d'assurance, une tendance à se poser un peu trop de questions, bref, un malaise de plus en plus évident. Bien sûr, ils sont les seuls à tenir un rôle qu'ils n'ont pas répété auparavant, à se sentir directement impliqués, au plus profond d'eux-mêmes, alors que leurs interlocuteurs passeront à un autre sujet quelques instants plus tard, tous éléments n'incitant pas à la décontraction.

Plus ennuyeux encore, cette remise en question fait remonter à la surface de très anciens souvenirs : qui ne s'est pas un jour senti « drôle », dans une circonstance désagréable que l'on a préféré oublier ? La trace enfouie peut revenir brutalement à la mémoire, quand les mots utilisés pour évoquer un enfant rappellent tout à coup à ses parents d'autres mots, presque semblables, qui les avaient blessés, humiliés et qu'ils pensaient effacés de leur mémoire.

Cette douleur, réapparaissant aussi brusquement, dans une situation peu sécurisante, risque de troubler bien des couples ; il faut alors une solide entente pour résister à ces attaques, dirigées maintenant autant contre les adultes, parents manifestement défaillants, que contre l'enfant qu'ils ont été et qui se souvient de son drame personnel, subi sans être explicité, et qui trouve peut-être à cet instant même une amorce d'explication, bien trop tard cependant pour en réparer les dégâts. Le risque est grand de faire porter au conjoint la responsabilité de ces ennuis : c'est lui qui a connu de semblables désagréments dans son enfance, ce sont ses parents qui ont fait naître en lui son malaise, son mal-être, c'est son attitude, trop permissive ou trop laxiste, qui a transformé l'enfant si gentil en un être bizarre, sur lequel les pédagogues ne cessent de s'interroger.

Il est, évidemment, tentant de faire taire les réminiscences d'une lointaine enfance en rejetant en bloc toute la responsabilité de la situation présente sur l'autre, plutôt que de se plonger douloureusement dans son propre passé, avec son inconfort et ses malaises. D'ailleurs, comment savoir si ces vagues souvenirs ont une quelconque réalité ? N'aurait-on pas été influencé par une histoire, une lecture, un film même, allant jusqu'à s'identifier au héros, au point que fiction et éléments du passé se mêlent de façon inextricable ?

Chacun fait taire cette voix obstinée qui parle d'une histoire trop ancienne : ce n'est pas le moment de s'offrir le luxe de se pencher sur son passé, alors que l'urgence n'est pas là ; il convient, tout d'abord, de redresser cette situation faussée, de redonner à son enfant une image socialement acceptable, de faire cesser ce désordre. Le présent, l'urgence, ce sont ces remarques acerbes et soupçonneuses qu'on assène aux parents à propos de l'enfant doué ou différent.

UN MALENTENDU FONDAMENTAL

Qui n'a entendu cette phrase, trop souvent répétée pour ne pas être suspecte : « Je n'ai jamais *vu* un enfant comme lui ! » en parlant d'un enfant d'aspect tout à fait classique, l'œil vif, le sourire désarmant ? Certes son langage est peut-être un peu trop élaboré, mais cette aisance est sans doute accidentelle, et les camarades de son âge ne tarderont pas à rattraper ce beau parleur.

Dans cette exclamation, c'est le mot « voir » qui revêt la plus grande importance : quand voir signifie « noter », « juger », « conclure », et non « observer sans a priori », « porter un regard attentif » en maintenant une totale liberté d'esprit, « comprendre », on risque de laisser passer bien des éléments. Il ne s'agirait plus dès lors que de comparer les caractéristiques d'un enfant à des données statistiques : si l'écart est trop important, on n'a bel et bien jamais « vu » un enfant comme ça, puisqu'il ne rentre pas dans les normes. Les enfants doués représentant 5 % de la population, il est préférable de garder un léger doute sur les capacités à « voir » de celui qui n'a jamais « vu » personne de cette sorte.

La sagesse populaire ne dit-elle pas qu'on ne voit que ce que l'on veut bien voir ?

Dans une telle situation, l'interprétation erronée d'une réaction provoque une série d'incompréhensions, comme si, la clé de départ étant faussée, tout ce qu'elle ouvre s'en trouvait abîmé.

■ Claudia a 9 ans, elle est absolument enchantée parce qu'elle va commencer à apprendre l'anglais, alors qu'elle est en CM1. Le premier cours la ravit ; au second, qui répète le premier, elle s'inquiète ; mais elle se fâche vraiment au troisième, quand elle doit apprendre une chanson, elle s'agite, elle distrait les autres et elle apprend un dernier mot : *out*. Elle qui était si heureuse à l'idée de parler une nouvelle langue s'entend chanter, mal sans doute, une comptine de bébé, quand elle pensait apprendre à dialoguer, accumuler du vocabulaire, progresser. En effet, une comptine n'est-elle pas de peu d'utilité pour demander son chemin ou comprendre le contenu d'un menu ?

Claudia est donc considérée comme une élève instable, agitée, perturbatrice, dont les capacités intellectuelles sont certainement inférieures à la moyenne, puisqu'elle ne s'intéresse pas à l'anglais. Sans doute estimait-elle pouvoir se conduire en bébé, puisqu'on lui proposait une activité du niveau de la maternelle. Elle pouvait aussi se sentir trompée : apprendre une langue étrangère est réservé aux plus grands, elle sait bien que les Anglais ne s'expriment pas en chantant, on les a donc leurrés, elle et ses camarades, en leur disant qu'on allait leur enseigner l'anglais.

■ Héloïse est en deuxième année de maternelle. Au moment de la fête des Mères, la maîtresse annonce gaiement : « On va écrire une lettre à Maman. » Toute la classe est enthousiaste, sauf Héloïse, qui se met à pleurer. « Elle manque vraiment de maturité », commente la maîtresse à sa mère ennuyée. « Elle est pourtant très appliquée, elle veut toujours bien faire, mais elle pleure comme un bébé. »

Sage Héloïse, la seule de la classe à être consciente de son incapacité à écrire, mais qui, appliquée, consciencieuse et naïve, n'osait envisager que la maîtresse demande d'exécuter une tâche impossible ; elle avait donc dû manquer un cours, rêver, être distraite, juste au moment crucial où les autres avaient appris à écrire. D'où ses gros sanglots. Héloïse, la plus mûre, la plus réfléchie de toute la classe, était considérée par tous comme un grand bébé, à la larme décidément trop facile.

Que devient l'intelligence dans ce malentendu fondamental ? Non seulement on ne sait pas « voir » un enfant doué, mais encore on ne sait pas l'entendre. S'il pose une question particulièrement pertinente, c'est le hasard qui l'a inspiré ; s'il donne la clé d'un raisonnement subtil, c'est qu'il a copié sur un adulte ; s'il s'ennuie et qu'il le fait comprendre, il a mauvais esprit, il est opposant, difficile, et ses parents vont avoir du mal à l'éduquer.

Dans tous ces cas, on finit par suggérer de faire passer un test à l'enfant, mais nombre de parents commencent par hésiter à l'idée de s'engager dans un engrenage plus ou moins périlleux, qui risque de médicaliser les manifestations d'une personnalité déjà affirmée qu'ils considèrent comme tout à fait normale et même plutôt intéressante.

Pourtant, nous le verrons en étudiant le diagnostic, cette consultation peut apporter un soulagement immédiat, en fournissant une raison nettement explicitée au trouble qui a brouillé les repères de toute la famille. Les relations à l'intérieur du couple retrouvent leur harmonie, on ne recherche plus les gènes défectueux, responsables de cette différence, on ne remonte pas dans sa lignée pour retrouver les éventuels déviants qui auraient montré le chemin de cette originalité exagérée. La révélation objective du don intellectuel apaise les orages, calme les tourments, fournit une clé enfin efficace. Les soupçons s'apaisent et les souvenirs pénibles retournent dans leurs profondeurs.

■ Quant aux enfants, ils sont absolument enchantés : « Je vivais dans l'ombre et j'ai enfin vu le soleil », s'exclame, avec quelque emphase, un Julien de 9 ans que l'on taxait jusque-là de pauvreté intellectuelle.

■ Marine, tellement triste de se voir considérée comme une élève anormale, a dormi avec les résultats de ses tests, dont les effets apaisants valaient tous les nounours et autres calmants.

Quant à la psychologue responsable de cette sublime révélation, elle n'est pas loin de revêtir le statut de fée, heureuse compensation à l'image généralement dévalorisée et suspecte qu'on lui attribue.

Il n'y aurait que les frères et sœurs qui commenceraient à regarder d'un œil circonspect le « surdoué » qui, tel un extra-terrestre, a débarqué au sein de la petite famille.

LA PLACE DANS LA FRATRIE

Cette place conditionne pratiquement d'emblée l'évolution de l'enfant, tant à cause de la situation propre à chacun que parce que les parents retrouvent chez leurs enfants des échos de leur propre parcours. Celui qui a été un aîné comprendra mieux son aîné, un cadet saura ce qu'endure parfois le plus jeune, même s'il s'est efforcé de l'oublier pour éviter d'ennuyeuses querelles, maintenant que tout le monde est adulte.

L'enfant unique paraît occuper une place tout à fait privilégiée. Il parle peut-être un peu trop vite comme un adulte, à l'image de son entourage ; il participe parfois de trop près aux préoccupations de ses parents ; seul de son espèce, il apprend à vivre dans ce monde de grandes personnes, sur un territoire que personne ne songe à lui disputer.

Ses parents disent : « Nous n'avons rien remarqué de particulier, mais, évidemment, nous ne pouvions le comparer à d'autres enfants, son évolution nous a semblé tout à fait normale. » Et il est vrai qu'il est plutôt réjouissant de dialoguer sans avoir à surveiller son vocabulaire ou sa syntaxe pour les rendre accessibles à l'entendement d'un très jeune enfant. Personne n'aurait l'idée de s'en plaindre ni même de s'en étonner. Ce sont les autres qui justifient l'adresse intellectuelle de l'enfant unique par sa fréquentation excessive du monde des adultes.

UNE FUREUR LÉGITIME

L'aîné, qui a été un temps enfant unique, a connu l'idylle du trio familial, sa venue a été vécue intensément, tout ce qui le concernait était neuf pour son entourage, y compris ses affaires personnelles de bébé premier-né. C'est, d'ailleurs, un privilège qu'il ne perdra jamais : c'est toujours lui qui étrennera vêtements et jouets, alors que les cadets finissent d'user ce qui est encore présentable, bien qu'on ait tendance à abandonner ce genre de récupération, la confection enfantine étant désormais plus abordable ; mais des adultes, eux, évoquent, avec une horreur encore vivace, leur désespoir quand ils devaient porter un vêtement qu'ils détestaient déjà sur le dos de l'aîné.

Cet aîné favorisé a pu se développer sans frein, tout progrès de sa part étant source de joie pour ses parents. Les études statistiques démontrent d'ailleurs que ce sont les aînés qui présentent le développement intellectuel le plus avancé : la route était libre, aucune menace ne planait, le monde s'ouvrait largement devant eux[1]...

---

1. Étude de l'INED, confirmant une étude américaine de Gallagher citée par Jean-Charles Terrassier dans *Les Enfants surdoués ou la précocité embarrassante*.

A la venue du second, il lui faut apprendre tout à coup le partage, la négociation, le renoncement ; il découvre la douleur aiguë de la jalousie, et il doit faire le deuil d'avantages et de prérogatives qu'il avait pensé être le seul à posséder. S'il n'a pas encore acquis le langage, sa fureur en sera plus primitive : sans prononcer un seul mot, il saura faire comprendre au nourrisson impuissant dans son berceau qu'il est le plus fort, qu'il peut faire ce qu'il veut de cette larve imbécile que tout le monde admire. Le bébé reçoit parfaitement le message, il l'intègre même pour la vie entière. Seul indice de cet affrontement féroce et muet : de surprenantes terreurs nocturnes ou d'inexplicables cauchemars chez un cadet gentil, souriant, épanoui, qui ne peut expliquer les raisons de ses angoisses, même quand il manie bien le langage ; il parle alors de loup, de voleurs, de sorcières...

L'aîné, animé d'une fureur parfaitement légitime à ses yeux, puiqu'il s'estime spolié de ses droits sans contrepartie et trahi par ceux qui l'avaient assuré d'un amour intangible, ne ménage pas sa mauvaise humeur : il ne laisse passer aucune maladresse, aucun caprice, sans trouver pour autant le moindre apaisement à son amertume. On peut lui répéter que l'aîné occupe une place impossible à modifier, qu'il a été désiré et attendu dans la joie, que sa venue a apporté un bonheur ineffable, et que rien, jamais, ne pourra remplacer ces premiers moments. On lui parle du droit d'aînesse, à l'image des rois dont il apprend l'histoire, de l'autorité qu'il peut exercer – avec le risque qu'il comprenne surtout qu'il peut se montrer un peu tyrannique, un peu autoritaire, sans encourir de sanction –, on multiplie les assurances, les précautions, les compensations... Rien n'y fait, la frustration demeure, plus ou moins apparente, plus ou moins nocive.

Il faut surtout garder présente à l'esprit la notion d'une injustice subie : voilà un enfant capable de surmonter des difficultés, jusque-là immenses pour lui, sachant prononcer des mots compliqués, maniant la grammaire avec finesse, s'habillant seul, et qui, tout à coup, voit son entourage s'extasier bruyamment sur une « chose » qui ne sait que gigoter au hasard, sourire dans une stupide béatitude et pleurer avec véhémence. Ses efforts ne sont plus reconnus, ses mérites ont disparu ; ce n'est donc pas la peine de tant s'appliquer pour faire plaisir aux parents, ils n'ont d'yeux que pour le bébé, tout juste arrivé, et le charmant aîné que l'on admirait tant auparavant n'existe plus pour eux. Alors, pourquoi se donner tant de mal pour accomplir des progrès que personne ne remarque ?

Ce n'est pas tant la jalousie qui incite un enfant, nouvellement promu aîné, à cesser de progresser, et même à régresser, c'est un abandon découragé, teinté de tristesse, puisque ses parents, qu'il aimait tellement, semblent se détourner de lui et trouver normal qu'il se perfectionne un peu plus chaque jour. Il a cessé de les intéresser, il est délaissé, il ne compte plus.

Reconnaître ses mérites, le féliciter pour ses nouveaux acquis apaisent sa tristesse, calment sa rancœur, ces compliments devant toutefois être justifiés pour rester crédibles. Dans un autre registre, on peut confier au petit blessé que l'on garde de son enfance des souvenirs précieux, de ceux dont on ne parle pas souvent, parce qu'ils touchent encore le tréfonds de l'âme : ce sont des émotions subtiles, ressenties dans les moments de grâce, quand ce délicieux bébé amorçait un sourire, quand la sensation indéfinissable d'une fusion envahissait les parents, encore tout étonnés de la venue de ce nouveau-né dans leurs bras. On évoquera plus volontiers ses mots d'enfant, les anecdotes amusantes le concernant et qui font encore rire des années après, personne d'autre n'ayant jamais éveillé de tels émois. C'est bien lui, le premier-né, qui a révélé cet univers infini...

On imagine facilement que, devenu parent, l'ex-enfant unique pardonne volontiers les écarts de son aîné, maintenant qu'il occupe une place qui lui permet de prendre, enfin, sa revanche. On peut même avancer que, s'il choisit de ne pas donner de frères et sœurs à son enfant, c'est parce que le seul souvenir de son propre calvaire a réveillé chez lui un trop-plein d'amertume qui n'a jamais trouvé de véritable soulagement.

UN ÉQUILIBRE DÉLICAT

Tous les aînés ne sont pas aussi féroces : l'aîné idéal peut se raisonner, prendre son parti de cette situation nouvelle, indépendante de sa volonté. Il se sent responsable du bébé fragile, reste le plus grand, le plus raisonnable, même s'il faut une grande abnégation pour conserver sa sérénité face à un Lego patiemment construit ou à un dessin amoureusement fignolé détruits par de petites mains innocentes et maladroites.

■ « Elle va rester encore longtemps petite, ma petite sœur ? » demande avec une impatience tempérée une Clotilde de 10 ans à propos de sa cadette de 8 ans. « Moi, quand j'avais son âge, on me disait que j'étais grande et raisonnable ! »

Cet aîné réellement sage et raisonnable peut pousser l'abnégation jusqu'à exercer ses talents avec discrétion : il craint tellement d'être taxé de cette horrible jalousie que ses parents réprouvent avec sévérité qu'il se met « en sourdine » et qu'il laisse le cadet s'exprimer avec exubérance, au point que, pour l'entourage, c'est le cadet qui possède tous les dons, l'aîné étant certainement moins remarquable. Ce frein que l'aîné s'impose est le prix à payer pour garder l'image d'un enfant gentil, sur lequel on peut compter, qui a le sens des responsabilités. Ses parents l'aiment pour son calme, à côté du plus jeune, qui saccage tout avec la candeur innocente et le dynamisme d'un tout petit, incapable encore de comprendre ce qu'il fait. Sa mère peut se reposer sur lui, elle se sent secondée, aidée et comprise. Certaines aînées n'ont ainsi cessé d'être les « petites mamans » de bébés successifs, au point d'hésiter plus tard à en avoir « à elles », tant ce perpétuel maternage a fini par les lasser.

Les premiers-nés de ce type se font rarement remarquer, si ce n'est par leur sérieux ; ils développent des dons intellectuels qu'on trouve naturels, sans plus ; ils suivent une route sans histoire, et il faut parfois attirer sur eux l'attention des parents, subjugués par l'énergie du second, pour qu'ils se penchent, avec la même sollicitude, sur cet enfant trop sage.

L'inconscience du cadet à l'exubérance peu contrôlée risque de durer longtemps, tant est enviable cette situation où il peut tout se permettre, puisqu'il est placé sous la responsabilité du plus grand, qui supporte stoïquement ses bêtises et leurs conséquences – pour s'entendre, de surcroît, se les reprocher.

Quand l'aîné ne possède pas un tel esprit de sacrifice, il sait faire clairement comprendre sa position : ce cadet envahissant ne doit pas le dépasser, il lui faut se soumettre et se freiner en permanence, car il ne connaît pas exactement la limite à ne pas franchir et il ne veut pas prendre de risques inconsidérés. Parfois, sa vie entière, il agira comme s'il roulait derrière un gros camion, qu'il lui est formellement interdit de doubler, à cause d'un risque qu'il n'a pas identifié avec précision, mais qui est, à coup sûr, mortel. Quoi qu'il fasse, quelle que soit son ambition, il s'impose de toujours laisser une place vacante devant lui, c'est-à-dire qu'il lui sera très difficile d'oser envisager d'arriver premier.

On a donc un aîné brillant et un cadet gentil, résigné, qui ne peut s'empêcher de se comparer en permanence à celui qui le devance avec tant de dons ; lui est définitivement en deçà de cette réussite admirable, il en prend son parti, il sabote ses études, pour ne pas faire mieux que l'autre, mais il l'envie, il l'admire, il veut le copier sans cesse – ce qui énerve considérablement l'aîné au parcours impeccable – et, surtout, il est en colère, une colère rageuse, impuissante, qui le ronge et qu'il n'exprime que par de dérisoires taquineries, que l'autre a beau jeu de mettre en évidence pour attester le caractère irrémédiablement enfantin, puéril et inconséquent de ce cadet envahissant et même collant. Les parents disent : « Comme tous les enfants, ils sont comme chien et chat, mais, quand ils sont séparés, ils s'ennuient l'un de l'autre. » Chien et chat, certes, mais parfois de calibres bien différents – berger allemand contre chaton sphynx –, ce qui ne donne pas un rapport de force très juste.

Ils s'ennuient peut-être l'un de l'autre, mais, dès qu'il est éloigné de la force écrasante du plus grand, le cadet se sent exposé à tous les dangers ; car s'il lui est, de façon peu confortable, trop soumis, en contrepartie, il se sent en sa compagnie en sécurité. Quant à l'aîné, il est bizarrement perdu dès qu'on le prive de l'inlassable admiration du plus jeune.

Cette protection parfois un peu trop insistante est encore plus forte quand un frère l'exerce sur sa sœur ; l'aîné se montre autoritaire avec la bonne conscience de celui qui remplit son devoir, mais la petite sœur aura ensuite du mal à se dégager de ce bouclier trop protecteur qui finit par l'isoler à l'excès.

On dit du cadet : « C'est un brave pépère, il ne se fatigue pas, il a bien quelques facilités, mais il se laisse vivre... » En fait, il est terrifié et prêt à sacrifier toutes ses ambitions, plutôt que de provoquer cet aîné qui a tous les droits et la force en plus.

Cette rivalité s'exprime parfois avec une brutalité inouïe, laissant les parents démunis face à cette soudaine violence chez des enfants normalement policés. Mais, en proie à un sentiment de frustration, aîné comme cadet peuvent avoir besoin d'un exutoire ; sinon, ils retournent cette violence contre eux-mêmes, et leur rancune coléreuse provoque des ravages impressionnants, dont ils souffrent sans pouvoir se contrôler.

Les symptômes ne passent pas inaperçus, ils s'apparentent à une destruction rageuse, surprenante, inquiétante parfois.

■ Aurélien ne cesse d'être en colère, l'idée de son impuissance le met hors de lui, sa tension est telle qu'il ne peut la soulager qu'en se cognant la tête contre le mur : il a donc un éternel hématome, on croit qu'il est tombé, parce qu'il est jeune et maladroit, ce qui décuple sa rage et entretient un aspect moins séduisant. De surcroît, cette colère devient ridicule par son excès même. Aurélien s'est placé dans une situation intenable, de plus en plus douloureuse, dont il ne peut s'extraire, même quand il se rend compte que les retombées négatives sont inévitables.

Une visite chez la psychologue lui a apporté un grand soulagement : quand il s'est senti compris, quand on lui a expliqué que cette colère était bien légitime – non seulement excusable, mais encore normale –, que conserver un calme olympien au milieu de cadets turbulents et maladroits serait même suspect, et qu'il serait extravagant d'exiger de lui une patience supérieure à celle qu'il manifestait déjà, il a commencé à retrouver son calme. Ses parents l'ont davantage aidé à se ménager un territoire privilégié et tout à fait personnel ; il a été rasséréné quand l'inquiétude de ses parents a été dissipée par une meilleure compréhension de ses tourments ; son énervement douloureux lui a semblé plus léger.

Adulte, celui qui a dû subir une oppression étouffante cherche encore sa place.

■ Le père d'Arnaud est très sévère, il ne laisse passer aucune faiblesse à son fils aîné, se montrant exigeant, pointilleux, intransigeant, quand il est beaucoup plus coulant avec le cadet. En fait, il n'en finit pas de régler ses comptes avec son frère aîné, alors que les deux frères semblent, pourtant, entretenir de bonnes relations. Parfois, l'édifice familial est trop fragile, et les protagonistes trop bloqués par leurs émotions passées pour être capables d'en parler avec objectivité : ainsi, le père d'Arnaud n'a pas voulu venir parler de son fils. Un seul conseil pratique et possible à appliquer m'est venu à l'esprit, dans cette situation d'urgence : lui rappeler, quand ses critiques devenaient trop blessantes, qu'il ne s'adressait pas à Jean-Pierre, son frère, mais à Arnaud, son fils. Reste seulement à espérer que cette remarque, d'un humour peut-être un peu laborieux, aura eu quelque effet heureux ; sinon, Arnaud devra apprendre à traduire les reproches de son père en termes de vieilles querelles enfantines ne le concernant absolument pas.

Qui n'a vu de charmantes jeunes femmes ou de délicieux jeunes gens se disputer avec une violence stupéfiante et disproportionnée parce qu'ils se retrouvaient, l'espace d'une controverse, des années en arrière, quand ils étaient des enfants à la rancune tenace ? L'âge n'atténue pas forcément cette colère insensée ; la blessure n'ayant jamais été pansée, la sagesse n'est pas venue avec les ans, et les disputes persistent, avec la même violence enfantine et irraisonnée que des décennies auparavant.

Les combats du troisième

Quand arrive le troisième, l'aîné retrouve sa colère d'antan, mais il peut aussi avoir la magnanimité de se montrer protecteur, tout en observant les affres du deuxième, qui perd son statut, tout de même un peu privilégié, de petit dernier, sans bénéficier pour autant des avantages de l'aînesse.

Parfois, les deux aînés s'entendent sur le dos du nouvel arrivé, qui les oblige à revoir le modus vivendi péniblement mis au point. Le troisième a alors deux camions devant lui, et toute la protection attentive de ses parents ne suffit pas toujours à lui donner l'audace d'aller à son rythme, sans se préoccuper des autres.

Il faut tout de même spécifier que la situation est un peu différente selon qu'il s'agit d'enfants de sexe opposé ou non : une fille et un garçon ne se partagent pas exactement le même territoire ; les relations que chacun établit avec l'un et l'autre de ses parents ne sont pas tout à fait identiques ; les satisfactions, les privilèges sont mieux distribués : « Ma fille unique et préférée », dit le père d'une petite fille, encadrée de deux garçons.

Mais il est indiscutable que les nouveau-nés doivent trouver leur place et que les aînés ne les y aident pas beaucoup. Le plus jeune peut être considéré comme le bébé de tous les autres, ce qui risque de l'empêcher définitivement de grandir, de devenir adulte et de se forger une claire image de lui-même. Il aura passé toute son enfance plus protégé et plus choyé que quiconque, trouvant toujours une compagnie pour le distraire, un professeur pour lui expliquer ce qu'il n'a pas compris et un guide pour décider à sa place de ses divertissements.

Hors du chaud foyer familial, ou bien quand il reste seul avec des parents qui pensent qu'ils ont désormais, enfin, le temps de penser un peu à eux, ce petit dernier se sent perdu, désarmé, ne sachant pas prendre une décision, attendant toujours que « les grands », qui ont toujours eu des connaissances bien plus étendues que les siennes et qui lui expliquaient la vie, lui disent ce qu'il doit faire.

Dans une telle situation, les capacités intellectuelles ne sont évidemment pas exploitées au mieux ; au contraire, elles sont freinées avec tant de naturel que cette entrave artificielle peut passer inaperçue. On peut parler à ce propos de « syndrome du petit dernier », qui se révèle généralement au moment où l'adolescent doit commencer à exprimer ses goûts personnels, ses désirs, un choix d'orientation, mais où son avenir lui apparaît complètement confus, brouillé, comme une vaste étendue à l'horizon flou, sans aucune voie d'accès. Ce petit dernier n'aurait jamais osé, du temps de son enfance, exprimer un désir personnel, énoncer une idée originale, ses aînés auraient pu se scandaliser de cette incongruité : le gentil petit être familier, qui les admirait si béatement, devait rester à sa place, sans chercher à s'affirmer d'une manière qui lui serait propre. Comment s'étonner de ce que ce dernier, précédé d'une cohorte dynamique d'enfants qui savaient toujours tout avant lui, se sente perdu quand il doit opérer seul ? Il lui fallait bien se garder de provoquer ses aînés par une originalité trop manifeste !

Parfois, il est même complètement écrasé par des aînés qu'il voit comme des êtres tout-puissants, pouvant l'anéantir d'un mouvement distrait s'il venait à leur déplaire. Mais, surtout, il vit dans une perpétuelle humiliation : il est, à jamais et sans rémission, le plus bête, le plus ignorant, le plus maladroit, celui dont on peut se moquer de bon cœur, sans méchanceté, puisque sa faiblesse, sa débilité objectives justifient ces railleries innocentes. A une époque donnée, il a été le seul à ne pas savoir lire ni compter, à ne pas rire d'une plaisanterie, parce que les allusions lui ont échappé, à se faire rabrouer dès qu'il désirait exprimer une opinion.

■ « Oh ! là là, qu'est-ce que je le plains ! » s'exclame avec pitié un cadet en entendant parler d'un enfant qui avait un frère de plus que lui : il comprenait ce que devait endurer ce dernier, encore plus écrasé.

Cette difficulté à faire entendre sa voix, à s'exprimer spontanément, fait parfois naître un bégaiement, qui cesse quand on ramène les grands à plus de ménagement ; mais ces aînés peinent souvent à remettre en cause leur attitude, à leurs yeux bien normale et sûrement pas répréhensible. Le bébé de la famille ne peut pas parler, et alors ?

Quand ces enfants passent un test, ils observent un temps de latence interminable avant d'oser donner une réponse, d'une voix basse, hésitante, comme s'ils étaient toujours prêts à revenir sur ce qu'ils ont dit. Ils entendent déjà les rires et les moqueries qui ne manqueront pas de se déchaîner s'ils commettent une erreur. Une benjamine précédée de frères exubérants risque quant à elle de rester à jamais la timide petite fille, quasi muette, cantonnée au rôle de poupée gracieuse : elle a très tôt compris que la sagesse lui dictait de demeurer à sa place de gourde effacée.

On voit ainsi des adultes, tout à fait compétents sur le plan professionnel, se freiner pour une raison obscure : ils n'osent parler en public, comme si leur avis, énoncé à voix haute, ne pouvait manquer de déclencher des critiques railleuses, dont ils ne pourraient se remettre. Cette éventualité les glace d'effroi, et ils en sont réduits à souffler leur idée à un collègue, ignorant ces affres, qui parlera le plus facilement du monde, félicité par ses auditeurs pour ses idées intéressantes. Le véritable auteur va se ronger d'angoisse, de honte, se sentir très mécontent de lui et de ses blocages imbéciles, mais, en même temps, il ne peut s'empêcher de se sentir soulagé d'avoir évité de se mettre en vedette. Cette véritable épreuve aurait suscité une angoisse intolérable : la bouche sèche, le cœur battant, il aurait, à coup sûr, bafouillé de façon ridicule et se serait couvert d'opprobre. Ces adultes, si contraints, ont souvent été, depuis leur plus jeune âge, victimes des moqueries amicales et anodines d'aînés rigolards. Depuis, ces rires blessants, ces paroles méprisantes, vexantes, résonnent dans leur tête comme d'insupportables parasites. Bien sûr, ils ont dramatisé, avec l'exagération propre aux jeunes enfants, quelques réactions « sans conséquences », dont personne n'a gardé le souvenir, excepté eux, objets des rituelles plaisanteries familiales, qui ne parviennent pas à trouver bénigne et drôle cette constante dérision.

Ce cas est de fait beaucoup plus répandu que celui du benjamin vif d'esprit et avide de savoir, dont l'adresse intellectuelle est justifiée par la présence des plus grands qui « l'entraînent ».

Il arrive cependant que ce petit dernier devienne la mascotte de la famille : on lui passe tous ses caprices, on le protège à l'excès ; tyrannique, il demeure infantile et capricieux. Se croyant privilégié de naissance, il est ensuite très démuni quand la vie ne se soumet plus à ses désirs. Devenu adulte, ayant gardé intacte sa foi dans la magie qui a entouré son enfance, il va, lui aussi, accumuler les déboires, sans réellement comprendre ce qui a, tout à coup, changé pour lui.

Il est, quoi qu'il en soit, toujours intéressant et profitable de démêler les causes des blocages paralysant des adultes doués, pour les libérer de ce poids douloureux.

CHACUN SON TERRITOIRE

Alors, que devient le don intellectuel, pris dans la tourmente des relations entre frères et sœurs ? Il se met en veilleuse, il reste discret, mais il peut, à tout moment, être réveillé, si les conditions redeviennent favorables.

C'est pourquoi on conseille aux parents de donner à chaque enfant un territoire dont il sera le seul possesseur au sein de la famille : il est préférable que chacun s'intéresse à un domaine spécifique, pratique un sport qui lui est propre, un instrument de musique différent, une activité particulière... En théorie, cette méthode atténue les rivalités, mais il est évidemment plus commode d'accompagner les enfants à la même salle de sport ou au même conservatoire, surtout quand toutes les activités commencent à la même heure...

Peut-on également suggérer aux professeurs, bien intentionnés, d'éviter de parler systématiquement à un enfant de celui qui l'a précédé, puisqu'il l'aura précédé *partout* ! Des adultes évoquent encore avec exaspération ces remarques qui les accueillaient immanquablement, telles que : « J'espère que tu seras aussi bonne que ta sœur ! » Même le plus pédagogique « Je suis sûr que tu seras aussi bonne que ta sœur ! » produit déjà un effet sidérant sur le jeune enfant qui n'a pas encore abordé le piano, le judo, le tennis, la poterie, le théâtre... Celui qui l'a devancé – et qui était forcément meilleur que lui, puisque plus grand, plus habile et plus savant – va une fois encore le reléguer au rang d'éternel dernier. Comme il rêve d'aborder une activité qui serait bien à lui, de découvrir un univers qu'il pourrait révéler aux autres, d'acquérir un savoir propre, une spécificité, qui lui donneraient enfin une apparence semblable, un poids équivalent à ceux de ses aînés !

S'il a la chance d'être doué en dessin, en musique, en sport, enfin dans un domaine où le langage n'est pas au premier plan, puisque les autres auront toujours parlé mieux que lui, il sera en mesure de se construire une image satisfaisante ; sinon, il peut rester à jamais celui qui a besoin de l'assistance d'autrui, comme si un handicap de naissance entachait inexorablement ses potentialités.

Cette notion d'image de soi est d'une importance extrême ; on la retrouve sans cesse, elle intervient à chaque instant, dans de multiples occasions, et ce sont d'infimes et incessants événements qui la façonnent, peu à peu. Il est trop restrictif de dire que les parents sont responsables de cette construction. La meilleure preuve en est donnée par ces enfants doués, si mal considérés au-dehors. Un foyer chaleureux et attentif ne suffit pas à les rassurer ; l'opinion de la maîtresse, celle des copains ont une importance égale. Que de fois on entend : « Maman dit bien que je suis intelligent, mais ça ne compte pas, puisqu'elle m'aime. »

Les familles nombreuses se font plus rares, mais on a vu qu'il suffisait d'être deux pour risquer d'avoir à affronter toutes sortes de problèmes, et la situation n'est guère différente quand les enfants n'ont pas tous les mêmes parents : la rivalité peut même se révéler plus rude encore, quand ils ont exactement le même âge. S'ils ne sont pas dans une classe de niveau identique, si l'un bénéficie d'un père et d'une mère également attentifs, tandis que l'autre ne sait plus rien de l'un de ses parents ou s'en trouve éloigné, la comparaison constante et l'affirmation douloureuse de cette inégalité ne favorisent pas une entente harmonieuse.

Les sombres luttes précédemment décrites ne se déroulent pas partout, il s'agit seulement d'un tableau un peu noir des rivalités fraternelles, les intéressés jouant aux Atrides avec entrain et conviction. Nombre de familles connaissent la sérénité, capable d'atténuer tout inconfort, et cette heureuse complicité, jamais égalée, constitue une aide précieuse face aux aléas de la vie. Particulièrement pour les enfants doués, d'une extrême sensibilité.

Cette brève esquisse met cependant en évidence les difficultés rencontrées, parfois dès le plus jeune âge, pour développer son potentiel intellectuel. L'entourage, la situation de chacun, les conditions de vie jouent un rôle non négligeable. Il n'en demeure pas moins que de telles embûches peuvent être surmontées, grâce à la force qui anime les enfants quand leur vitalité les pousse à triompher des obstacles, jugés dérisoires face à leur désir d'aller de l'avant, sans craindre les dangers qu'ils devront peut-être affronter.

La chance compte assurément, elle aussi, et il n'est pas toujours aisé de la forcer, mais la victoire n'intervient pas seulement dans les récits héroïques des personnages d'anthologie. La réussite couronne aussi des combattants discrets, mais déterminés, quand ils ont su discerner les moments et les aides propices. Et, là comme ailleurs, les parents sont les meilleurs alliés de leurs enfants.

Les répercussions chez l'enfant doué

Quand un enfant sent qu'on l'estime différent des autres, il réagit comme il le peut, en fonction de son caractère et de la personnalité qu'il possède déjà. Entre aussi en jeu son désir d'établir des relations plus ou moins harmonieuses avec son environnement. Généralement, il attend de l'école qu'elle lui enseigne les merveilles du vaste monde et les moyens d'y accéder : des mères étonnées racontent comment elles ont vu leur enfant se diriger tout droit vers l'entrée, sans même un regard en arrière, alors qu'elles avaient, pour leur part, bien du mal à contenir leur émotion. Son attente est tellement immense – quasi infinie – qu'elle ne peut trouver de satisfaction en rapport avec cette intensité.

Une intense frustration

S'il est surtout guidé par sa colère et par un sentiment de frustration, parce qu'il ne trouve pas en classe ce dont il avait tant rêvé, il peut devenir agité, difficile à supporter même, comme s'il ne cessait d'adresser aux adultes une demande qui, sans être formulée, tant elle serait confuse déjà pour lui-même, serait néanmoins insistante, permanente, ne laissant jamais en repos ceux qui la reçoivent. Un tel enfant va parler, bouger, s'intéresser à tous les incidents survenant autour de lui, incidents parfois tellement minuscules qu'il est bien le seul à les remarquer.

■ « Dès la maternelle, il grimpait aux rideaux et on m'appelait aussitôt après la rentrée pour me prévenir », dit la mère d'un enfant vraiment très doué et avide d'apprendre, qui avait végété de longues années dans un primaire lassant avant que son avance ne soit détectée. L'examen psychologique avait d'ailleurs été demandé par son école, parce qu'on pensait l'orienter, étant donné son comportement hors norme. Il allait avoir 12 ans, et les dégâts étaient déjà trop profonds pour être aisément réparés, mais jamais personne n'avait imaginé qu'il puisse manifester une intelligence supérieure à la moyenne, tant il était agaçant.

En effet, ce comportement irritant ne tarde pas à exaspérer une maîtresse déjà débordée, si bien que l'enfant exprimant d'incessantes demandes va être progressivement rejeté et que, par la suite, tout enfant manifestant une curiosité excessive, une difficulté à accepter une règle, même sans grande importance, sera exclu d'emblée par une enseignante prévenue.

Si ce chapitre a débuté par l'évocation de cette attitude agaçante, c'est finalement parce qu'elle est la plus rare et qu'il était préférable de l'éliminer rapidement.

Le plus souvent, un enfant qui ne réagit pas comme on attendrait qu'il le fasse à son âge, c'est-à-dire en se montrant admiratif, en ne songeant pas à émettre des critiques ou des demandes incongrues, se voit renvoyer de lui une image déformée. Il va alors chercher à se défendre et à se protéger de la façon la plus banale qui soit : en se repliant sur lui-même. Il faut un caractère déjà bien affirmé pour oser s'opposer à des adultes détenant une autorité si grande que même d'autres adultes, tels les parents, la reconnaissent implicitement ; de fait, peu d'enfants sont capables d'une telle audace.

Mieux vaut, d'ailleurs, ce repli discret qu'un affrontement direct et violent, dont les conséquences sont souvent dramatiques. L'ouverture d'hostilités entre un adulte détenteur de pouvoirs incontestés et un enfant n'ayant pour toute arme qu'un dynamisme exceptionnel soutenu par une insatiable curiosité d'esprit aboutira forcément à la défaite douloureuse et humiliante du plus faible. Les traces en seront bien longues à s'atténuer, persisteront même sous une forme ou sous une autre et seront, bien plus tard, à l'origine de colères soudaines face à une autorité, surprise d'une telle violence.

Dans la classe, il s'en faut parfois de peu pour qu'une incompréhension s'installe entre la maîtresse et son élève, bien malgré lui contestataire : de menus incidents, des lacunes, un oubli ou une application erronée des consignes de travail suffisent parfois pour déclencher un rejet subtil, dont l'auteur lui-même n'est pas conscient, puisqu'il protestera, en cas de mise en cause, et avec la meilleure foi du monde, qu'il ne désire que le bien de l'élève et ses progrès constants.

Il est indiscutable que certains enfants, qui ont rencontré une telle incompréhension dès l'école maternelle, s'en trouvent marqués pour toujours. Cette assertion peut sembler excessive ou gratuite. Pourquoi aller chercher les traces d'un blocage ancien chez des enfants qui affichent un QI déjà bien supérieur à la moyenne et qui donnent l'impression d'être satisfaits de leur sort ? Pourquoi s'évertuer à déceler, au-delà d'un comportement apparemment bien adapté, d'infimes marques de vieilles blessures n'existant peut-être que dans l'imagination d'un psychologue avide de détecter un traumatisme, même en l'absence d'indices clairs ?

UN ENGRENAGE IMPLACABLE

Les parents décrivent un jeune enfant très ouvert, vivant et curieux de tout, mais qui, « une année, n'a pas eu de chance : sa maîtresse le laissait dans un coin, il ne s'intéressait pas à ce qu'elle leur expliquait, il allait à l'école sans rien dire... ». Parfois, il a eu cinq ou six maîtresses durant la même année, juste le temps de lier connaissance.

Le scénario se déroule selon des étapes bien précises. Un jour, on demande à la classe d'exécuter un jeu amusant : un coloriage ou un beau découpage, etc. Toute la petite troupe s'y met de bon cœur, avec un total enthousiasme. Or l'enfant doué rencontre parfois des difficultés dans la réalisation de ces travaux, qui demandent une adresse manuelle qu'il ne possède pas encore[1]. Il a bien, en esprit, la représentation idéale de l'œuvre accomplie, il s'applique, il s'impose une tension nerveuse excessive, parce qu'il veut réellement réaliser un beau travail, mais il peine, ses ciseaux dérapent, il a coupé l'aile du bel oiseau, son crayon s'égare, la jolie fleur se hérisse de piquants disgracieux, il est désolé de ce résultat inesthétique, voilà qu'il écrase le chat, aplatit le soleil, il espère seulement que ces maladresses lui seront pardon-

1. Voir, à ce propos, ce que Jean-Charles Terrassier nomme la « dyssynchronie » propre aux enfants doués (pp. 90-92, 130-131, 278).

nées. Hélas ! Son œuvre laborieuse est montrée à toute la classe, tout le monde contemple le massacre, et on peut bien en rire, puisque, à l'ordinaire, c'est lui qui sait répondre le plus rapidement et avec la plus grande exactitude. Il comprendra que ces moqueries ne sont pas méchantes, mais plutôt amicales et plaisantes.

Si la maîtresse est sournoisement agacée par cet enfant trop bon parleur, elle extériorise son irritation en déchirant cette œuvre affreuse, qui ne mérite pas d'autre sort. L'enfant doué est bien de cet avis, mais il s'est tellement donné de mal qu'il espère qu'on va lui manifester quelque mansuétude, l'encourager, lui expliquer pourquoi il est encore si maladroit, alors que sa pensée est si habile. Au contraire, il se voit rejeté sans rémission parce qu'il a déplu à cette maîtresse qui l'impressionne et qu'il admire.

Il ne lui reste qu'à se replier sur lui-même, sur sa honte, sur sa blessure. Longtemps après, des adultes se souviennent encore des heures passées sous leur table, tant ils s'étaient sentis humiliés, et des nombreux mois qu'il leur avait fallu pour qu'ils osent, à nouveau, utiliser des crayons de couleur ou des ciseaux.

Au moment de la révélation publique de sa maladresse, cet enfant se désole, il pense à la déception de ses parents quand ils apprendront son infortune ; il lui semble en fait que l'incident révèle sa vraie nature – médiocre et bête –, alors qu'on le croyait intelligent parce qu'il connaissait quelques mots de plus que les autres.

Si ce malaise persiste, par exemple parce qu'il est désormais considéré comme le plus grand maladroit de la classe – terme affectueux qu'il est le seul à ne pas trouver amusant –, il peut devenir grognon, boudeur, renfermé, timide. Lui qui allait à l'école avec enthousiasme, commence à traîner les pieds, à s'éterniser en câlins d'adieu sur le seuil. Il fait peine à voir, mais comment imaginer qu'il a pu se sentir tellement blessé par une raillerie innocente, sur un sujet si anodin ?

Les conséquences de ce choc, à la brutale révélation d'une telle impuissance, sont parfois immenses : ces enfants, déjà volontiers imaginatifs et rêveurs, peuvent chercher un refuge apaisant dans un mode de pensée magique, dont il est bien difficile par la suite de se défaire, et, par ailleurs, intégrer la *notion de limites*, avec tous les effets négatifs qu'elle comporte.

Dans l'immédiat, c'est l'ensemble de leurs réalisations qui va en subir le contrecoup : dès qu'ils doutent d'eux, de leurs capacités à réussir une tâche précise, ils préfèrent renoncer, puisqu'ils n'ont pas le cœur d'affronter encore une fois un échec vexant. Alors, ils disent qu'ils « ne savent pas », qu'ils « ne peuvent pas », et ils s'obstinent dans leur refus, avec un entêtement un peu suspect.

L'illustration la plus évidente de cette attitude est un peu technique : le test psychologique le plus couramment utilisé est le WISC, dont la forme change selon qu'il s'adresse à des enfants en dessous ou au-dessus de 6 ans (avec, bien entendu, une marge d'un an environ). On dit habituellement que le WPPSI, destiné aux enfants les plus jeunes, a tendance à surestimer leur niveau intellectuel de quelques points de QI. Il est, en fait, très possible que les menus chocs éprouvés durant les années de maternelle soient responsables de ce fléchissement. Ce n'est qu'une hypothèse, qui semble difficile à vérifier de façon statistique : cette notion de limites est tellement floue, elle s'intègre peu à peu, sans aucun signe manifeste ; comment, alors, la vérifier, si ce n'est par les souvenirs lointains qu'en ont les adultes et qui resurgissent brutalement à l'évocation d'une anecdote similaire ?

La notion de limites

On voit donc comment ce processus peut s'amorcer très tôt, à un moment où l'on pense que les enfants sont encore trop jeunes pour véritablement comprendre la portée des remarques qu'on leur adresse. Ils seraient incapables d'en tirer des conclusions à long terme, ils ne pourraient intégrer des notions telles que la réussite, l'échec, la capacité à réaliser une tâche avec une adresse plus ou moins grande. On pense qu'ils vivent dans l'instant, que tout est un jeu pour eux et qu'il n'est jamais grave de perdre une partie. On oublie que toute parole d'adulte recèle un pouvoir absolu : si la maîtresse a porté un jugement, on ne doit pas le remettre en question, c'est ainsi qu'on apprend à vivre, en faisant sienne l'image qu'elle vous renvoie de vous, sans possibilité de la discuter ou de la corriger.

■ Victoire a 3 ans : elle adore aller à l'école, elle aime sa maîtresse, elle déborde d'imagination et de joie de vivre, tout en sachant se montrer sage et attentive quand c'est nécessaire. Tout à coup, elle a commencé à se montrer irritable, triste, à se replier sur elle-même, loin des amis qu'elle appréciait ; elle joue moins, elle devient solitaire. En toute occasion, elle recherchait l'harmonie, que ce soit dans ses relations avec les adultes ou avec les autres enfants. On a maintenant l'impression qu'elle ne peut plus retrouver cette harmonie à l'école et qu'elle se bloque dans sa solitude, plutôt que de risquer un échec ou une simple rebuffade.

Tout comme pour Héloïse, qui pleurait quand elle devait « écrire à Maman », on explique ce changement de comportement par son jeune âge et par son manque de maturité. Elle-même est incapable d'expliquer les raisons de cette transformation, elle est triste et c'est tout. A moins qu'il ne s'agisse plus simplement d'une évolution négative de sa personnalité : cette enfant ne serait-elle pas trop gâtée, ne deviendrait-elle pas capricieuse et égoïste ?

Or, il apparaît rapidement que Victoire a éprouvé des difficultés particulières dans l'exécution d'une tâche précise : elle devait dessiner une maison et elle a oublié la porte, ce qui a bien fait rire la maîtresse, un peu sévère et plus exigeante, qui la faisait travailler ce jour-là. Depuis, Victoire boude et grogne quand elle doit dessiner, comme si elle avait vécu un événement dramatique, qui a profondément troublé l'image qu'elle avait d'elle-même. Elle manquait, juste à ce moment-là, de l'assurance nécessaire pour affronter un obstacle imprévu et accepter de perdre la partie dans cette épreuve très ponctuelle.

Ses dons intellectuels bien exercés lui confèrent une lucidité assez grande pour qu'elle ait aussitôt conscience de la portée de sa maladresse et qu'elle en souffre. Elle comprend maintenant que cette sensation vague de différence, éprouvée parfois quand elle se trouvait avec ses camarades, était due à sa profonde maladresse, qui allait la distinguer de façon ridicule et honteuse. Il est bien difficile et douloureux de se résigner si tôt aux limites de ses espoirs ; jusque-là, elle avait cru que ses progrès seraient linéaires et constants, sans baisse dramatique.

A cet âge, et surtout avec le caractère passionné et absolu des enfants doués, un échec peut être vécu comme un arrêt irrémédiable du développement intellectuel. Ils pensent que, pour eux, il y aura des domaines vides, creux, qu'ils ne pourront combler, et toute l'adresse dont ils sont capables ne servira qu'à dissimuler le plus efficacement possible ces failles gravissimes : leur intelligence était comme une lueur qui s'est brusquement éteinte, ils vont désormais se retrouver dans les ténèbres et s'y perdre, en proie à une angoisse impossible à maîtriser, celle du rêveur qui se voit basculer dans un vide insondable.

Si les réactions de tristesse et de deuil ne sont pas identifiées comme telles ou si la cause en est mal comprise, ce sentiment de limitation va être profondément intériorisé, et donc presque oublié, mais il conservera sa nocivité.

On dira de Victoire qu'elle est facilement susceptible, quand elle réagit trop violemment aux remarques, on estimera qu'elle se décourage rapidement, qu'elle manque de confiance en elle, comme quantité d'élèves, surtout quand ils abordent un domaine nouveau, on jugera pourtant qu'elle compte sur sa facilité – car elle possède d'incontestables facilités, qui rendent les efforts inutiles.

Et puis, un jour, c'est la catastrophe : Victoire va accumuler les mauvaises notes, rater un contrôle, négliger les maths, par exemple, elle qui les aimait tant, ou bien confondre les règles de grammaire qu'elle maîtrisait avec tant d'aisance ; elle va donner l'impression de se laisser couler, comme si elle se sabotait volontairement ou, du moins, avec une résignation suspecte.

En fait, elle s'est retrouvée dans une situation semblable à celle qu'elle avait connue lorsqu'elle était en maternelle : un professeur lui aura fait une remarque particulièrement critique, qui l'aura touchée d'autant plus profondément qu'elle a déjà vécu un tel problème, même si elle n'en garde aucun souvenir conscient. Comme dans les cas des allergies, la deuxième attaque se révèle beaucoup plus grave que la première, puisqu'elle agit sur un terrain déjà affaibli : Victoire est absolument convaincue qu'elle a atteint son maximum et qu'elle va désormais plafonner, sans rémission. Si elle parvient à plonger en elle-même avec lucidité et objectivité, elle découvrira qu'elle a toujours eu, au fond d'elle-même, l'idée obscure et vague qu'elle se heurterait un jour à cette borne, impossible à dépasser. Elle vivait dans l'angoisse de cette échéance, même si elle s'appliquait à l'oublier. C'était une idée de sursis, qui imprégnait toute sa façon de vivre, comme cela se produit chez celui qui se sait atteint d'une maladie grave, mais encore muette, dont on ignore quand elle se déclarera.

LA PEUR DE L'ÉCHEC

Cette idée, si bien ancrée, est parfois responsable des crises d'angoisse, notamment au moment des examens : alors qu'ils suivaient une année scolaire sans histoire, des adolescents sont envahis d'une peur impossible à combattre quand arrive la période cruciale où ils doivent affronter directement l'épreuve. Ils imaginent que vont se révéler, aux yeux de tous, leur impuissance et leur incompétence, en même temps que s'évanouira l'image si peu réaliste qu'ils avaient d'eux-mêmes : pauvres naïfs, emplis d'illusions, qui pensaient triompher d'obstacles bien trop ardus pour eux ! Ils se croyaient vainqueurs quand ils n'étaient que de misérables rêveurs, dépourvus de la moindre lucidité sur leurs capacités réelles. Le gouffre qui s'ouvre devant eux est tellement vertigineux qu'il provoque une nausée incoercible (au sens figuré, mais parfois aussi au sens propre...).

Les drames de cette sorte sont réservés à ceux qui ont un excellent niveau, leur intelligence aiguë leur permettant justement de mesurer l'ampleur de leur audace, en complet décalage avec ce qu'ils pensent être la pauvreté de leurs moyens intellectuels. Ce sont les enfants au quotient le plus élevé qui s'inquiètent le plus quand ils ignorent une réponse. On dira qu'ils veulent tout maîtriser, qu'ils ne supportent pas l'échec, mais, en réalité, ils pleurent sur leurs illusions perdues et sur la déception de leurs parents. Leurs larmes sont infiniment émouvantes, elles traduisent une douleur profonde, ressentie avec une angoisse absolue.

Cette réaction, qui peut sembler insensée chez des enfants aussi doués, est relativement fréquente ; elle n'apparaît pas chez des sujets plus moyens, qui pensent, avec bonne humeur et sagesse, qu'ils ne peuvent tout savoir à leur âge et qu'on leur pose, exprès, des questions trop difficiles, parce que c'est le jeu.

Si des élèves semblables à Victoire ne rencontrent pas quelqu'un qui les réconcilie avec leur propre image, ils risquent de s'enfoncer, avec une passivité résignée, dans une terne médiocrité, après avoir tant rêvé d'accomplissement prestigieux.

Dans ces conditions, il est difficile, depuis le début de la vie en société, de se former de soi-même une image satisfaisante. Elle peut parfois se construire seulement en creux, en négatif. L'enfant en situation délicate entend dire « Et pourtant, il est intelligent ! », assertion aussitôt pondérée par les remarques suivantes : « Il se bloque trop facilement », « Il ne comprend pas toujours les consignes de travail », « Il ne fait pas attention, il ne sait pas mettre en application ce qu'il a appris ». Comment, alors, se croire aussi intelligent que les autres enfants, qui savent écouter la maîtresse, qui ne s'inquiètent pas trop quand ils ont échoué, parce qu'ils pensent qu'ils feront mieux la fois prochaine, qui oublient, sitôt la porte de l'école franchie, leurs échecs, leurs difficultés, et qui s'amusent de bon cœur, comme si rien d'autre n'avait d'importance ?

Pour un peu, on rirait de cet élève trop consciencieux, trop soucieux de ses notes, alors qu'il est bien comme tous les autres, avec ses réussites répétées, ses échecs sporadiques, ses difficultés de concentration. Pourtant, s'il reste ainsi toujours un peu à l'écart, c'est qu'il ne se sent pas vraiment comme les autres. Le plus souvent, il a simplement peur de se montrer tellement défaillant qu'il n'oserait plus, ensuite, paraître devant ses camarades, à cause de son irrémédiable faiblesse, qu'il masque comme il le peut – c'est-à-dire très mal, de la façon maladroite qui lui est propre.

Cette peur risque même de s'amplifier, mais de façon obscure et souterraine, sapant sournoisement l'énergie et perturbant profondément l'élève, qui commence à douter de lui. La gravité de ce dommage n'apparaît pas toujours immédiatement, c'est-à-dire quand il serait plus facile à réparer. Ce qui peut être lourd de conséquences si l'on va jusqu'à l'effroi que suscite l'idée de *la confrontation avec la réalité*.

L'idée de se voir renvoyer de lui une image dévalorisée, négative, brouillée, peut en effet paralyser à l'extrême un adolescent qui doute de lui. Il préfère alors s'interdire toute action ; de la sorte, on attribuera son échec à de la paresse, à de la mauvaise volonté, à une difficulté d'adaptation à la norme réductrice de l'école, et il pourra conserver une image fantasmatique – et rassurante en apparence – de sa toute-puissance, comme celle dont il savait user sur les mots, durant ses premières années si glorieuses, avant l'intrusion du monde extérieur dans son chaud cocon de très jeune enfant.

Il en arrive alors à ne pas se présenter aux examens, à oublier une épreuve ou à l'éviter délibérément, sans raison claire. En fait, le refus de cette confrontation avec la réalité résulte d'une perception terriblement angoissante de cet examen : il ne s'agit plus seulement d'une vérification des connaissances, mais d'une épreuve sociale, au sens le plus large ; on va changer d'état, on sera « diplômé », on fera partie d'un groupe plus restreint ; mais, surtout, la réussite signifie que la société a identifié le candidat comme un individu digne d'être accepté en son sein, au vu de ses mérites.

Or, pour quelqu'un qui a connu, tout au long de sa vie, des difficultés à s'intégrer, cette épreuve ultime peut être une épreuve de trop : l'adolescent redoute d'être de nouveau rejeté, mais, cette fois, sa vie entière va dépendre de cette acceptation ou de ce refus. L'enjeu devient trop important, l'affrontement insupportable, et le candidat effrayé préfère retarder le moment crucial où il devra se présenter nu, sans parade possible, en risquant un verdict définitif qui l'enverrait à jamais dans les ténèbres extérieures. S'il a longtemps souffert d'une écriture affreuse, il se bloquera complètement à l'idée d'un devoir à rédiger, et il fera accepter, comme une évidence, par son entourage son incapacité à réussir une épreuve écrite – celle qui laisse des traces qu'on ne peut ensuite reprendre pour les corriger. « A l'oral, il arrive encore à s'en sortir ! » C'est tout juste s'il ne souhaiterait pas un examen que l'on adapterait pour lui, comme cela se pratique pour les candidats présentant un *handicap invalidant*.

Réfugié dans une idée dérisoire et peu crédible de toute-puissance, désireux de se construire des défenses efficaces l'isolant de la terrible, cruelle et brutale réalité, l'adolescent doué, mais trop fragile, qui ne se fie plus du tout à ses dons, va s'obstiner dans la poursuite de rêves chimériques, irréalistes, où il pourrait s'égarer définitivement.

On voit que s'impose l'urgence absolue de faire très tôt prendre conscience à l'enfant doué de la réalité, avec ses aspérités et ses chausse-trapes, de l'effort parfois prolongé qu'il faut fournir pour les surmonter et du courage qu'il doit montrer au moment où il se croit bloqué dans son évolution.

L'ÉPREUVE DU RÉEL

L'idée d'une déficience particulière touchant les enfants doués est renforcée par leur maladresse manuelle, qu'on remarque très rapidement dès qu'ils doivent exécuter une tâche concrète. Il est en effet admis que les enfants à l'esprit très rapide se montrent particulièrement démunis dans les activités pratiques. Jean-Charles Terrassier a fort bien décrit ce décalage, qu'il a nommée « dyssynchronie »[1]. Les tests qui mesurent les différents aspects de l'intelligence mettent en évidence ce décalage : la vélocité intellectuelle s'accompagne trop souvent d'une extrême lenteur d'exécution des tâches concrètes, la première ne pouvant s'accommoder de la seconde.

Il semblerait même que ce décalage aille en s'aggravant depuis quelques années, atteignant parfois un point qui peut paraître inquiétant, aussi bien à l'entourage qu'à l'enfant lui-même. Quand il voit les autres réussir si facilement une construction ou un assemblage, pour lui hérissés de pièges insurmontables, son désarroi est total. Tout à coup, il se sent perdu dans un univers hostile, où les notions de droite et de gauche se mêlent sournoisement, où les erreurs qu'il constate sont impossibles à redresser ; il s'acharne sur un matériel complètement récalcitrant et il a perdu tout pouvoir – ou plutôt c'est sa pensée qui a perdu tout pouvoir, alors qu'elle se meut toujours dans l'abstraction comme si elle s'y sentait chez elle.

Vis-à-vis des autres enfants, jamais déroutés dans ce monde concret, le maladroit se sent tellement misérable qu'il se réfugie dans son univers propre, fuyant de plus en plus une compagnie où il détonne de si flagrante façon. Son

1. Voir plus loin et, surtout, les ouvrages cités en bibliographie.

affliction pitoyable devient encore plus douloureuse quand un frère ou une sœur bien plus jeune que lui réussit avec aisance ce qui lui semble si ardu.

Il fait tomber tout ce qu'il touche, on en rit, on dit qu'il est un « brise-fer » – qualificatif évoquant une force terrible qu'il est bien loin de posséder –, on lui fait parfois honte, espérant qu'il se ressaisira et qu'il deviendra plus attentif, parce que sa distraction aggrave encore son cas. Mais il a tellement envie de se réfugier dans des rêves apaisants, quand il sent la réalité se dérober à son emprise !

La réaction de retrait peut être si violente que l'on pense à une névrose, à une attitude phobique, nécessitant en urgence un traitement approprié, alors qu'on peut aisément concevoir que les enfants fuient des situations qui les placent dans un tel état d'échec et de ridicule.

■ Benjamin présente une maladresse qui agace toute sa famille, on se moque gentiment de lui, on le secoue quand il semble bouder, mais on ne peut imaginer à quel point il est angoissé par ces objets qui lui échappent, quand il veut les saisir, et qui se brisent dans un fracas signalant sans équivoque sa dernière « bêtise ». Qu'importe alors qu'il parle si bien, qu'il évoque des sujets profonds, qu'il manifeste une curiosité d'esprit inhabituelle : on finit par ne voir en lui qu'un petit garçon bizarrement empêtré dans les objets qui l'entourent.

En parallèle, il a de moins en moins d'amis, personne ne vient plus à la maison, il évite de se livrer à une activité manuelle en présence de sa sœur cadette, tellement adroite de ses mains. L'espace lui paraît receler quantité de pièges, indétectables avant que l'on y tombe ; le temps lui-même se confond dans un vague brouillard, il ne sait pas lire l'heure, il s'embrouille dans les noms des mois, dans les dates d'anniversaires, et il a déjà 8 ans !

Le cas de Benjamin illustre à la perfection la situation de ces enfants à l'esprit tellement fin et délié qui deviennent plus pataudes que nature dès qu'ils doivent se colleter avec le monde concret.

Les raisons le plus souvent données, pour expliquer cette maladresse particulière, évoquent l'immense décalage entre la vélocité de la pensée, bien plus rapide que celles des autres enfants du même âge, et l'habilité manuelle, qui reste celle d'un enfant d'un âge équivalent. L'irritation éprouvée face à cette incapacité à atteindre, dans l'instant, l'œuvre achevée à la perfection, telle que son image s'est inscrite dans l'esprit, provoque une tension nerveuse qui bloque encore davantage une motricité mal assurée. Cet engrenage finit par aboutir à un quasi-refus des activités concrètes, puisqu'elles sont jugées moins intéressantes et beaucoup plus difficiles. Pour les enfants doués, il ne s'agit pas de jeux, mais de corvées à éviter le plus souvent possible.

Ce refus s'installe subrepticement – il est presque trop tard quand les parents s'avisent que leur enfant fuit les jeux d'adresse et préfère se plonger dans l'étude abstraite. Au début, ils ont tendance à se féliciter de l'assiduité studieuse de leur enfant, qui a d'autres distractions que les consoles de jeux, puis ils se rendent compte qu'il faut lui lacer ses chaussures, lui couper sa viande, si on veut qu'il termine son repas en même temps que les autres, et qu'il tombe bien souvent malade les jours de gymnastique à l'école.

On peut hasarder une autre hypothèse concernant cette maladresse excessive, et surtout son actuelle aggravation : le développement, de plus en plus envahissant, des appareils destinés à faciliter la vie quotidienne contribuerait peut-être à accroître ce décalage : les commandes à distance, les programmations – mises en place parfois très longtemps à l'avance – et, naturellement, à la première place, l'ordinateur font peu à peu disparaître les gestes pratiques de mise en route d'une machine. Il y aurait donc de moins en moins de rapport entre le geste à exécuter et l'action qui en résulte : avec un boîtier et ses boutons, on peut effectuer quantité d'actions les plus diverses. On ne tourne plus une clé dans une serrure pour ouvrir la porte du garage ni celle de la voiture, on n'actionne plus de manivelle pour en baisser les vitres, la radio s'allume seule et on appuie sur des boutons pour changer de station. Les adultes eux-mêmes, qui ont connu les temps archaïques où ces actions demandaient un peu d'attention et de réflexion, traversent un moment de désarroi quand ces belles mécaniques ne fonctionnent plus.

Face à ces nouveautés techniques, les enfants sont généralement plus rapidement à leur aise que leurs parents, encore imprégnés du souvenir des gestes lents et répétitifs de leur propre enfance. Les enfants doués saisiraient mieux que les autres les possibilités offertes par ces petites merveilles technologiques, maniant avec une aisance déconcertante l'ordinateur, dont ils ne tardent pas à devenir des spécialistes, au point qu'il faut des logiciels de plus en plus perfectionnés, ceux destinés aux plus jeunes les lassant rapidement.

Certes, l'ordinateur permet d'approfondir les connaissances, d'emmagasiner une somme de savoir plus vaste que jamais, de se promener dans des musées magnifiques, dans des mondes fascinants, mais, à trop vivre en face d'un écran, on risque de négliger certaines connexions cérébrales, qui ne s'établiront jamais, puisqu'il n'y a plus de rapport direct entre le geste et son résultat. C'est l'extrême danger du virtuel.

Les petits citadins sont encore plus enclins à négliger les réalités concrètes. Par exemple, ils finissent par être surpris quand une porte ne s'ouvre pas automatiquement devant eux ; on conçoit l'embarras qui est le leur au moment de manipuler le système de fermeture d'une clôture destinée à empêcher en plein champ l'escapade d'une vache d'humeur fugueuse… Leur conception de leur environnement devient de plus en plus floue, imprégnée de notions techniques encore bien vagues et désordonnées.

■ Thibault s'émerveille à la vue d'un veau nouveau-né : « Ce qu'il devait être gros, l'œuf ! »

■ Agnès se promène dans la belle campagne provençale, toute bruissante de grillons grésillant gaiement : « A qui est ce portable qui n'arrête pas de sonner ? » finit-elle par demander d'un air préoccupé, en s'étonnant visiblement que cette sonnerie persistante laisse tout le monde indifférent.

Pourtant, Thibault comme Agnès savaient parfaitement ce que sont les veaux et les grillons ; mais tout savoir risque de rester théorique quand il est acquis sans lien direct avec la vie quotidienne.

Si l'on veut éviter à ces enfants de se former une conception trop théorique de l'Univers, mieux vaut les habituer, dès leur plus jeune âge, à pratiquer des exercices concrets. Sinon, la maladresse légendaire des « intellectuels », dont on rit volontiers, deviendra leur lot. Il n'est, d'ailleurs, pas toujours facile d'imposer une activité de cet ordre à un enfant qui n'a pas du tout envie de s'y adonner. Il va opposer des arguments difficiles à écarter, en expliquant qu'il préfère de beaucoup lire, s'instruire, faire des maths, etc., plutôt que de dessiner, d'autant plus qu'il dessine très mal et que « le dessin ne sert pas à grand-chose dans la vie courante ». On comprend aussi qu'il répugne à montrer avec trop d'évidence sa maladresse et qu'il se refuse à pratiquer le sport brutal qu'on lui suggère, sous prétexte de l'habituer à jouer avec des camarades de son âge.

Comment ne pas préférer goûter à l'aisance du jeu purement intellectuel, qui, lui, ne se heurte à aucune limite, au lieu de peiner misérablement sur un matériel réfractaire, qui met aussitôt en échec l'enfant qui évoluait joyeusement dans les hauteurs spirituelles quelques instants auparavant ?

On en arrive au piège principal, celui qui guette les enfants doués, d'autant plus pernicieux qu'il s'installe en douceur, de façon sournoise, et qu'on le détecte souvent trop tard : *c'est à cause de leur excessive facilité que les enfants doués se retrouvent si fréquemment en échec scolaire.*

L'ÉCHEC SCOLAIRE CHEZ LES ENFANTS DOUÉS NON RECONNUS

Il paraît toujours paradoxal que les enfants doués se retrouvent en situation de faillite. Ce phénomène continue de surprendre les spécialistes eux-mêmes : si on est intelligent, on doit réussir en classe. Leur incrédulité têtue a du mal à céder devant l'évidence : les enfants doués risquent autant que les autres – peut-être même davantage – l'échec scolaire.

A l'inverse, il arrive qu'on se demande comment des enfants à l'esprit un peu trop original peuvent s'accommoder de la discipline scolaire et réussir « malgré tout ».

Entre ces deux extrêmes on trouve une assemblée hétéroclite d'enfants qui essaient, tant bien que mal, de s'adapter à une scolarité parfois passionnante, mais parfois lassante.

Il y a déjà quelques années, un magazine féminin, dont le numéro « spécial rentrée » avait été très largement diffusé, publiait un article au sujet des enfants doués, mettant l'accent sur la rapidité de leur compréhension et leur faculté à assimiler de nouveaux savoirs, mais aussi sur leurs difficultés d'intégration, aboutissant assez souvent à une situation d'échec scolaire grave.

Suivait l'histoire de deux jeunes gens qui s'étaient mortellement ennuyés durant toute leur scolarité, avaient ignoré la notion d'effort à cause de leur extrême facilité et n'avaient pu être enfin heureux que dans leur vie professionnelle, réussie grâce à leurs dons, soudain révélés quand ils avaient pu exercer leur intelligence comme ils l'entendaient et de la façon passionnée qui leur convenait.

La lecture de cet article fut une révélation pour de nombreux parents : elle les aida à prendre conscience de la spécificité de leur enfant et leur permit d'entrevoir une amorce de solution, parce qu'ils pouvaient le considérer sous un jour différent : « En lisant cet article, j'ai trouvé que certaines phrases correspondaient tout à fait à ce que je pensais de lui, mais je ne parvenais pas à me le formuler clairement. »

Ce texte salutaire décrivait un enfant d'un type bien particulier, présentant les caractéristiques des enfants doués poussées à l'extrême : « Craignant d'être mal compris, ne cherchant pas à s'exprimer, méfiant, vivant en état de guerre contre lui-même et contre les autres, il ne sait plus être confiant, spontané, naturel... » Par ailleurs, « il fait preuve d'une grande rapidité dans les processus de réflexion, ses connaissances sont intégrées avec une extrême précision, sa mémoire est excellente ».

L'ÈRE DES DÉSILLUSIONS

Le chiffre de 5 % d'enfants doués dans la population signifie que, statistiquement, il s'en trouve un par classe. C'est dès lors une question de chance s'il y en a plusieurs. L'histoire scolaire de ces enfants présente de fait bien des analogies. La maternelle s'est déroulée sans élément remarquable ; ce petit se montrait parfois un enfant un peu sauvage, ayant du mal à se faire des amis, mais les jeunes enfants n'ont pas atteint un âge suffisamment avancé pour saisir les mécanismes de la vie en société, ils ne savent pas encore très bien ce qu'est l'amitié. Cet élève discret a si peu attiré sur lui l'attention des adultes qu'on a rarement songé à le faire passer plus tôt au cours préparatoire, en demandant une dérogation. Quelques parents disent qu'on le leur a proposé, mais qu'ils ont refusé pour qu'« il profite plus longtemps de la maternelle, avant de connaître les véritables contraintes de la scolarité ». Ils parlent de leurs hésitations à différencier si tôt leur enfant, craignant qu'on ne les soupçonne de vouloir en faire un « singe savant » ; ils le laissent donc s'éterniser en maternelle.

L'entrée à la grande école est attendue avec impatience : on va, enfin, apprendre à lire, à écrire, à compter, à devenir grand... Mais, très vite, tout semble si facile que le plaisir tant espéré se dilue dans une routine bien décevante.

Certains enfants, d'un caractère dynamique et entier, ne peuvent accepter longtemps de s'enliser dans un quotidien lassant, qui ne leur apporte aucun élément de nouveauté. Ils commencent alors à s'agiter, surtout durant les heures de classe, jusqu'au moment où cette agitation incessante devient totalement insupportable et décide la maîtresse excédée à les exclure de l'établissement. Qu'importe ! Une autre école saura mieux répondre à leur soif d'apprendre. Porté par un naïf espoir, l'enfant déçu va rejoindre avec un bel enthousiasme cette nouvelle école, qu'on lui a présentée sous un aspect des plus séduisants. Las ! Après quelques jours d'attente, cette école se révèle tout aussi ennuyeuse que la précédente, avec le danger supplémentaire que l'on connaît désormais le remède : il suffit de s'agiter un peu trop, de se montrer un tantinet provocateur pour aller dans un autre établissement. Le système finit souvent par s'emballer, et certains enfants passent dans cinq ou six écoles en une seule année, jusqu'à épuisement des possibilités... et, surtout, de leurs parents désemparés.

Un enfant plus calme, plus pondéré, plus prudent, plus secret ne veut pas quant à lui reconnaître trop vite qu'il est déçu ; il attend sagement qu'on lui apprenne ce qu'il ne sait pas encore, mais cet enseignement est tellement répétitif, même pour une nature aussi patiente que la sienne, qu'il s'enfonce lentement dans une terne monotonie. S'il est d'un caractère sociable, il va en classe pour retrouver ses amis, il rit et s'amuse en récréation ; le reste du temps, il rêve, de n'importe quoi, il invente des histoires, il se voit en héros de mondes fantastiques, il met à profit ses lectures pour recréer les univers qui l'ont enchanté, il ajoute de nouveaux épisodes à des histoires déjà bien mouvementées et il redescend sur terre par intermittence pour entendre la maîtresse répéter pour la dixième fois quelque chose qu'il pense connaître depuis toujours. Cette attention flottante lui permet de se maintenir dans une honnête moyenne – il travaille peu à la maison, mais il a de bonnes notes, il est dans les premiers, sans être *le* premier.

On ne songe donc pas à lui faire sauter une classe, puisqu'il n'est pas en tête. Pourquoi le bousculer et prendre le risque qu'il ne puisse suivre un rythme plus rapide ? De plus, il y a parfois un aîné qu'il serait désobligeant de rattraper.

Cette discrétion dans l'exercice de ses dons fait que personne ne pousse un enfant doué à fournir davantage d'effort. Et lui-même s'en garderait bien : de quoi aurait-il l'air s'il distançait les autres avec un écart indécent d'amplitude ? Pourquoi courir, quand il suffit de marcher nonchalamment pour se maintenir au même niveau que ses camarades ?

Aucun élément ne justifie une intervention particulière, puisqu'il ne pose pas à proprement parler de problème. Il a des camarades, souvent plus âgés que lui, et de nombreux centres d'intérêt. Il surmonte son ennui, pour ne pas peiner ses parents, en attendant le secondaire, dont il espère beaucoup, puisqu'on lui dit que c'est plus varié et plus intéressant. C'est un enfant épanoui, presque heureux. Seules apparaissent quelques dissonances – mais tout enfant en présente au cours de son évolution, personne ne suit un parcours uni, la vie la plus paisible est semée d'embûches perfides, à peine visibles ; on les surmonte dans des combats silencieux, qui forgent le caractère, c'est le lot de chacun, il n'y a aucune raison pour que cet enfant soit épargné plus qu'un autre.

Ses parents sont souvent fiers de leur rejeton, qui fait preuve d'une telle aisance. Ils éprouvent même un sentiment d'orgueil, comme cette mère qui décrit la princesse, si belle et si intelligente, devenue une adolescente apathique, accumulant des échecs de plus en plus graves.

Durant ce primaire sans aspérité, l'enfant doué s'installe peu à peu dans un état de résignation dont il n'a même pas une claire conscience. Personne n'imagine qu'un être si jeune puisse manifester la sorte de sagesse qui lui a permis d'admettre qu'il valait mieux pour lui freiner définitivement sa curiosité d'esprit et son ardeur de néophyte. Il a copié ses camarades, semblant s'intéresser à des futilités, mais il doit parfois se forcer pour continuer à donner le change. Sa mélancolie finit pourtant par se dissiper, du moins en apparence ; car il ne s'agit en fait que d'une étape supplémentaire vers un refoulement encore plus profond de ses velléités de savoir.

■ Mario a su détourner la loi implicite qui dit qu'il ne faut pas faire montre d'un trop grand désir de savoir quand on est encore un très jeune enfant. « Coquin et cachottier », comme le décrit sa mère, il dissimule *Science et Vie* sous son matelas !

La chute du secondaire

Ce primaire qui s'éternise indéfiniment a parfois des effets plus nocifs qu'on ne peut l'imaginer. Des enfants qui ont passé des tests quand ils étaient très jeunes, c'est-à-dire avant leur entrée à la grande école, paraissent avoir déjà usé leurs capacités d'intérêt : ils entrent en 6e sans grand enthousiasme, sans manifester non plus la lassitude qui les habite ; ils travaillent « correctement ». Mais les pédagogues avertis – ceux qui savent l'extraordinaire passion dont ces enfants sont capables – constatent que leur élan est retombé, qu'ils travaillent pour la forme, parce qu'ils n'ont pas le choix, qu'ils font semblant, en continuant à s'ennuyer.

Pour eux, l'échec a commencé dès le primaire ; ils n'auront jamais, jamais poussé au plus loin leurs capacités de réflexion, ni aiguisé leur raisonnement sur un domaine précis, toutes qualités permettant par la suite de s'avancer, émerveillé, à la découverte des subtilités de sa langue maternelle, des spécificités des langues étrangères, de la pureté d'une démonstration mathématique... Ces plaisirs leur resteront à jamais inconnus, parce qu'ils ont plongé dans une léthargie molle qui les anesthésie.

Ces adolescents sensibles, intuitifs, trop gentils, qui ont perçu les difficultés et les risques qu'il y aurait à se montrer trop éveillés, font penser à la « Belle au Bois Dormant », mais quel prince charmant viendra les réveiller, après un si long sommeil ? Quelques professeurs, particulièrement à l'écoute, ont bien détecté ces dons assoupis, mais ils s'escriment en vain ; l'élève leur offre un sourire affable, une ineffable douceur, sans travailler davantage, comme s'il avait depuis longtemps dépassé le stade des désirs d'accomplissement et de la réalisation de soi. Il oppose une surface lisse, désespérante pour ceux qui souffrent de voir tant de richesses enfouies sous une indifférence polie.

On rêve pour ces êtres blessés d'une étincelle salvatrice, sans parvenir à en concevoir la provenance ou la nature. Aux adultes désemparés – parents, professeurs, psychologues –, ils renvoient, avec le charme qui les rend si attachants, une image de totale impuissance, bien affligeante pour ceux qui aimeraient leur insuffler un peu d'énergie et de goût pour la vie et les plaisirs qu'elle réserve.

D'autres, apparemment moins « touchés », ont conservé quelque temps leur capacité d'enthousiasme. Un interminable ennui, une méconnaissance totale de l'effort, un désintérêt permanent ne constituent pas de sérieuses incitations à progresser : le primaire s'est passé – dans l'amusement pour les plus joueurs, dans le rêve pour les plus méditatifs –, arrive enfin le secondaire, avec ce qu'il implique de connaissances nouvelles. Fini de jouer *Le Désert des Tartares* en attendant indéfiniment des difficultés à surmonter ! Une lutte stimulante va commencer.

Espoir à nouveau déçu : en 6e, on commence par réviser le CM2, l'ennui réapparaît. Les premières défaillances passent inaperçues : les notes baissent insensiblement, on néglige ces « incidents », que l'on attribue à de tout autres causes : le changement d'école, de rythme, des professeurs différents à la place de la seule maîtresse, l'éloignement des copains... Ces perturbations justifient largement une baisse momentanée. Quand on a de réelles facilités, il n'est pas compliqué de se reprendre. Point n'est besoin de mettre en place une aide particulière, il s'agit de faiblesses passagères, négligeables, peu significatives.

En 5e, pourtant, les failles s'élargissent, les notes continuent à baisser régulièrement, elles sont maintenant juste dans la moyenne. Faut-il s'inquiéter ? Réagir ? Ou bien faire confiance à la bonne nature de l'enfant doué, qui a toujours su redresser la situation, quand il amorçait ainsi une baisse ?

D'ailleurs, si l'on intervient, il se vexe : ces enfants, qui n'ont jamais véritablement connu l'échec, sont furieux et humiliés quand on évoque leurs notes médiocres ; ils protestent – ils restent dans la moyenne –, signalent que toute la classe est comme eux – dans la moyenne –, excepté un ou deux élèves, un peu bizarres d'ailleurs, et pas très sympathiques. Il y en a beaucoup de plus faibles qu'eux, et ils affectent de ne pas comprendre pourquoi on fait toute cette histoire.

Le piège du redoublement

La situation se dégrade très rapidement si un redoublement est décidé, généralement pour un motif peu clair : cet élève a manqué quelque temps pour raison de santé, accumulant les lacunes ; il pourrait améliorer son orthographe, ou son écriture – surtout son écriture, si mauvaise ; il peut bien perdre un an, puisqu'il n'est pas en retard ; enfin, il « manque de maturité », terme général et suffisamment flou pour recouvrir tout ce qui le différencie des autres.

Les parents hésitent à discuter, craignant de passer pour des égoïstes irresponsables qui préfèrent leur ambition personnelle et sont vexés de voir leur enfant redoubler, alors qu'ils lui rêvaient un avenir plus glorieux. S'ils insistent malgré tout, les heurts entre parents entêtés et professeurs rigides peuvent devenir dramatiques, et les premiers finissent par rendre les armes, pour que leur enfant ne pâtisse pas davantage de cet affrontement. Ils se rangent donc à l'avis des pédagogues, surtout s'ils ont un ancien complexe scolaire et estiment leur propre niveau d'études trop faible pour discuter de plain-pied avec un professeur. Si leur niveau culturel est bon, on dit qu'ils en profitent pour essayer d'impressionner l'enseignant, bien décidé à résister aux pressions.

L'argument le plus fréquent à l'appui de ce redoublement est qu'il va permettre de « consolider les bases » – ces fameuses bases qu'on s'empresse d'oublier sitôt qu'on ne les utilise plus au quotidien. C'est sous-estimer l'ennui profond qu'une année entière sans la moindre acquisition nouvelle va entraîner. S'y ajoute l'oubli de toute notion d'effort chez un enfant qui n'en avait déjà pas beaucoup, du fait de sa facilité.

S'installe alors – si ce n'était déjà fait – un processus lent, sournois, de désintérêt pour la scolarité et surtout pour la réussite, sur un fond dépressif latent, discret, sans manifestation marquante. Ce serait comme une amputation à laquelle l'élève s'habituerait progressivement.

L'enfant doué qui amorce cette chute privilégie parfois une matière et lui consacre de manière exclusive son énergie et son talent. Si c'est le français, on dira qu'« il ne comprend vraiment rien aux maths », et il répétera cette affirmation, sans chercher à la contester par un travail plus poussé ; s'il aime les maths, on estimera qu'« il n'est pas du tout littéraire », même s'il aime lire ; s'il se passionne pour l'histoire, on appréciera ses exposés remarquables et très documentés, mais le professeur ainsi favorisé n'aura qu'une faible voix pour défendre cet élève qualifié dans l'ensemble de « médiocre », quand ce n'est pas de « cancre », qui, pourtant, « semblait avoir des capacités ». C'est le fameux « peut mieux faire » qui rappellera bien des souvenirs à certains !

Parfois, il tourne résolument le dos à la scolarité, brillant en sport, en musique, ou simplement en finesse de caractère, ce qui lui vaut des amis fidèles et chaleureux. En classe s'amorce une vraie régression, et tous les automatismes qui permettaient une réussite satisfaisante s'effacent peu à peu. Des lacunes apparaissent avec évidence, et l'élève se refuse à fournir le moindre effort pour les combler. Il s'agit souvent de notions qu'il aurait dû acquérir dans les premières années et qu'il a négligées par distraction, par désintérêt, parce qu'il pouvait pallier ce manque par une réflexion rapide qui le masquait efficacement. Mais cette carence se révèle cruelle, maintenant qu'il est jugé séparément pour chaque matière, et non plus par une seule maîtresse qui pouvait apprécier l'ensemble de ses qualités.

■ On a ainsi des réponses surprenantes : des adolescents qui ne savent pas combien font 3 x 8, combien de kilos représente une tonne ou combien de semaines compte une année.

Un Michel de 13 ans ne connaît, quant à lui, aucune table de multiplication : il a toujours additionné les chiffres à toute vitesse.

Plus grave, ces enfants ne possèdent aucune technique d'apprentissage scolaire, ils ne savent pas travailler sérieusement une matière qui ne les intéresse pas, et les domaines qui éveillent leur intérêt se raréfient un peu plus chaque jour. Leur mémoire est un outil qui n'a jamais été véritablement exercé durant le primaire – ce n'était pas nécessaire pour retenir une leçon : lire une fois, ou même seulement entendre la maîtresse, suffisait pour qu'ils puissent réciter par cœur ; tout ce qu'ils entendaient était aussitôt assimilé sans le moindre effort, intégré dans l'instant. Ils ont même, parfois, servi d'agenda à leurs parents surmenés...

■ Camille et Olivier sont jumeaux. Camille a une excellente mémoire, il peut répéter facilement de longues séries de chiffres, tout ce qu'il apprend en classe est retenu sans erreur ; Olivier s'embrouille très vite dans les chiffres, il confond les données acquises à l'école, mais il s'applique de son mieux, pour parvenir à des résultats relativement satisfaisants. Les années passent, ils ont 17 ans : Olivier est un très bon élève, il passe facilement son bac ; Camille a vu ses notes baisser d'année en année, on le dit mauvais élève, il erre dans un grand désarroi, se croyant dépourvu de toute qualité intellectuelle.

Aux yeux de l'entourage, c'est Olivier qui est le plus doué, Camille ne pouvant prétendre à la même réussite. Pourtant, les tests démontraient qu'il était – de loin – le plus doué intellectuellement.

Le deuil de soi

Pour des enfants tels que Camille, la période idéale de réussite aisée s'estompe rapidement dans le souvenir, et l'adolescent s'installe dans un état permanent de deuil, comme si la réussite n'était pas pour lui – plus pour lui ; l'aisance passée a complètement disparu, il se sent mis à l'écart de la normalité, toutes ses certitudes vacillent, et lui qui suivait une scolarité sans aléas se retrouve devant une muraille immense à escalader, sans rien pour l'aider.

Le manque de confiance remplace dès lors la facilité. L'image de soi est complètement bouleversée, le narcissisme n'est plus suffisant pour assurer l'équilibre ; au contraire, il devient un point particulièrement vulnérable, sans cesse attaqué et rarement gratifié, si ce n'est par une mère désolée qui tente, en vain, de réconforter son enfant fragilisé. Celui-ci lui rétorque qu'elle manque d'objectivité et qu'elle le croit intelligent parce qu'elle est sa mère, mais qu'elle est bien la seule à avoir une bonne opinion de lui. Les critiques, les punitions, le courroux paternel – tous éléments destinés à stimuler son amour-propre et à l'inciter à retrouver son état antérieur de brillant élève – l'enfoncent encore davantage. Il entend affirmer partout de façon péremptoire : « Un enfant intelligent s'en sort toujours. » Il pense donc : « Si j'étais intelligent, je réussirais ; comme je ne réussis pas, c'est que je ne suis pas intelligent. » C'est logique, or ces enfants sont éminemment logiques ; ils continuent donc à échouer.

Camille s'identifie à cette image dévalorisée qu'on lui renvoie, alors qu'on avait l'idée louable de provoquer un sursaut salvateur. Il ne peut plus prendre le recul nécessaire, il devient ce que l'on dit de lui : un enfant difficile, impossible à comprendre, dont « on ne sait pas ce qu'il a dans la tête », qui est « mal adapté », sans qu'on puisse précisément définir ce qui le différencie tant des autres.

Pour lui, quelque chose a brutalement basculé, sans qu'il en comprenne la cause. Il pense que ce changement échappe à toute pensée rationnelle : il était un bon élève sans fournir le moindre effort, et tout semblait « normal » : normale la réussite, puisqu'elle ne lui coûtait rien, normale l'absence d'efforts, puisqu'ils auraient été inutiles.

Ce miraculeux équilibre s'est effondré subitement : on a négligé les premières fissures, il a pu donner le change en 6e, en 5e, colmater quelque temps les brèches, espérer « se refaire », comme il y est toujours parvenu ; il adopte l'état d'esprit du joueur, qui ne cesse d'espérer jusqu'au bout le gain miraculeux, même quand il ne lui reste que quelques pauvres jetons. Son brillant passé plaide en sa faveur, mais arrive un moment où il ne peut plus rien maîtriser : désormais, tout lui échappe.

■ Parfois, il croit retrouver l'espace d'un éclair sa facilité d'antan, parce que la tâche proposée lui est plus familière : Pierre a 15 ans, il est en seconde, ses résultats sont de moins en moins bons. Il lui arrive d'être encore piégé par sa facilité : il commence par travailler avec une totale aisance, puis il se heurte à une difficulté inattendue et il se sent désarçonné par ce changement. S'il ne parvient pas à se reprendre, il s'exaspère de cette marque d'incapacité et adopte une attitude brouillonne et désorganisée, en complet contraste avec la rigueur dont il avait toujours fait preuve jusque-là.

Ses réactions s'enchaînent alors, dans une redoutable logique : Pierre supporte très mal de se voir en situation d'échec – même relatif et momentané –, il s'en irrite au point de retourner contre lui, si décevant et tellement incapable, sa colère, qui se change en dévalorisation de lui-même.

Or rien n'est plus nocif qu'une agressivité que l'on retourne contre soi : elle provoque une souffrance aiguë, qui entrave tout dynamisme. Car, paradoxe, Pierre est intimement convaincu qu'il n'a pas reçu les mêmes dons que les autres (= des dons moindres), et il s'efforce de s'accommoder de ce douloureux inconfort ; il lui faudrait faire le deuil de tout rêve d'accomplissement et se contenter petitement d'un aboutissement médiocre et terne. Une telle perspective est bien de nature à lui ôter toute l'énergie qui lui reste.

■ Marianne a toujours rêvé d'une réussite éclatante. Elle travaillait très bien, mais quand elle atteint 14 ans, en 3e, ses résultats scolaires marquent un fléchissement. Elle devient sombre, peu loquace ; on trouve dans sa chambre des fragments de texte où elle évoque sa tristesse, son découragement, son dégoût de la vie et d'elle-même, avec – élément plus inquiétant – un couteau.

Les tests psychologiques situent Marianne à un niveau très supérieur, puisqu'elle dépasse parfois la note la plus élevée obtenue par les élèves de sa classe d'âge. C'est cette grande facilité qui l'a abusée, l'empêchant d'acquérir toute technique de travail. Par bonheur, Marianne n'a pas encore eu le temps de plonger dans une dépression trop profonde : elle se reprendra et réussira à la fin de l'année un concours difficile.

Pour Marianne, pour Pierre – pour tous les enfants doués qui se voient au bord d'un gouffre –, l'urgence est dans la restauration de l'image qu'ils ont d'eux, au moment où ils se trouvent en situation d'échec.

On doit leur expliquer ce qui leur est arrivé, comment ils échouent – momentanément –, et quelles en sont les raisons techniques, car il ne s'agit de rien d'autre que de technique. Mais l'angoisse, propre à la nature humaine, a tôt fait de dramatiser et d'amplifier les accidents de cette sorte. L'adolescent, qui s'était cru doué, se vit comme une victime et se souvient avec nostalgie des jours anciens, quand il vivait dans l'innocence d'un paradis perdu.

Il se voit alors comme la dupe d'une distribution arbitraire de dons : la roue a tourné, il perd après avoir sans cesse gagné, mais sans avoir su profiter de cette bonne fortune : il la croyait éternelle, elle était passagère, on ne l'en a pas prévenu, il aurait accumulé davantage de trésors, aurait prêté plus d'attention aux plaisirs de la connaissance, au lieu de penser qu'il s'agissait d'une source inépuisable et toujours facile d'accès. Il avait de l'or dans les mains et il ne lui reste qu'un peu de poussière au bout des doigts. Il a perdu un pouvoir qu'un malin génie ne lui avait octroyé que pour le faire mieux souffrir ensuite en le lui retirant.

L'AMÈRE NOSTALGIE DU PARADIS PERDU

Le merveilleux pouvoir qu'il avait sur le savoir, sur son acquisition immédiate, s'est évanoui. Jusque-là, tout était un jeu : il était si amusant de jongler avec les nouvelles connaissances, avec les mots, qui s'y prêtent si bien, avec les concepts, avec les chiffres, et voilà que ce plaisir se transforme en un horrible cauchemar, exactement comme dans ces mauvais rêves classiques où l'impuissance du rêveur finit par le réveiller, tant elle est insupportable. Maintenant, l'impuissance est son état habituel, sans recours.

Dans son désarroi, il finit par penser qu'un élément magique avait imprégné son enfance, pour disparaître dès qu'il a un peu grandi : la voilà, la fameuse « magie de l'enfance » évoquée avec romantisme, sans que l'on sache très bien ce qu'elle recouvre. L'explication lui apparaît avec clarté : les enfants possèdent un pouvoir magique, qui leur permet de tout comprendre, de se mouvoir avec grâce dans l'univers de la connaissance, puis ce pouvoir disparaît, quand l'enfance s'estompe et laisse la place à la puberté. Mais personne ne les a prévenus de cette transformation dramatique.

Comment espérer qu'ils sauront décrire un état d'âme aussi confus, et même penser qu'ils pourraient en avoir une conscience claire, justement au moment où ils basculent du côté sombre de la vie ?

Sans compter que les parents, ces piliers intangibles, ont eux aussi reçu cette épouvantable blessure narcissique : la situation leur paraît d'autant plus intenable qu'ils ont gardé le souvenir de l'enfant merveilleux, dont la compagnie était un perpétuel enchantement. Mais l'enfant princier est devenu un cancre ahuri, qui se mure dans un mutisme tenace. On lui dit : « Travaille ! » Mais, pour lui, travailler, c'était lire une leçon et la savoir aussitôt ; maintenant, il la lit dix fois, cent fois, et il ne la sait toujours pas. Il reste face à sa table, le livre ouvert, on dit qu'il rêve, qu'il pense à autre chose, qu'il ne sait pas se concentrer ; en réalité, il est pétrifié, paralysé par un effroi glacial à la pensée de ses dons disparus. Comme frappé de sidération, il se renferme en lui-même, appréhendant même que les signes de sa déchéance se lisent sur son visage.

Ce choc – amplifié, nous l'avons vu, quand il s'accompagne d'un redoublement estimé peu justifié – atteint profondément le narcissisme indispensable à tout développement harmonieux. Il va laisser une blessure grave – parfois irrémédiable –, dont les conséquences ne sont pas immédiates ni évidentes. L'adolescent lui-même peut aller jusqu'à penser que ce redoublement n'est pas mauvais : il aura une année tranquille, puisqu'il connaît le programme, il pourra retrouver un peu de son brio d'autrefois, tout en évitant un effort épuisant pour lui, qui en avait si peu l'habitude.

S'il se sent trop blessé, il risque de saboter davantage encore son travail. Il sera alors placé dans une classe faible, parmi les moins doués, où il ne fera plus rien, tout en retrouvant des résultats plus satisfaisants dans une scolarité moins exigeante. Toute solution comporte des effets pervers : au vu de ses bons résultats, il ira l'année suivante dans une classe de meilleur niveau, où sera considéré comme acquis un programme qu'il n'aura même pas abordé l'année passée, et il se retrouvera à nouveau en échec, avec la perspective d'un autre redoublement.

L'image qu'il a de lui-même est ainsi mise à rude épreuve ; elle est même de plus en plus entamée ; le narcissisme est excessivement malmené : l'élève en échec devient agressif et méchant par dépit, parce qu'il déçoit ses parents. Les retombées d'un tel processus sont souvent dramatiques et se prolongent de longues années, l'existence tout entière pouvant s'en trouver entachée.

■ Marianne a pu retrouver son aisance parce qu'elle avait compris les raisons de son échec subit. Il n'en est pas moins vrai qu'elle a dû travailler avec constance pour acquérir les méthodes et les bases qui lui faisaient défaut. Il lui a même fallu suivre un stage pour apprendre à travailler avec efficacité.

Son narcissisme défaillant a été restauré par l'annonce d'un résultat objectif, qu'on peut chiffrer (QI) ; car si elle savait, au fond d'elle-même, qu'elle pouvait encore réussir, elle n'aurait jamais osé le formuler, alors que ses notes étaient si faibles. Pour une fois, quelqu'un ne lui a pas dit qu'elle manquait de maturité et que c'était pour cette raison qu'elle ne savait pas travailler. Au contraire, elle s'est entendu décrire comme une adolescente très mûre, capable de comprendre la portée de son échec – perspicacité qui avait provoqué son désespoir – et si rapide d'esprit qu'elle n'avait pu se plier à de trop lentes techniques d'apprentissage. Ses lacunes étaient dues à des moments de distraction passagère, elles pouvaient donc être comblées sans difficulté.

Réconciliée avec elle-même, elle a retrouvé toute son énergie et toute son efficacité.

Tous les adolescents ne connaissent pas cette embellie magnifique. Certains se sentent tellement écrasés de honte qu'ils préfèrent « faire le bête », pour qu'on les laisse définitivement tranquilles, refoulent leur bonne volonté pour avoir l'air moins stupides et pour faire croire qu'ils ne veulent pas travailler, qu'ils sont paresseux, que l'école ne les intéresse pas. Si leurs parents ont connu le même parcours, ils ne trouvent pas toujours le courage de les aider à faire front : ils s'identifient à leur enfant, avec la douloureuse impuissance de celui qui souffre pour l'autre sans pouvoir le soulager. Parfois, ils pensent que leur enfant a hérité de leurs propres limites, qu'il ne sert à rien de le forcer, puisqu'il s'agit d'une histoire familiale qui doit se répéter.

Quand on leur parle de leur enfant, ils ont l'impression qu'il s'agit d'eux et de l'adolescent douloureux qu'ils ont été à un moment de leur scolarité. Ils veulent éviter que ce cycle pénible ne recommence, mais ils ne sont jamais sûrs d'y parvenir, puisque l'opération n'a pas réussi pour eux. Il leur semble avancer sur un terrain miné, dont ils risquent d'être les victimes, peut-être à cause d'un rappel trop brutal de leurs souffrances passées. Ils participent avec tellement d'intensité au désarroi de leur enfant qu'il leur est difficile de l'aider objectivement : ils se voient à nouveau, adolescent incompris, tourmenté, coupable, malheureux et surtout désarmé, dans un univers où ils se sentaient étrangers. Leur enfant suit le même chemin, par une sorte de fatalité impossible à contrer. Ils peuvent évidemment éprouver un intense soulagement quand, à l'occasion de l'évaluation de leur enfant, ils comprennent enfin, après tant d'années de brouillard, pourquoi ils ont buté, eux aussi, à un moment donné de leur scolarité.

Dans un tel contexte, il est préférable que les parents évitent de jouer les répétiteurs : la moindre ignorance leur paraîtra gravissime, ils vont aussitôt en déduire que leur enfant est réellement un idiot fini, et l'enfant lui-même, effrayé par l'angoisse de ses parents, va achever de se bloquer, prêt à tout plutôt qu'à renouveler ce cauchemar, qui ne lui apporte aucune aide, mais seulement un surcroît d'épouvante. Ce ne sont pas les meilleures conditions pour travailler avec efficacité. (Quiconque a tenté d'expliquer à un enfant buté dans son incompréhension une règle élémentaire de mathématiques ou de grammaire n'a pu s'empêcher de se dire, dans son for intérieur, qu'il aurait totalement perdu patience et maîtrise de lui, s'il s'était agi de son propre enfant.)

Les explications rationnelles du psychologue, évoquant cette grave absence de toute technique d'apprentissage, apaisent alors bien des angoisses latentes, anciennes, perturbatrices.

Il arrive pourtant que l'adolescent en échec ne fasse l'objet d'aucune tentative d'aide ; des complications familiales ont pu retarder le moment où il fallait s'occuper de lui, justifiant, à elles seules, les difficultés scolaires, considérées comme passagères et réactionnelles ; ou bien les soutiens possibles ne se sont pas mis en place assez tôt ; ou encore, ils n'étaient pas adaptés. Car il faut toujours prendre en compte le don intellectuel si l'on veut secourir efficacement ces élèves en péril ; c'est le seul moyen de faire passer un enseignement dont ils se sont dégoûtés.

Parfois aussi, il n'a pas voulu entendre ce qu'on lui disait, pensant qu'il était trop tard, que toute aide serait dérisoire, inutile, et le rendrait encore plus ridicule, alors il cherche une voie différente, où il pourra exprimer sa véritable nature, aller jusqu'au bout de lui-même, exploiter l'énergie qu'il sent en lui et qui s'épuise en pure perte dans un enlisement scolaire nauséeux.

Tous les adolescents ont le goût de l'absolu, de l'excès. Le risque ne leur paraît jamais trop grand. Le désir d'accomplissement, qui a rencontré si tôt ses limites à l'école, va s'exprimer ailleurs, n'importe où, en fonction de l'environnement, des rencontres, des dons spécifiques. La vitalité qui les habite les pousse alors à prendre des risques.

Le basculement

Devant cette impétuosité passionnée, on aurait tendance à oublier combien on est fragile à cet âge, et il peut sembler absurde ou ridicule de parler d'obligations scolaires à un adolescent en échec qui rêve de grands espaces et de chemins originaux, où il pourra enfin donner le meilleur de lui-même. Il voudra se consacrer totalement aux chevaux, au surf, à une quelconque compétition, où il n'a objectivement aucune chance de l'emporter ; il rêvera de partir au loin, dans des conditions désastreuses. Mais, quand il se rend compte que ces désirs sont peu réalistes, il risque de se tourner vers le remède qui s'offre là, à sa porte, séduisant et tentateur : la drogue.

Toutes les conditions semblent réunies pour l'attirer et le faire basculer : sa fragilité nouvelle et ses doutes, un environnement qui a changé, puisqu'il a perdu ses camarades en ne suivant plus les mêmes études qu'eux, et l'apparente facilité d'une telle pratique.

Sans être experts en psychologie ou en sociologie, les revendeurs pressentent que ces adolescents représentent une clientèle idéale : leur astuce leur permettra de trouver les fonds nécessaires, ils seront d'efficaces prosélytes, l'élan qu'ils impriment à leur énergie passionnée s'est inversée – ils iront jusqu'au bout d'eux-mêmes, sans s'imposer aucun frein. Ils deviendront même complètement indifférents à leur drame personnel, qui leur semblera appartenir à une époque si ancienne qu'elle doit relever d'une vie antérieure qui les concerne à peine. Ils ne sauront même plus pourquoi ils ont pu être si malheureux. L'école ? Mais c'est du passé, c'est fini, oublié, la vraie vie commence maintenant, avec la fumée, la musique, les copains...

Au-delà du stéréotype, le schéma est bien celui-là. Quand le renoncement a été trop dramatique, quand l'adolescent s'en veut terriblement parce qu'il n'a pu concrétiser ses rêves, quand sa colère est si grande, si intense que rien ne peut l'apaiser, il ne reste qu'une solution possible à celui qui a perdu tout espoir : s'évader d'une façon ou d'une autre vers l'univers magique de son enfance, quand il croyait encore que tous les chemins lui étaient ouverts.

Deuxième Partie

Qui est cet enfant ?

PREMIÈRES CLÉS

Quand les indices marquant une différence difficile à expliquer se multiplient, quand des signes de plus en plus nombreux, de plus en plus manifestes, alertent les parents, la réaction s'impose : il est préférable de consulter un spécialiste.

Le rôle des médias est ici très important, l'exemple du magazine féminin décrivant l'échec scolaire des enfants doués, à une époque où ce sujet restait encore confidentiel, le démontre à l'évidence. On peut se plaire à penser que cet article a permis d'éviter à quelques enfants doués un naufrage irrémédiable.

Les articles de journaux, les émissions de radio et, surtout, les sujets grand public de la télévision ont mieux alerté l'opinion que le travail sérieux, approfondi, mais forcément plus discret, de ceux qui se sont attachés à cette cause. Il existe même un risque non négligeable de voir l'enfant doué considéré comme un phénomène intéressant, voire amusant.

Contrepartie positive, ceux qui s'occupent d'enfants n'ont pas manqué d'approfondir leurs connaissances sur le sujet : les maîtres d'école, les pédagogues en général, les médecins n'ignorent plus les problèmes spécifiques des enfants doués.

■ Pauline présente parfois d'épouvantables douleurs abdominales : on pense, à tort, à une crise d'appendicite, on l'hospitalise en urgence, et tout rentre dans l'ordre très vite... jusqu'à la prochaine alerte. Le généraliste qui la suit a suggéré à ses parents de lui faire passer un examen psychologique, afin de déterminer son QI. Ce médecin perspicace avait raison : Pauline a un QI de 155, et elle a été, pour une fois, tout à fait enchantée de cet examen et de cette image, enfin cohérente, qu'il donnait d'elle.

L'ÉVALUATION DU QI

Les premiers tests d'évaluation ont été mis au point par notre glorieux ancêtre, Alfred Binet, en 1908, pour tenter de mieux comprendre les raisons de l'échec scolaire de certains élèves. Le test, établi avec la collaboration de Théodore Simon, et donc appelé Binet-Simon, comporte des questions de connaissances générales, de raisonnement et quelques manipulations pratiques : on compare ensuite les résultats de l'enfant examiné à ceux qu'obtient une population d'enfants du même âge : un item, c'est-à-dire un élément du test, devient significatif d'un âge donné s'il est réussi par 75 % des enfants de cet âge. Ce test donne un « âge mental » ; et le rapport de l'âge mental divisé par l'âge réel, et multiplié par 100, aboutit à ce fameux QI.

$$QI = \frac{\text{Age mental}}{\text{Age chronologique}} \times 100$$

Le principe de ce test a été repris par de nombreux psychologues, dont, aux États-Unis, Terman à l'université de Stanford et Merrill. Outre le Binet-Simon, guère utilisé de nos jours, mais dont l'aspect désuet conserve un charme nostalgique, on a donc des tests appelés Terman-Merrill, Stanford-Binet et, surtout, la NEMI (Nouvelle échelle métrique de l'intelligence), élaborée en 1966 par le psychologue français René Zazzo à partir d'un Binet-Simon actualisé. Ce dernier test est souvent utilisé par les psychologues scolaires : il situe les enfants par rapport à leurs pairs, indiquant, par exemple, si un enfant a une maturité intellectuelle suffisante pour aborder les apprentissages scolaires.

Le propos n'est pas ici de passer en revue tous les tests existants ; quelle que soit l'importance des explications données à leur sujet, ceux qui les contestent persisteront dans leurs critiques. Il est bien certain que tout examen comporte un aspect réducteur, mais il doit toujours être interprété en fonction du moment, du lieu, du contexte. C'est un *outil* de diagnostic, qui permet de détecter des failles, indécelables autrement, avec tous les avantages qu'un diagnostic précoce peut apporter.

A titre d'exemple, on peut évoquer le cas d'enfants devant suivre une scolarité spécialisée du fait d'un handicap – la surdité, par exemple. Ces enfants passent un test chaque année, à la demande des commissions départementales ou autres, chargées de suivre leur évolution dès lors qu'ils relèvent d'un enseignement adapté à leur cas.

■ David est scolarisé depuis quelques années dans un établissement de cet ordre, en internat de semaine, c'est-à-dire qu'il rentre chez lui chaque samedi. Il a toujours été bon élève. Un jour, à l'issue d'un test, on constate une baisse spectaculaire des résultats, que rien ne semble justifier ; par ailleurs, le comportement en classe et les notes obtenues demeurent inchangés. Tout de même alerté par cette chute brutale, le psychologue demande à rencontrer les parents, qui finissent par confier qu'ils sont en instance de divorce, mais qu'ils ne souhaitent pas encore en parler ; ils pensent même que David ne se doute de rien.

En réalité, David se desséchait d'inquiétude durant toute la semaine, il se demandait ce qu'il allait trouver en rentrant chez lui, mais il gardait pour lui ses tourments, puisqu'« il ne [fallait] pas en parler ». Comme il était très intelligent, il parvenait à maintenir son niveau de réussite en classe. Mais il avait abandonné toute armure défensive devant le psychologue : la baisse de ses résultats au test était autant un signal de détresse qu'une marque de dépression réelle, dont il gardait pour lui les symptômes, afin de ne pas accabler encore davantage ses parents avec ses propres ennuis.

David a retrouvé un peu d'énergie quand il s'est senti compris ; il a pu être aidé et soutenu, a franchi ce passage difficile de façon moins douloureuse, puisqu'il a pu formuler le malaise qui le tourmentait.

Le test n'est pas mauvais en soi, c'est l'usage qui en est fait qui peut devenir pervers. Il peut efficacement servir de signal d'alarme ou indiquer l'amorce d'une dépression, en dehors de toute autre manifestation.

Nous nous en tiendrons à la description du WISC *(Wechsler Intelligence Scale Children)*, qui est le test le plus utilisé dans le monde entier, élaboré aux États-Unis par David Wechsler en 1949, adapté ensuite à chaque pays, après de nombreuses études statistiques, longues, onéreuses, mais aisées à effectuer puisque les écoles offrent un reflet parfait de la population d'un pays. Pour procéder à ces étalonnages, les Éditions du Centre de psychologie appliquée, qui éditent ce test en France depuis 1971, travaillent sur un nombre d'enfants qui rendent exactement compte de la composition du pays concerné, selon les catégories établies par l'INSEE. On intègre les plus subtiles différences de langage – chaque pays francophone, par exemple, aura sa propre version des questions.

Le WISC se présente sous trois formes : le WPPSI, *(Wechsler Préscolaire et Primaire Intelligence Scale)* qui s'adresse aux enfants de 3 à 7 ans, le WISC pour ceux de 6 à 17 ans et le WAIS pour les adolescents et les adultes *(Wechsler Adult Intelligence Scale)*.

Les notes sont converties en quotient intellectuel en comparant la note obtenue à celles des enfants d'âge égal, cet étalonnage étant établi de 3 mois en 3 mois. Ce QI ne s'étend pas à l'infini : le plus faible est de 46, le plus élevé de 160. On voit déjà très bien les limites inhérentes à ce type d'étalonnage : certains enfants auraient pu poursuivre leurs réussites bien plus avant, ils ont dû s'arrêter parce que le test n'allait pas au-delà. Le QI est distribué selon une courbe de Gauss, et il suffit de regarder ce schéma pour voir combien il est plus confortable de se situer au milieu, entouré de multiples personnes proches en esprit et en manières de raisonner, plutôt qu'aux extrémités, où il est bien plus ardu de trouver un semblable.

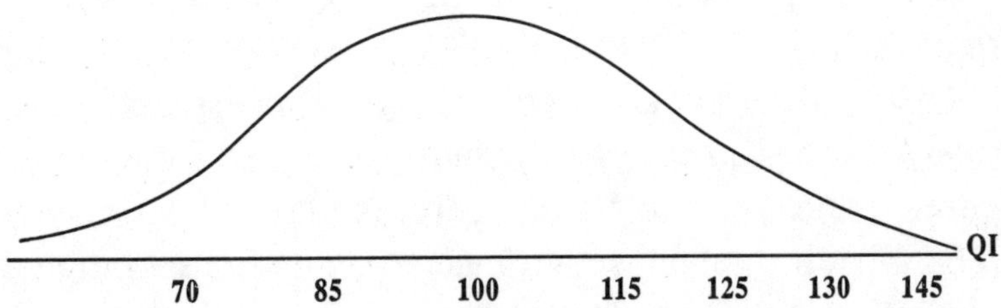

Autrement dit : 100 étant la norme et 115 son plafond, on considère 125 comme le seuil du surdouement (132 étant le niveau d'admission à Mensa). Il est intéressant de constater que 5 % de la population a un QI de 125, chiffre qui tombe à 2 % à 130, à 1 ‰ à 145. Une personne sur 100 000 seulement est évaluée à 160 et au-delà.

Les tests sont régulièrement révisés : certaines questions démodées sont remplacées par d'autres, qui correspondent mieux à des données plus actuelles. Parfois, elles entérinent de tristes constats : on ne demande plus que faire si l'on va chez un boulanger qui n'a plus de pain, parce que l'on part du principe qu'il y a toujours du pain dans les grandes surfaces et que ce boulanger archaïque, en rupture de pain, fait partie d'un folklore révolu ; de même, on n'interroge plus sur les mérites comparés des cassettes et des disques des enfants qui n'ont jamais vu un vinyle de leur vie… En France, la dernière révision du WISC date de 1996 (WISC III) et celle du WPPSI de 1995 (WPPSI-R).

Le WISC est un test complet. Ses items recouvrent des aspects différents de l'intelligence, chacun d'eux donnant un reflet particulier ; la synthèse de ces examens aboutit à une image à la fois affinée et instructive de l'enfant concerné.

Il se compose de deux parties : le *Verbal*, plus abstrait et aussi plus scolaire, et les *Performances*, comportant des manipulations de matériels concrets. Le QI dit « Complet » est la moyenne statistique du QI Verbal et du QI Performances.

Le Verbal comporte des questions de connaissances générales, de celles qu'on apprend très tôt en classe et dans la vie quotidienne. Les enfants trop rêveurs donnent parfois des réponses surprenantes d'étrangeté, ces notions pratiques restant pour eux si floues qu'elles ne méritent, à leurs yeux, aucun effort de mémoire. Ils connaissent les noms extraordinairement compliqués des animaux de la préhistoire, mais ils répondent sans hésitation que la Chine se trouve dans le sud de la France, que la semaine compte cinq jours, ou bien dix, ou un chiffre de cet ordre, ils ne savent plus trop... De même, si la géographie ne les intéresse pas, les réponses les plus fantaisistes dans ce domaine ne les choquent pas le moins du monde : il s'agit pour eux d'un domaine théorique, virtuel, où tout est possible, qui ne connaît pas l'aberration. New York ? Ce doit bien être à 20 000 ou 30 000 kilomètres d'ici... Les bons élèves, au contraire, y voient un jeu et s'appliquent à répondre avec la plus grande précision possible, sur un mode sportif qui les enchante.

Le calcul mental propose des problèmes très simples, mais déterminants : les enfants qui ne savent pas écouter ni retenir ce qu'ils entendent échouent par distraction, ceux qui lisent mal ne discernent pas quelle opération appliquer pour résoudre cet énoncé obscur, ceux qui peinent à s'en former une représentation mentale exacte s'égarent dans des calculs démentiels, ne parvenant même plus à critiquer leur réponse, toute logique disparue. A partir de ces exemples, on voit combien un test peut apporter d'éclaircissements sur le mode de fonctionnement d'un enfant, placé en situation scolaire. Ceux qui prétendent être « nuls en maths » sont bien surpris d'apprendre qu'ils ont un excellent sens du calcul, mais qu'ils sont bloqués par d'autres éléments, étrangers aux maths.

Souvent, malheureusement, ils sont freinés par leur méconnaissance des tables de multiplication, et le courage leur manque quand ils doivent effectuer mentalement une opération, pourtant élémentaire, mais qui demande une bonne technique en la matière : 12 x 8 devient un casse-tête impossible à résoudre, et ils ne sont pas autrement étonnés qu'un motocycliste roule à 4 000 km/h – ou à 5 km/h. Ils préfèrent en fait ne pas voir – ou feindre de ne pas voir – l'absurdité de leurs calculs et se réfugier dans un prétendu dégoût des maths, justification qui, à leurs yeux, leur évite un effort jugé stérile.

A tout moment apparaît le piège perfide et quasi destructeur de la facilité : puisque la réponse exacte, ou la marche à suivre convenable, ne leur vient pas immédiatement à l'esprit, il est parfaitement inutile de poursuivre des efforts qui, c'est sûr, n'auront pour seul effet que de les rendre ridicules, leurs tentatives dérisoires étant évidemment promises à l'échec, quoi qu'ils fassent. « Les maths, ce n'est pas mon truc », et maintenant passons à un autre sujet, moins pénible.

Répéter des séries de chiffres permet de juger la concentration d'esprit, le sens de l'orientation dans l'espace – puisque ces chiffres doivent être répétés dans l'ordre donné – et aussi le degré d'émotivité : les enfants anxieux, doutant d'eux, trop inquiets, échouent du fait d'une trop grande tension. D'autres mettent un point d'honneur à répéter les séries les plus longues, avec le plaisir que procure la performance réussie.

Les enfants en échec scolaire n'ont pas toujours les résultats qu'ils seraient capables d'atteindre : le simple fait de se trouver dans une situation rappelant l'école les bloque complètement. Ils se montrent plus à leur aise, plus détendus, quand on fait uniquement appel à leur réflexion personnelle. Ils ménagent donc moins leurs efforts s'ils doivent user du raisonnement par analogie. Le maniement du concept, la faculté de trouver un point commun à deux termes qui, a priori, n'en présentent pas, l'esprit de synthèse – indispensable à toute élaboration intellectuelle originale – caractérisent la véritable intelligence, celle qui permet l'éclosion d'idées personnelles, fait avancer la science, préside aux découvertes...

Les réponses judicieuses montrent une maturité d'esprit qui surprend parfois l'entourage, étonné d'apprendre que ce rêveur, dépourvu de tout esprit pratique, manifeste une maîtrise de pensée très supérieure à celle de nombre d'enfants de son âge, pourtant bien plus dégourdis dans la vie quotidienne. Cette maturité s'exerce dans des domaines plus austères, plus secrets, ceux que les savants et les sages explorent avec délices, malgré leur aspect aride.

La compréhension des situations – quand il faut trouver la réaction appropriée à une situation donnée – reflète les capacités d'initiative, la qualité du jugement, le bon sens et une certaine aptitude à une intégration sociale satisfaisante. Les enfants qui trouvent facilement des réponses adéquates sont doués pour se faire des amis, ils savent s'adapter à des circonstances nouvelles, sont capables d'autonomie. Il arrive que des sujets « trop » doués se méfient de leur spontanéité : ils recherchent alors quelle réponse on attend de la part d'un enfant de leur âge et finissent par donner des réponses infantiles, pas du tout naturelles.

On peut craindre qu'ils n'adoptent, dans la vie courante, cette allure empruntée, artificielle, et pour tout dire empotée, uniquement par souci de se protéger, pour éviter de se différencier à l'excès des autres enfants et de se faire indûment remarquer – défense peu efficace, puisqu'elle leur confère un côté gauche qui incite au rire.

Le vocabulaire est surtout intéressant pour la précision de la pensée qu'il exige ; les enfants disent : « Je connais, mais je ne sais pas comment expliquer. » Ils ne trouvent pas de synonyme et s'égarent dans des explications incertaines. Ceux qui aiment le langage ont plaisir à trouver la définition la plus claire, la plus élégante, la plus précise possible.

A les entendre synthétiser avec aisance des explications qui auraient pu être interminables, on conçoit la joie qui est la leur quand on leur offre l'occasion de jongler ainsi avec les mots, les formulations, les nuances.

Les performances sont souvent beaucoup moins bien réussies par les enfants doués, facilement déroutés par un matériel qui échappe à leur adresse.

Leur perplexité ne tarde pas à apparaître, bien qu'ils conservent une bonne volonté évidente, touchante, même.

En revanche, ceux qui sont un peu bloqués, qui manquent de confiance en eux à l'oral, parce qu'ils craignent toujours de ne pas utiliser le mot attendu, de commettre un impair ou de trahir un « secret », font tout à coup preuve d'une dextérité étourdissante, manifestement heureux de ne plus avoir à se surveiller et de ne plus appréhender d'éventuelles critiques.

Chez ceux que les manipulations embarrassent, au contraire, seul l'esprit d'observation est bien exercé quand il faut trouver l'élément manquant dans un dessin : les enfants doués s'y montrent avisés, perspicaces, ils usent d'un esprit critique qui met bien en évidence leur maturité d'esprit et leur indépendance de jugement. Ceux qui flottent un peu, qui acceptent le monde tel qu'il est, sans le critiquer, échouent rapidement.

Les notes obtenues aux autres items sont pénalisées par la prise en compte du temps d'exécution : les enfants trop prudents, trop précautionneux ne se fient pas à leurs dons, face à un matériel concret ; ils perdent un temps infini sans raison, ils donnent l'impression que d'invisibles freins les obligent à fournir un effort démesuré pour manipuler avec succès ce matériel récalcitrant.

Le « Code » est à cet égard significatif : il faut reproduire des signes simples sous des chiffres selon un modèle ; or ces enfants ne mémorisent aucun signe, ils les tracent trop lentement, vérifiant sans cesse s'ils n'ont pas commis d'erreur ; la consigne de rapidité d'exécution les affole plus qu'elle ne les stimule, leur difficulté dans le graphisme apparaît dans toute sa nocivité, et une émotivité malvenue achève de les perturber.

Les tracés eux-mêmes sont curieusement malhabiles, comme exécutés par une main encore très enfantine.

Apparaît dans cette « épreuve » – qui en devient véritablement une dans tous les sens du terme – la dyssynchronie tellement spécifique des enfants doués. Le malaise qu'ils éprouvent alors semble toujours d'origine très ancienne, au point qu'ils le considèrent comme faisant partie d'eux-mêmes et donc impossible à surmonter. Ils s'y résignent péniblement, honteux de leur maladresse, qui donne d'eux une image tellement négative. Le décalage avec les autres items est parfois si grand qu'il est instructif de calculer le QI sans tenir compte de la note trop faible obtenue à ce « Code » calamiteux. Il arrive qu'on trouve ainsi 8 à 10 points d'écart, selon la façon dont on a procédé.

La réussite aux « Cubes de Kohs » – il s'agit de reproduire des modèles à l'aide de cubes de couleurs – est la preuve d'une réelle intelligence, même si toutes les autres épreuves restent médiocres. Il n'est pas possible d'y réussir en l'absence d'un véritable don intellectuel, mais les enfants doués qui éprouvent des difficultés d'orientation dans l'espace échouent dramatiquement. Environ 20 % des sujets présentent des difficultés de cet ordre. Elles ont des répercussions sur la lecture – avec une apparente dyslexie –, sur l'orthographe – avec des inversions de lettres –, sur le calcul – puisque additions et soustractions se confondent. Quand on ne sait jamais très bien quelle image associer aux notions « devant », « derrière », « à gauche », « à droite », « dessus », « dessous », etc., on a beaucoup plus de mal à retenir l'ordre des lettres dans un mot ou celui des chiffres dans l'énoncé d'un problème.

Combien d'adultes avouent, sans trop de gêne d'ailleurs, n'avoir aucun sens de l'orientation et tourner quasi systématiquement à gauche quand on leur dit « à droite ». Ils ont recours à des systèmes personnels, mis au point au fil des ans – ils savent que leur montre est à gauche, que l'autre côté est celui de « la main qui écrit »... Seulement, ils ne passent pas de tests destinés à évaluer leurs capacités[1].

S'ajoute, chez les enfants ainsi déroutés, une désorientation temporelle : ils se retrouvent difficilement dans l'ordre des jours, des mois, dans la lecture de l'heure, surtout depuis que cette heure est donnée de deux façons différentes, soit qu'on la lise directement et qu'on déduise le temps à venir par un mécanisme de numération, soit qu'on la voie sur un cadran, avec une dimension spatiale qui aide à la compréhension du processus d'écoulement du temps.

Une épreuve analogue à des puzzles exige un coup d'œil rapide et précis : les enfants doués hésitent généralement trop longtemps, ils manquent d'initiative, ils se sentent rapidement perdus au milieu de ces morceaux de carton qui doivent finir par représenter un cheval ou un bonhomme. Ils semblent même parfois frappés d'une sorte de paralysie, comme s'ils s'interdisaient toute capacité d'anticipation et toute manifestation d'esprit critique dans un domaine où ils se sentent particulièrement démunis. Ils arrivent à des résultats surprenants, qu'ils ne cherchent même pas à corriger : et pourtant, on a rarement vu un cheval à face de pieuvre, doté de pattes lui sortant de la tête, non plus qu'une voiture avançant sur des demi-roues...

Il faut, enfin, classer selon une suite logique des images présentées en désordre. La réussite nécessite une bonne compréhension des mécanismes régissant la vie en société et, aussi, celle des séquences d'une action. Entrent en jeu la logique, l'initiative, la capacité à exercer une vision globale et synthétique d'une action, pour ensuite en saisir les détails destinés à guider la réflexion. Les enfants doués réussissent généralement assez bien, mais trop lentement.

1. Précisons, à ce propos, que les tests de raisonnement purement logique, utilisés généralement pour la sélection professionnelle, font peu appel à ce sens de l'orientation si souvent défaillant.

Dans l'examen du WISC, la personnalité de l'interlocuteur compte pour une part : le psychologue se doit de rester neutre et bienveillant, mais il peut ressembler au maître sévère dont l'enfant ne garde pas un très bon souvenir, ou au contraire à la charmante cousine qu'il retrouve avec plaisir durant les vacances. Ce sont des impondérables, dont les conséquences sont parfois désastreuses – s'il s'agit d'orienter un enfant en difficulté, par exemple.

Cet écueil est évité quand le test se présente sous la forme d'une feuille ou d'un cahier, l'enfant étant seul en face de cette épreuve. Il ne bénéficie plus des encouragements du psychologue, il doit trouver en lui-même la force de mener une réflexion rigoureuse, mais il échappe à une relation qui peut être vécue comme une situation traumatisante de jugement, selon que le courant passe ou non entre l'enfant et son examinateur.

Les tests dits « papier-crayon » s'adressent à des enfants qui ont déjà quelques années de scolarité. Ils sont aussi plus facilement utilisés pour un recrutement professionnel, puisqu'on peut les faire passer à un grand nombre de candidats en même temps. A cause de leur forme même, ils font davantage appel au raisonnement logique pur, celui qui est indispensable à la rigueur de la pensée parce qu'il en constitue l'armature, mais ils méconnaissent totalement la créativité, l'originalité de la pensée, et surtout ce qu'on a coutume d'appeler « l'intelligence du cœur ».

Les tests de personnalité

A côté de ces tests d'efficience intellectuelle existent les tests de personnalité, qui sont dits « projectifs » parce qu'on part du principe qu'on y *projette* quelque chose de soi.

Les plus riches se passent individuellement : le TAT *(Thematic Aperception Test)* pour les plus grands, le CAT *(Children Aperception Test)*, Patte Noire, les fables de Duss pour les plus jeunes, permettent de se faire une idée de l'image qu'on a de soi-même, de celle qu'on projette dans l'avenir, du mode de relation qu'on établit plus volontiers avec son entourage proche, avec ses amis, avec la société au sens le plus large. Découvrir certains aspects de sa personnalité peut aider les adolescents à la recherche d'eux-mêmes, tout comme les parents des jeunes enfants, en dissipant les malentendus sournois qui s'installent dans les familles les plus attentives. C'est à dessein que le Rorschach ne fait pas partie de cette énumération : il est préférable de le réserver à des examens destinés à un diagnostic plus fouillé ; mais il apporte également des éléments intéressants, à condition de lui consacrer un très long temps d'étude.

■ Des adolescents, peu soucieux de se révéler à leur insu, se plaisent à raconter n'importe quoi. Mais il faut savoir que ce brouillage laisse tout de même passer quelques lueurs éclairantes : le « n'importe quoi » n'existe pas. Parfois, ils laissent libre cours à leur imagination débordante dans cet espace de liberté, où ils ne craignent pas de « note » dévalorisante, et ils évoquent, avec le plaisir malicieux qu'on imagine, de joyeuses bandes de vampires dévorant allégrement de tendres proies...

On ne peut qu'espérer que ce don narratif ne sera pas éteint par trop de contraintes et persistera, pour le plus grand bonheur des amateurs de frissons d'effroi.

Pour démontrer l'intérêt de ces tests de personnalité, il faut toujours avoir présent à l'esprit que les enfants désirent le plus souvent ménager leurs parents ; ils préfèrent alors garder pour eux leurs tourments, mais ils ne peuvent en cacher toutes les manifestations, et celles-ci sont parfois comprises comme des marques d'agressivité ou de malaise grave. Quand un malentendu « technique », pourrait-on dire, est à l'origine de ce malaise, il peut être facilement dissipé, une fois comprises les raisons qui l'ont fait naître.

■ Jeanine observait une attitude curieuse face à sa mère, à laquelle elle était très attachée, mais elle se montrait aussi parfois très timorée, craintive, timide. C'est un test de personnalité qui a fourni la clé : la mère de Jeanine avait eu le malheur de perdre accidentellement deux frères très jeunes ; Jeanine en avait conclu que sa mère possédait un pouvoir quasi magique pour avoir survécu, et elle la craignait un peu, sans même être consciente de cette situation. Cette construction fantasmatique dissipée, Jeanine a été beaucoup plus détendue, et ses résultats scolaires ont même progressé de façon spectaculaire.

Les tests passés, on a enfin en main une explication, une aide, un guide, on sait où diriger ses pas ou, du moins, quelle direction adopter, on a une indication sur la marche à suivre, une grille permettant de décrypter les réactions de son enfant – au lieu d'en être surpris, puis inquiet, puis affolé, parce qu'il ressemble de moins en moins à ses camarades et qu'on ne sait comment agir avec lui pour éviter d'aggraver cette différence gênante.

Certains parents gardent précieusement ce dossier, ils le consultent quand ils sont surpris par une réaction encore plus inhabituelle de leur enfant, et ils y trouvent une amorce de réponse ; ils le font également lire à ceux qui doivent s'occuper de celui-ci dès qu'ils pensent que les éléments qu'il apporte seront pris en considération. Le regard porté par l'encadrement ou par le corps enseignant sur cet élève déconcertant peut être modifié, pour son plus grand bénéfice.

■ Fabien était en difficulté scolaire, il avait peu d'amis ; à 15 ans, il souffrait de cette situation douloureuse, sans comprendre comment il en était arrivé à un tel manque d'adaptation. C'est avec une certaine anxiété tout de même mêlée d'espoir, qu'il passe des tests. « Je garde votre dossier et je le lis souvent, pour savoir si j'ai progressé », dit-il, heureux de cette aide, aisée à consulter quand il en éprouve le besoin, sans qu'il soit nécessaire de déranger quiconque ni de faire part de son malaise à son entourage. Il a en main un moyen d'identifier, voire de modifier, par lui-même ses réactions, ce qui ne l'empêche pas de demander à voir un psychologue, s'il en ressent la nécessité. Mais il se sent plus libre, il se comprend mieux lui-même, sans dépendre de quelqu'un qui « saurait » mieux que lui la nature de ses tourments.

Nous n'irons pas plus avant dans l'étude des tests, dont le détail technique, quelque peu aride, n'intéresse guère que les spécialistes. Quoi qu'il en soit, le test n'est pas en soi un remède, il n'est qu'un outil, une aide d'appoint dans le cheminement, souvent parsemé de chaos, qui conduit à l'âge adulte.

Il suffit d'entendre la voix tendue, fébrile, quand ce n'est pas dévorée d'angoisse, de l'enfant demandant « Alors, je ne suis pas bête ? » pour saisir sa valeur. Lui seul peut fournir une réponse claire, objective et, par là même, crédible(1).

---

1. On peut aussi se demander pour quelles raisons tous ces enfants tellement doués intellectuellement se croient « bêtes ». Je répète inlassablement qu'il faut être intelligent pour cela, puisque seul un esprit raffiné et lucide peut mesurer l'étendue des failles humaines. Mais je crois de plus en plus que l'environnement doit tout de même jouer un rôle non négligeable dans cette élaboration nocive de l'image de soi qu'on se construit durant l'enfance, et qui vous imprègne, vous habite de longues années, avec ce que cela implique de destruction ou de paralysie de la personnalité.

L'AFFECTIVITÉ DE L'ENFANT DOUÉ

Quand on parle des enfants doués, on pense surtout à leurs caractéristiques intellectuelles, mais c'est bien l'affectivité qui donne couleur et épaisseur à la personnalité.

Qu'en est-il de cette affectivité ? Les enfants doués se différencient-ils, là aussi, des autres ?

DES DÉBUTS HEUREUX

Leurs débuts dans la vie sont généralement heureux : ce sont des bébés vifs, éveillés et leurs sourires d'anges font la joie de leur entourage – d'ailleurs, tout en eux enchante leurs parents. On découvre chaque jour un peu plus que les bébés sont extraordinaires dans leur compréhension de ce qui survient autour d'eux et qu'ils savent très bien exprimer leurs désirs et leurs malaises. Nombre de journaux ont fait leur titre sur les bébés qui « sont tous des surdoués », preuves émouvantes à l'appui. « Le bébé est une personne », dit Terry Brazelton ; la télévision lui a consacré des émissions, le bébé devient un personnage très intéressant.

Alors, quand il est réellement doué, on imagine le résultat : un bébé épanoui, qui observe, comprend, vibre et suit les aléas émotionnels de ses parents avec une intensité bien plus grande qu'on ne l'imagine ; il établit des relations entre toutes ses perceptions, il apprend à vivre.

Quand on le voit observer son environnement avec le calme du sage méditant sur la nature des choses, on peut s'émerveiller de tant d'intensité dans le travail qu'il accomplit pour assimiler la signification de ce qu'il perçoit, seulement trahi par son regard tout à la fois attentif et rêveur.

La rupture a généralement lieu au moment de la confrontation de l'enfant doué avec la société et ses représentants : l'école en est le révélateur. Et si nous avons vu quelles répercussions le processus d'exclusion pouvait avoir sur le plan scolaire, il faut savoir qu'il provoque aussi, et surtout, un désastre affectif.

« Que dit-il ? »

A partir de là, tout devient vraiment une pure question de chance : chance de tomber sur une maîtresse attentive, compréhensive et ouverte, chance de se trouver, ou non, dans la compagnie d'enfants semblables à lui.

Très vite, il risque de subir un premier choc : il tente de bavarder avec ses camarades, et on ne le comprend pas. On le regarde même avec surprise, voire effarement, et lui qui a pour habitude de dialoguer naturellement avec ses parents, ses aînés, son entourage, lui qui aurait même tendance à enrichir chaque jour ce merveilleux outil qu'est le langage – auquel il n'est pas loin d'attribuer un pouvoir presque magique, puisqu'il lui permet d'obtenir rapidement satisfaction tout en recevant des compliments pour son aisance à s'exprimer – se voit ôter ce pouvoir, devenu source de suspicion. « Que dit-il ? » « De quoi parle-t-il ? » « Ce n'est pas normal ! »

Le voilà considéré comme un enfant qui ne s'exprime pas « normalement ». Son vocabulaire est trop riche, trop précis, son expression trop châtiée, même, puisqu'on sait que les enfants doués privilégient l'élégance du langage. Il s'est toujours refusé à prononcer un mot dont l'articulation lui était encore difficile, et il se voit reprocher ce goût de la perfection. Il n'a pas intérêt à montrer son agacement, quand il entend les autres s'exprimer de façon si malhabile, il n'a pas intérêt à poser trop de questions, à paraître trop impatient d'apprendre à déchiffrer les signes encore mystérieux qui ouvrent la voie de la lecture, il n'a plus intérêt à se conduire avec naturel. Mais alors, comment se comporter ?

Conformiste, comme tous les enfants, il essaie de s'intéresser aux jeux proposés, il modèle, il peint, il dessine, il gribouille plutôt, avec cette maladresse propre aux enfants doués et qui n'arrange pas ses affaires ni son image, il s'applique à dormir, même s'il ne fait plus la sieste depuis longtemps. Ces obligations ne sont que d'infimes contraintes : en contrepartie, il va retrouver sa place dans la communauté. Un tel enjeu vaut bien quelques sacrifices.

Il tente donc de copier les autres, mais avec une maladresse qui le rend suspect : il se trahit toujours par un éclat, annulant le résultat de ses efforts, pourtant si méritoires. Il parle étourdiment de sujets qu'il est censé ignorer, prouve innocemment qu'il sait compter bien avant le moment autorisé, se montre « provocateur », dit-on ; et, malgré tous ses soins, il ne parvient pas à se fondre dans la classe : il s'est fait remarquer, et pas à son profit.

Alors son affectivité ? La voilà déjà bien bousculée.

La passion malmenée

On dit que les jeunes enfants ignorent encore la véritable amitié, mais le fait de se sentir tenu à l'écart, de se voir renvoyer une image « bizarre », de ne pas savoir comment se fondre dans la classe, comment respirer avec elle, rire dans le même élan, avec l'impression d'un constant décalage, commence à entamer sérieusement l'épiderme encore si fragile du très jeune enfant doué.

Pourtant, il n'est pas un solitaire, il aimerait se sentir en symbiose avec les autres, il le désirerait même parfois plus que tout, pour oublier et faire disparaître cette différence pesante, tout comme un voyageur solitaire aspire à la halte, où il goûtera, ne serait-ce qu'un court moment, un peu de chaleur humaine, de sympathie amicale. Ce simple bonheur lui semble inaccessible, alors qu'il attendait tant de l'école ! Le plaisir qu'il anticipait s'est évanoui, sa déception est insondable.

Durant cette première année, il lui faut donc apprendre à refouler ses sentiments, pour éviter de s'effondrer en pleurs ridicules dès qu'il pense à sa déception, à maîtriser sa curiosité, à observer les autres pour trouver quel chemin, socialement acceptable, il est censé suivre. Il doit fermer les yeux ou détourner le regard, quand d'autres voies semblaient plus attirantes. « Plus tard !, plus tard ! » Toujours ce « plus tard » qui finit par signifier « jamais » pour un être âgé de quelques années seulement.

Or, un des mots clés qui caractérisent les enfants doués est la *passion*. Son évocation n'est jamais autant justifiée que lorsqu'il s'agit d'affectivité. C'est l'élan qu'elle imprime qui incite les enfants doués à conserver intacte leur curiosité, qui, au moment des premières dissonances du cadre scolaire, les entretient dans l'espoir que leur situation va s'améliorer, qu'ils seront finalement entendus, compris... Elle leur permet de supporter des aléas qu'ils espèrent passagers, en leur insufflant une force étonnante chez des êtres si jeunes. Grâce à elle, ils résistent et conservent l'espoir, même en l'absence de tout indice d'amélioration.

Cette passion alimente leur énergie, elle les incite à pousser au plus loin l'exploration du monde, où ils trouvent un antidote à leur inconfort présent. Si les enfants doués commencent généralement très tôt à lire, c'est justement pour avoir accès aux mystères de l'Univers. Plus tard, ils dévoreront toutes sortes de livres « passionnants », y compris des romans policiers haletants, sans parler de l'anticipation et de la science-fiction, qui les attirent tant.

En attendant, l'immense appétit de savoir de l'enfant doué est tous les jours frustré : il se voit stagner, alors qu'il rêvait de bonds de géants, il a l'impression de s'enliser dans des activités de plus en plus décevantes. Mais cette déception, pourtant si profonde et si douloureuse, est mal comprise par l'entourage, qui y voit une sorte d'orgueil, un caprice et surtout une marque incontestable d'inadaptation.

Parfois, la maîtresse, qui attendait un comportement particulier de la part d'un enfant décrit comme intelligent, est vite vexée de constater qu'elle ne le séduit pas comme elle l'espérait. Elle pensait que ses paroles seraient reçues avec vénération, qu'elle brillerait aux yeux de cet élève attentif et intéressé, et voilà qu'il paraît s'ennuyer, qu'il rêve, qu'il bavarde, même, qu'il est dissipé, inconvenant. Elle ne peut lui pardonner la question, apparemment naïve, à laquelle elle n'a su répondre ; elle n'oublie pas sa remarque étonnée, le jour où elle était si fatiguée qu'elle ne s'est pas aperçue à temps d'une erreur stupide. La vengeance peut être d'autant plus terrible qu'elle n'est pas consciente, et l'enfant à la fois trop rêveur et trop perspicace sera accablé de critiques, de rappels à l'ordre – cet ordre qui unifie et fait disparaître toute différence. S'il veut manifester son intérêt et lève le doigt trop souvent, on lui dira : « Laisse parler les autres ! » Et l'on félicitera ostensiblement l'élève qui aura donné une réponse moins claire et moins complète que celle qu'il aurait fournie. S'il répond spontanément, on fera taire ce « Monsieur Je-Sais-Tout », qualifié d'instable s'il insiste pour parler ; ou bien, plus subtilement, on lui posera une question du niveau de terminale, et toute la classe s'esclaffera, pas mécontente de surprendre ce prétentieux en flagrant délit d'ignorance. Il s'agit d'une plaisanterie, d'un simple rappel de la hiérarchie et des convenances, il n'y a pas de quoi en faire un drame, il est bon que les enfants se rendent compte de leurs défauts, c'est le noble but de la pédagogie.

■ La maîtresse de Claudia a trouvé un moyen astucieux de coincer cette élève trop vive : elle lui soumet des problèmes impossibles à résoudre et elle sourit de sa perplexité.

L'école, qui brillait de mille feux, va devenir un lieu de contrainte, d'étouffement, empli de pièges perfides tendus autant par une maîtresse triomphante, maintenant sûre de son pouvoir, que par les camarades, vaguement jaloux ou seulement déroutés par ce soupçon de différence, qu'ils ne peuvent définir, mais qui les trouble. Parfois, la situation devient plus dramatique : s'ils trouvent une faille, ces camarades vont s'y engouffrer joyeusement : jouant sur l'extrême sensibilité de l'isolé, ils s'amusent à l'agacer, au point de le mettre en colère. Si un professeur voit alors un enfant littéralement hors de lui, tandis que les autres devisent paisiblement, c'est le coléreux qui sera rendu seul responsable de cette attitude si manifestement caractérielle. Il est « un peu fou », on peut donc s'amuser à l'embêter, il n'y a pas grand mal à ces jeux enfantins, l'enfant victime fait bien des histoires pour peu de chose, il ne sait pas s'intégrer et voilà tout. Même s'il dit qu'il veut mourir, il s'agit d'une comédie, destinée à apitoyer les parents, trop penchés sur leur enfant et d'ailleurs un peu bizarres eux-mêmes. Ils l'imaginent doté de qualités exceptionnelles, ils ne se rendent pas compte qu'il est comme tous les autres, en plus fragile. Il n'a qu'à fournir un effort pour leur ressembler et apprécier leur compagnie, c'est son caractère difficile qui le situe à part et fait de lui la cible de leurs moqueries. S'il le voulait, il pourrait jouer avec ses camarades, tout prêts à l'accepter dans leur équipe – même si, avec sa maladresse, il risque de les faire perdre. (S'il a une année d'avance, il lui faut être sacrément doué en sport pour tenir sa place au sein d'une équipe qui a une tête de plus.) Il s'entend dire aussi qu'il est trop jeune pour suivre les cours d'éducation sexuelle et pour les comprendre...

Et alors que cet enfant penaud, sèchement renvoyé à une image d'orgueilleux bavard ou d'asocial irrémédiable, commence à se replier sur lui-même, s'installe le sentiment que ce qu'il est au plus profond et au plus sincère de sa personne ne plaît pas – on lui en fait même le sévère reproche.

S'amorce ainsi un apparent détachement, un retrait constant, mais discret, trop insidieux pour qu'il en ait une claire conscience : sa joie de vivre s'entache peu à peu de grisaille, trop estompée pour être remarquée, mais elle imprègne les émotions, les sentiments, elle brouille l'expression spontanée, elle devient pernicieusement réductrice, finissant par étouffer le désir, l'ardeur, la vitalité et même le goût du plaisir.

Un voyageur solitaire

Des parents très attentifs, mais lassés de ces obstacles qui empêchent leur enfant de s'adapter comme les autres, se laissent aller à dire : « Tu es trop difficile, tu demandes trop aux autres, tu veux tout à la fois. Tu peux inviter tes copains, mais ils viennent une fois et on ne les revoit plus, parce que tu n'as pas aimé qu'ils touchent à tes affaires. Tu dois t'adapter ! »

En fait, l'enfant doué a éprouvé une terrible souffrance en voyant son univers secret – celui qui lui servait de refuge quand la vie était trop dure – envahi par des « barbares » riant joyeusement en s'appropriant ses « trésors ». Ces guillemets tendent à atténuer le côté peut-être un peu emphatique des mots utilisés, mais, plus édulcorés et plus ordinaires, ils n'auraient pas suffisamment reflété l'intensité de la crispation douloureuse qui saisit un enfant un peu trop secret et trop vulnérable, quand il se sent exposé sans défense, et sur son territoire même, au regard critique et brutal de camarades excessivement sûrs d'eux. L'intrusion du monde du dehors à l'intérieur de sa maison lui paraît tout à coup ressembler à une agression, qu'il aurait, comble de maladresse, lui-même provoquée. Il a peur qu'on ne se moque de ses parents – de sa mère, surtout, qui ne l'a pas fabriqué selon un moule identique à celui des autres.

Quand il est très jeune, un enfant sait à peu près ce qu'il aime, mais il ne sait pas ce qu'il a à offrir aux autres. Il est intimidé à l'idée de se livrer et il est échaudé, parce qu'on s'est moqué de lui ; alors il reste hésitant, réticent, quand il s'agit de dévoiler son monde secret. On a vu les difficultés qu'il rencontre pour se construire une image de lui satisfaisante et cohérente : il n'ose plus être lui-même après tous les déboires qu'il a connus, mais il ne sait pas non plus comment se comporter pour paraître conforme à l'idée qu'on se fait d'un enfant de son âge. Souvent, les enfants doués disent qu'ils préfèrent « jouer tout seuls », conservant ainsi une liberté d'agir – liberté bien réduite, mais appréciable tout de même.

Évoquer l'affectivité des enfants doués, c'est ainsi parler de ce qui n'est pas souvent exprimé, et même de sentiments si fortement réprimés qu'ils restent méconnus de ceux-là mêmes qui les éprouvent. Peut-être préfèrent-ils ignorer l'ampleur, la profondeur, l'intensité du deuil qu'ils doivent s'imposer ; il y aurait une indécence à afficher une souffrance aussi grande, et l'étalage honteux de leur déception ne serait pas supportable ; eux-mêmes risqueraient d'être effrayés par la description objective de leurs sentiments refoulés.

Très souvent, les parents confient : « Vous savez, il ne nous dit jamais rien. » Pourtant, il se sent en confiance avec ses parents, c'est même en leur compagnie qu'il peut enfin se détendre, se permettre la spontanéité, s'abandonner à la douceur de la confidence attentivement écoutée. Mais une sensibilité exacerbée se doit d'être prudemment cachée sous le masque de l'indifférence.

Sensible, intuitif, avec un grand sens des responsabilités, l'enfant doué veut ménager ses parents : il préfère donc rester discret sur ses déboires scolaires. Il lui faut être poussé à bout pour qu'il accepte de se confier. Il a vite compris que ses parents n'étaient pas tout-puissants et que leur pouvoir s'arrêtait aux portes de l'école. Que de fois ceux-ci avouent leur impuissance : « Je veux bien parler à la maîtresse, mais j'ai peur que cela ne lui retombe dessus. »

Bien que les parents admettent difficilement que leur propre enfant, pour lequel ils sont prêts à tous les sacrifices, s'efforce, avec tant de grandeur d'âme, de les protéger, de leur éviter un souci de plus, alors qu'ils en ont déjà tant dans le quotidien, il est un fait que l'enfant doué comprend leurs tourments comme s'il les ressentait lui-même ; il ne veut donc pas y ajouter ses propres ennuis ni placer ses parents dans une situation humiliante d'impuissance – par exemple quand ceux-ci doivent rencontrer des pédagogues qui les identifient parfois à leur enfant et les traitent alors comme tel, ou qui les écrasent du poids de leur expérience, eux dont la jeunesse montre – accuse – à l'évidence l'ignorance et la maladresse.

Même des parents ayant connu une situation identique ne pensent pas que leur enfant, si proche d'eux, puisse observer une telle réserve à leur égard. Mais on sait bien que plus le sujet est délicat, profond et intime, et moins les enfants osent l'aborder explicitement.

■ Il a fallu que l'on évoque, avec une inquiétude croissante, de graves troubles de la personnalité pour que Maxime, en 4e à 12 ans, se décide à parler de l'enfer qu'il vivait en classe. Tout est rentré dans l'ordre quand les parents, rassurés par une consultation qui a dédramatisé cette présomption de pathologie, ont demandé à rencontrer le directeur pour qu'il impose enfin une loi moins exclusive. Il était temps : Maxime lui-même n'était plus très assuré de son intégrité psychique.

On voit dans quel engrenage dramatique l'enfant doué et ses parents dépassés risquent de s'engager si aucun regard lucide ne ramène tout le monde à un peu plus de raison.

On doit garder à l'esprit que ces enfants prêtent à leur entourage une sensibilité semblable à la leur : ils craignent toujours de décevoir leurs parents, amplifiant de menus incidents, dont ils ne savent pas s'ils sont négligeables ou bien dramatiques.

L'exemple le plus net en est donné par ces enfants très jeunes, de 3 ou 4 ans, heureux de faire plaisir à leurs parents par leurs progrès, par leurs acquisitions pratiquement quotidiennes. Un jour, par accident, presque par hasard, ils se voient renvoyer d'eux une image de bébé maladroit. Généralement, ils se sont trouvés dans la compagnie d'enfants plus âgés qu'eux, lesquels ont été ravis de faire preuve de supériorité, pour une fois qu'ils en avaient l'occasion. Le plus jeune en conclut aussitôt qu'il est encore un petit être affligeant d'ignorance et d'incompétence, et que ses parents lui prêtent des qualités qu'il ne possède pas ; ils vont donc être amèrement déçus, il sera responsable de leur chagrin : le voilà sombre et renfermé, au bord des larmes, ne se sentant ni le courage ni la capacité d'expliquer les causes de sa tristesse à ceux qui l'aiment tant et qui vont certainement se désoler, eux aussi, de cette faiblesse irrémédiable.

La seule idée de décevoir ses parents plonge l'enfant doué dans une affliction terrifiée, parce qu'il ne sait pas du tout comment remédier à cette médiocrité qui *serait dorénavant son lot*. Il ne faut jamais oublier que les enfants ne savent pas encore porter une estimation objective sur un incident. Est-il négligeable ? Ou bien est-ce un revers gravissime, qui va modifier le cours de leur vie ? Les enfants doués, à l'imagination débordante, souvent teintée d'anxiété, ont plutôt tendance à envisager les événements sous un angle catastrophique. On doit réellement leur *apprendre très tôt à relativiser* les incidents du quotidien pour leur éviter ces brusques accès d'inquiétude, tellement perturbateurs.

Ces enfants ne sont même pas loin de penser qu'il est de leur devoir de rassurer à tout prix les adultes.

■ Vincent a passé un examen psychologique à l'issue duquel il atteint un résultat dépassant les limites supérieures du test ; c'est dire s'il a du mal à nouer des amitiés.

Il habite un tout petit village où il s'ennuie un peu, mais, par bonheur, il aime les oiseaux. Quand il voit que je cherche en vain dans quelles activités il pourrait utiliser au mieux ses possibilités et trouver ainsi un exutoire à la passion qui l'habite – et qu'il aurait tant de plaisir à mettre en pratique, puisqu'il est évident que l'école ne saurait y suffire –, il s'applique aussitôt à me tranquilliser : « Ne vous inquiétez pas, j'ai les oiseaux, je crois que ça me suffit. » Sérieux, attentif, oublieux de l'ennui qui l'envahit trop souvent, il a surtout le souci de m'éviter une compassion excessive, parce que je risquerais d'en être trop émue.

Cette réaction si touchante ne dissipe pas mon inquiétude, elle me désolerait, au contraire, encore davantage.

La discrétion de ces enfants est encore plus grande quand ils assistent aux aléas sentimentaux de leurs parents, surtout quand ils partagent la vie d'un seul d'entre eux. Ils sont capables de juger très vite s'ils devront consoler le cœur à nouveau brisé de leur parent quand celui-ci se retrouvera une fois encore isolé. Ils pensent parfois, en leur for intérieur, qu'un tel manque de discernement est curieux de la part d'une grande personne : ils avaient, pour leur part, rapidement compris que le nouvel élu ne convenait pas, et ils appréhendaient le moment où il leur faudrait apaiser l'angoisse de celui qu'on avait mandaté pour l'élever et le protéger. Pas un instant, ils ne songeraient à se dérober à ce devoir – mais ils aimeraient bien, un jour, pouvoir donner leur avis et le voir pris en compte.

■ Je me souviendrai longtemps du ton tendrement affectueux d'une Karine, parlant de sa mère qui sortait encore parfois avec un ancien ami, après une cohabitation catastrophique : « Il l'emmène au McDo', elle aime bien ça. » Karine ne jugeait pas sa mère, elle se réjouissait même de la voir goûter quelques petits plaisirs, elle ne pensait pas à elle, qui avait dû subir la présence de cet « ami » calamiteux qu'elle aurait souhaité plus attentif, plus agréable – elle avait été bien soulagée quand il était parti, mais elle n'œuvrait pas en ce sens, elle attendait le moment où il lui faudrait aider sa mère dans la peine.

Pour ces enfants, il est encore plus difficile de partager cette connaissance et cette expérience de la vie avec des camarades plus innocents, donc plus ignorants des mouvements d'un couple en guerre.

Même quand l'entourage familial est stable, sécurisant et attentif, l'enfant isolé et incompris peut s'installer, tant bien que mal, dans cette situation inconfortable, qui maintient un modus vivendi sans crise dramatique, ce qui permet notamment de dire : « Il a connu quelques problèmes de relation, mais cela va beaucoup mieux, maintenant. » Tout le monde est rassuré – ou feint de l'être –, même s'il subsiste un malaise, peut-être encore un peu douloureux. Le compromis, conscient ou non, finit par sembler acceptable. D'ailleurs, quand on dit « cela va beaucoup mieux, maintenant », c'est généralement parce que les troubles se sont fondus dans la personnalité, qui s'en accommode au prix de bien des deuils et paie cet apparent apaisement par une profonde et constante blessure, impossible à cicatriser. Mais il faut bien continuer à vivre.

Un renoncement silencieux

Pour celui qui a renoncé et qui souffre de sa différence, il ne reste qu'à gommer patiemment tout ce qui ne le rend pas conforme aux normes de son âge. Il va étouffer son humour, qui ne fait pas du tout rire ses camarades, il va taire ses centres d'intérêt, quand ils sont trop particuliers. Les animaux préhistoriques, les planètes lointaines, les comètes, les insectes en représentent quelques-uns. Peut-être tente-t-il subrepticement d'en lancer la mode pour partager sa passion avec d'autres aficionados...

Que dire des enfants qui ne peuvent parler ? Ceux-là n'alertent personne. Repliés dans leur silence, ils voient passer le temps, sans plus savoir comment plonger dans la vie plus gaie que connaissent les autres. Ils n'ont même pas le réconfort de se reposer à la maison des contraintes qu'ils s'imposent au dehors, en discutant avec les adultes préoccupés qui les entourent.

De multiples causes provoquent cette excessive réserve : un entourage peu disponible, qui ne voit dans l'enfant qu'un petit être aux besoins purement matériels ; des « secrets » de famille qu'il ne faut pas dévoiler inconsidérément ; l'idée d'un devoir, d'une mission à remplir, tellement obscurs et mystérieux que l'enfant ne peut les identifier ni répondre à leur impératif, qui l'obsède ; ou encore la conscience que sa venue n'avait pas été souhaitée et qu'il est donc préférable d'observer une totale discrétion, allant jusqu'à l'effacement absolu. Cet enfant perspicace se renferme en lui-même, muré dans son mutisme, ne laissant rien paraître de ses tourments, de ses interrogations, de ses émotions. Heureux ceux qui pourront, malgré tout, poursuivre des études satisfaisantes ; mais si leur silence répond à l'idée d'un interdit qu'ils auraient profondément intériorisé, ils risquent de se bloquer rapidement dans cette voie aussi.

Tous les enfants veulent être aimés. Ils sont prêts, pour y parvenir, aux plus grands sacrifices, et y en a-t-il de plus grand que de refouler son appétit de savoir, de refuser le plaisir d'avancer à son rythme sur les chemins des sciences, des lettres ou des arts ? Être accepté, admis, intégré est essentiel ; se voir considéré comme un enfant « à part », un extraterrestre n'est pas longtemps supportable. Il est indispensable de se sentir aimé, parce que cela signifie qu'on est reconnu comme une personne « normale », de celles qu'on a plaisir à voir, à fréquenter, comme un bon compagnon de jeu, dont l'amitié est recherchée. L'alliance avec les mauvais sujets constitue parfois le seul recours : ces éternels tenants de la queue de classe savent jouer – c'est même tout ce qu'ils savent faire –, ils ne connaissent pas les mesquines rivalités des élèves plus moyens, mais ambitieux, exaspérés par la supériorité qu'ils pressentent chez les enfants doués, même les plus discrets. Il est d'ailleurs possible que certains cancres aient été des enfants doués ayant préféré enterrer définitivement leur goût pour le savoir et qui n'en finissent pas de masquer leur deuil par l'exercice compulsif de jeux forcenés.

Cette difficulté à trouver le juste conformisme, celui qui laisse une certaine latitude tout en permettant une intégration sociale relativement satisfaisante, semble plus aisée à surmonter pour les filles : elles sont, d'ailleurs, moins nombreuses en consultation, les parents s'interrogent moins à leur propos. On dit : « C'est une bonne élève, mais elle n'est pas surdouée ! »

Peut-être savent-elles mieux discerner les agréments que les autres peuvent leur apporter : elles seraient moins absolues, moins entières, et déjà implicitement préparées à affronter les contrariétés de la vie quotidienne sans les dramatiser à l'excès. Elle savent savourer les parcelles de bonheur grappillées au passage. L'amitié leur est plus facile, la complicité peut-être plus accessible : elles savent « tout se dire » dès que cela est possible, et ce don persiste à l'âge adulte, atténuant bien des souffrances. Les fameux « bavardages féminins » qui intriguent tant les hommes restaurent bien des entailles, pansent bien des écorchures. L'empathie féminine est généralement plus grande ; mais quand un garçon possède une telle disposition d'esprit, il paraît alors tout à fait remarquable et extraordinaire, au point qu'on doit bien lui reconnaître un don particulier, même si on y met de la mauvaise volonté...

LA QUÊTE DE L'ÂME SŒUR

Parfois, l'enfant doué pense avoir rencontré l'âme sœur, l'alter ego, qui le comprend, avec qui il peut dialoguer, sans exercer en permanence ce contrôle qui le fatigue tant et lui ôte toute spontanéité. Enfin, il rit sans contrainte, il dit des bêtises et exprime des idées folles, sans être traité de fou. La passion, si longtemps contenue, qui lui faisait désirer une amitié vraie croit pouvoir s'extérioriser : il va être pleinement heureux, à la fois parce qu'il aura trouvé un écho à ses idées et parce qu'il est comme tous les autres enfants : *il a un copain !*

Cette idylle finit souvent de façon décevante : un jour, l'ami, le frère a préféré retrouver les autres, ceux dont la compagnie ne lui demande pas d'efforts particuliers, retournant aux plaisanteries faciles, aux rêves accessibles, aux idées toutes faites ; il n'a plus à se forcer pour fréquenter les hautes cimes qui l'ont un temps attiré.

Il arrive aussi que ce copain tant attendu soit, à son tour, mal considéré par les autres, à cause de cette fréquentation douteuse : « Aurait-il quelque chose de bizarre, lui aussi, pour se plaire en telle compagnie ? » Plutôt que de risquer un rejet suspicieux, il préfère retourner bien à l'abri, au milieu du groupe. Le cœur lui a manqué à l'idée de se retrouver, lui aussi, à l'écart de la chaleureuse amitié des autres.

Abandonné, plus déçu et amer qu'avant, l'enfant doué se replie sur sa blessure, sans trop en parler. Ses parents aussi sont déçus : ils ignorent pourquoi le copain qu'ils accueillaient si volontiers à la maison ne vient plus, leur enfant ne leur donne pas d'explications, ou très vagues ; on pourrait croire à un caprice, à une lubie, à une légère erreur, alors qu'il s'agit d'un drame, dont les traces douloureuses seront longues à s'effacer. Il s'était cru en confiance, il avait cru partager une amitié passionnée, et tout s'est effondré, sans qu'il en comprenne les causes.

■ « Il a enfin un ami ! » affirme, avec soulagement, la mère de Vincent. Il est donc bien comme les autres, puisqu'il a trouvé, lui aussi, un adolescent avec lequel il se sent en sympathie. A cela près que, cet ami, il ne l'a jamais vu : ils habitent des villes très éloignées l'une de l'autre, ils communiquent par Internet, dans le pur bonheur d'une relation sans ombre.

Il est difficile de se persuader qu'une amitié de cette sorte soit totalement satisfaisante : comment partager des fous rires, comment se sentir véritablement proches, éprouver ensemble une émotion quand on ne se voit ni ne s'entend ? On évoquera, peut-être, les belles amitiés épistolaires d'autrefois, si intenses et si vivantes qu'on lit encore avec plaisir ces échanges littéraires ; mais leurs auteurs avaient sans doute aussi des proches, qu'ils côtoyaient physiquement et avec lesquels ils entretenaient d'aimables rapports quotidiens, sans doute plus anodins. Le bonheur qu'ils éprouvaient à correspondre leur était donné *de surcroît*, ce n'était pas le seul de leur existence.

Parfois, ces solitaires trouvent un réconfort amical chez leur animal familier : on n'a jamais vu un chien ni un chat se moquer de son maître ; au contraire, il regarde ce compagnon de jeu avec toute la confiance et tout l'amour du monde, il apporte une chaleur à nulle autre pareille ; c'est un attachement absolu, passionné, ardent qui les unit. Malheureusement, la vie de ces tendres animaux est trop courte, et l'enfant qui perd son réconfort peut réagir d'une manière violemment dépressive, inquiétant son entourage qui, davantage aguerri contre ces sortes de deuil, ne peut concevoir l'intensité de ce désespoir.

Trouver un refuge

Une méfiance encore plus aiguë va renforcer le système de défense de cet enfant, qui finit par se sentir vraiment laissé pour compte, dépourvu de toute séduction. Il peut chercher refuge dans les livres, ou bien, hélas ! dans les jeux vidéo, sur Internet, dans des univers qui vont lui sembler plus réels, plus vivants, plus attirants, moins hérissés de pièges que la vie quotidienne. Il sera plus tranquille, son affectivité ne sera plus malmenée ; au contraire, la logique et la rigueur lui apporteront un certain apaisement. Il connaîtra seulement la « paix des rides que l'alchimie imprime aux grands fronts studieux ». On conçoit aisément que l'espace infini des mathématiques, de la physique, de la philosophie, voire de la théologie, l'attire volontiers : au lieu d'être effrayé, il s'y sent en sécurité.

Ceux qui aiment les lettres découvrent rapidement les joies de la littérature : ils vont écrire des poèmes, où ils peuvent enfin laisser libre cours à leur sensibilité – c'est même cette qualité qui va donner de la valeur à leurs écrits –, et ils se sentent protégés par la distance qu'impose l'acte d'écrire. Ils y mettent toute leur âme, et c'est parfois si beau qu'on ne peut les en croire les auteurs.

■ Élodie écrit, depuis longtemps, des poèmes frémissants d'émotion contenue. Justement, un concours est ouvert dans sa ville. Elle apprend, avec la joie qu'on imagine, que son poème, de loin le plus maîtrisé, est retenu ; mais des esprits soupçonneux décident de l'écarter de la compétition, car il est tout bonnement *impossible* qu'une enfant de 10 ans ait rédigé seule un texte de cette qualité.

Cette sensibilité est parfois exacerbée à un point difficile à concevoir : voilà des enfants qui fondent en larmes pour une broutille ; ils entendent une histoire et participent aux difficultés du héros avec tant d'intensité qu'ils ne supportent pas une fin trop triste.

■ Un Jean-Marie de 10 ans éclate en sanglots en lisant l'histoire du Petit Nicolas qui achète un bouquet de fleurs pour sa maman et ne parvient à lui apporter que quelques tiges effeuillées à cause de multiples incidents survenus sur son chemin.

■ Un Benoît de 12 ans ne peut retenir ses pleurs après avoir gagné un tournoi de tennis : il pense au perdant, qui doit se trouver dans un état insupportable de désolation.

Ces enfants seraient capables de donner tout ce qu'ils possèdent à un malheureux rencontré dans la rue. Pour eux, les rires des autres sont d'une cruauté sans nom.

Tous les enfants ne connaissent pas ce parcours éprouvant : certains sont naturellement doués pour l'amitié, ils deviendraient même volontiers des meneurs ; ils savent entraîner les autres, expliquer un jeu et garantir l'application des règles ; ils impriment un élan dynamique à un groupe, qui ne peut plus, ensuite, se passer d'eux. S'ils n'ont pas un copain choisi, ils en ont « des tas » – toute la classe, en fait –, et c'est d'ailleurs parce qu'ils y retrouvent leurs copains qu'ils sont si heureux d'aller à l'école. Celle-ci devient pour eux une vaste récréation, entrecoupée de quelques moments plus ennuyeux, mais ils renâclent à sauter une classe justement à cause de cette atmosphère chaleureuse, qui les entoure et les protège. Ils se sont créé une garde les empêchant de se poser trop de questions. Les enfants doués ont trop de profondeur, d'imagination et de largeur de vue pour ne pas s'inquiéter très tôt des périls qui rôdent dans le monde ; ils se savent vulnérables, sans défense, en constant danger. Au milieu de leurs copains, ils s'amusent et oublient ces sombres idées.

Certains enfants ont déjà un statut de « star » dans leur école : tout le monde les connaît et les aime. On est bien loin du persécuté timide et douloureux. Si le don d'attirer la sympathie, d'entraîner les autres va de pair avec le don intellectuel, les résultats sont éblouissants. Mais l'enfant trop doué risque alors de systématiquement compter sur son charme pour obtenir ce qu'il désire, et les menus faits de la vie quotidienne, au jour le jour, lui donnent raison ; ses débuts dans la vie sont immensément facilités. Pourtant, il risque d'en payer le prix fort, dès que son charme ne pourra opérer ou suffire : il découvrira alors que la bonne fée qui l'avait toujours protégé l'a soudain abandonné à ses seules forces.

Quel avenir, quelles espérances ?

Les conséquences d'une enfance à part, qu'elle soit traversée de déceptions, de frustrations ou, au contraire, empreinte d'une grande facilité dans tous les domaines, laissent des traces durables.

Ceux qui ont laissé se développer leur don d'empathie, agrémenté d'humour et de sincérité passionnée, deviendront des partenaires exceptionnels dans une relation amoureuse – avec le seul risque de se laisser attendrir par une comédie trop bien jouée, qui les touchera au cœur.

Ceux qui ont connu trop de rebuffades risquent de vivre comme en retrait d'eux-mêmes ; ils passeront leur vie à tenter de ressembler aux autres, quitte à s'affubler de tous les masques qui sembleront leur convenir. Mais ces tentatives sont forcément vouées à l'échec, on ne peut tenir trop longtemps un rôle de pure fiction. Le goût amer des passions enfantines méconnues ne peut s'effacer ; il est alors difficile de se montrer sincère, au risque d'être ridicule, comme l'a parfois été l'enfant entouré d'une ronde de cauchemars.

Il faut tenter de jouer la comédie de l'indifférence désinvolte, en restant dans une solitude meublée de loisirs intellectuels, d'ambitions professionnelles, qui justifient bien des déserts affectifs, ou encore en avouant une passion exclusive pour l'étude des langues rares, celle des océans ou des déserts – enfin la quête d'un inaccessible, quel qu'il soit, où le besoin d'amour ne trouvera jamais son compte. Le rationnel va remplacer l'émotion, la plaisanterie l'aveu des sentiments, les jeux de mots prendront la place des jeux de l'amour. C'est, à tout prendre, un sort plus enviable que celui de l'amoureux trahi, abandonné, qui se sent mourir dès lors qu'il a perdu l'objet de sa passion.

Comment éviter aux enfants doués ce naufrage affectif discret, secret, mais terrible ?

On doit se garder de se laisser abuser par leur apparente capacité de rationalisation, par la fausse indifférence qu'ils manifestent quand ils avouent n'avoir pas d'amis. Il faut savoir quelle intensité leur passion peut atteindre, en tenir compte et ne surtout pas la mésestimer ni s'en moquer. Il serait dommage qu'ils aient connu, durant leur enfance, l'affection confiante avec leur seul animal favori.

C'est pourquoi il est indispensable de favoriser l'exercice d'activités extrascolaires offrant un cadre où il est plus facile de nouer des relations amicales, puisqu'il y a déjà un centre d'intérêt commun. En compagnie de leurs semblables, ces enfants peuvent enfin être sincères et spontanés, rire d'un rire heureux, aller jusqu'au bout de leurs possibilités, sans s'astreindre à ménager les autres, c'est une bouffée d'oxygène vitale pour eux qui se sentent étouffer. Ils évitent ainsi de s'étioler sur le poids d'une scolarité lassante : ils puisent dans ces rencontres l'énergie et le réconfort nécessaires à leur équilibre.

Le centre Jeunes Vocations artistiques, littéraires et scientifiques offre, à Paris, un lieu idéal – de ceux dont on a peut-être rêvé enfant. Il permet la création de liens amicaux privilégiés, alliés à l'exercice intellectuel et manuel dans des domaines très divers, que les enfants ne songeraient jamais à aborder. Ils y découvrent des aspects d'eux-mêmes qu'ils auraient pu ignorer de longues années – toute leur vie, en fait. Ces moments de bonheur ponctuent la semaine et aident à supporter les contraintes du quotidien scolaire. Une plage de grand air qui évite l'asphyxie.

Il s'agit d'une urgence aussi importante que la prise en compte de leurs capacités intellectuelles. Car il n'y a pas de développement harmonieux de la personnalité si on néglige un des aspects les plus spécifiques des enfants doués : leur affectivité. Et, d'ailleurs, y a-t-il meilleur moteur que la passion pour présider aux découvertes, aux éclairs de génie, à l'invention sous toutes ses formes ?

Sans désir ni passion, le monde rétrécit et se replie sur lui-même, à l'image de l'enfant doué et méconnu.

Troisième Partie

Et maintenant, que fait-on?

COMMENT AIDER, GUIDER, ACCOMPAGNER L'ENFANT DOUÉ

Quand la « clé » permettant de mieux comprendre leur enfant est fournie à ses parents, ceux-ci sont agités de sentiments contradictoires, qu'il leur faut ordonner avant de chercher la solution miraculeuse qui calmerait tout ce désordre.

Première réaction : le soulagement. Leur enfant n'est pas ce déviant qu'on a parfois évoqué, il ne va pas développer une pathologie dont les premiers signes suspects leur auraient échappé, il ne risque pas de devenir un de ces adolescents à problèmes décrits, avec un effroi complaisant, par les journaux, il est bien cet enfant tant chéri, dont ils finissaient par penser qu'ils étaient les seuls à méconnaître l'anormalité.

Les voilà rassurés, la catégorie des enfants doués existe réellement, on peut la vérifier de façon scientifique, un spécialiste le leur a confirmé, preuves à l'appui.

Passée cette première réaction survient l'inquiétude : comment se comporter avec cet enfant différent ? Les règles habituelles d'éducation ne vont sans doute pas lui convenir, il va lui falloir un régime spécial... Finalement, il n'est pas tout à fait dans la norme, ceux qui ont tiré la sonnette d'alarme avaient raison. Cette perplexité devient envahissante, elle tourmente parfois tellement les parents qu'ils ont l'impression d'être ramenés à leur état précédent, quand ils ne pouvaient encore mettre un nom sur leur interrogation.

Vont-ils savoir agir comme il convient avec ce petit être délicat dont ils ont la charge ? Ils ne veulent pas prendre le risque de gâcher ce potentiel si précieux, il leur semble subitement être accablés d'une responsabilité qui va les écraser. Trop grande, trop lourde, trop subtile. Leurs propres souvenirs d'enfance ne vont leur être d'aucun secours – ils ont eu une enfance banale, ou difficile, mais c'étaient les circonstances qui le voulaient, ils ne peuvent donc pas mettre à profit leur expérience personnelle. Pire : puiser dans leur mémoire fait resurgir un goût vaguement amer, qu'il faut à tout prix éviter à leur enfant.

La réponse, qui avait procuré un soulagement certain, entraîne à sa suite un cortège imprévu de réactions angoissées, renforcées par un sentiment d'incapacité : « Je ne vais jamais savoir comment m'y prendre ! » Un parent isolé sera encore plus désemparé : il lui manquera un autre adulte pour envisager ensemble les conduites à tenir. La solitude pèse d'un poids oppressant à ces moments-là.

Il arrive aussi que des parents soient impressionnés à l'idée d'avoir un enfant tellement intelligent : ils sont intimement convaincus qu'il est beaucoup plus doué qu'eux, qu'ils ne sauront donc pas comment lui parler, comment répondre à ses questions, et qu'ils ne tarderont pas à paraître un peu retardés face au petit génie qu'ils ont conçu.

On peut immédiatement leur dire que personne ne sait répondre à toutes les questions des enfants, quand ils désirent qu'on leur explique dans l'instant l'Univers et ses mystères. Mais, surtout, ils restent parents, avec ce que cela implique d'amour unique, irremplaçable, intangible. S'il venait à douter de cet amour, leur « petit génie » serait un enfant malheureux, comme tous les enfants dans cette situation ; c'est *cet amour, indispensable, qui va permettre l'éveil de son intelligence* et lui donner la force nécessaire pour tracer ensuite sa route.

UN ENFANT (PRESQUE) COMME LES AUTRES

On doit bien se dire que l'enfant doué est avant tout un enfant ; il fonctionne seulement un peu plus vite que les autres. Cette accélération ne dérange pas ses parents quand elle s'exerce dans les premières acquisitions. Ils sont même plutôt satisfaits quand leur enfant parle, ils n'ont plus à s'interroger sans fin pour deviner les raisons de ses larmes. De même, ils le préfèrent propre, de nuit comme de jour – et cela tombe bien, ces enfants sont souvent rapidement incommodés par l'humidité qui envahit leur couche ; ils aiment exercer une efficace maîtrise sur leur personne, l'acquisition de la propreté leur en fournit une excellente occasion (avec, en prime, la joie de recevoir les compliments de parents comblés).

Certains enfants rencontrent pourtant des difficultés pour acquérir cette maîtrise. Ils en sont les premiers ennuyés ; cela peut même devenir une obsession irritante, d'autant plus que le remède n'est jamais aisé à trouver. La psychothérapie se révèle parfois miraculeuse – en quelques séances, tout est arrangé –, tout comme elle peut s'éterniser indéfiniment. Dans ce cas précis, les enfants doués ne présentent pas d'aspects qui leur soient particuliers : ils sont aussi malheureux que les autres et tout le monde – parents, pédiatre, psychologue – s'efforce de les aider à se débarrasser de ce souci qui leur gâche la vie.

Le développement moteur est fonction de tout un ensemble, il n'y a pas de rythme ni de phases spécifiques.

Certains enfants attendent de se sentir tout à fait sûrs d'eux avant de se lancer ; ils ne marchent pas très tôt, peut-être pour éviter le ridicule d'une série de chutes. Déjà perfectionnistes, ils attendent d'avoir acquis une bonne syntaxe avant de parler, préférant ignorer le stade des balbutiements confus que seuls les aînés comprennent. Mais ils ne sont jamais lymphatiques ou paresseux. Leur ardeur à progresser les aide à surmonter les obstacles, à tendre toutes leurs forces vers des réalisations de plus en plus fines, sur le modèle des grands qui les entourent.

Personne n'aurait l'idée de freiner cet élan, mais point n'est besoin de leur appliquer un régime spécial. Il n'est pas nécessaire de se précipiter pour faire pratiquer un examen psychologique avant 3 ans, à moins qu'un problème particulier ne se pose : un conflit à la crèche, par exemple, nécessitant l'intervention d'un tiers, qu'il vaut mieux choisir spécialiste. Jusqu'à 3 ans, un enfant ne manque pas d'occupations : il doit chaque jour apprendre quelque chose de nouveau, il ne chôme pas, avec tous ces gestes difficiles à accomplir, tous ces mots dont il doit intégrer le sens précis avant de les utiliser lui-même à bon escient. Il a déjà horreur d'entendre ses phrases, qu'il s'est tellement appliqué à prononcer du mieux possible, saluées par un éclat de rire. Il fait bonne figure, mais il est terriblement vexé de son ignorance.

Les principes qui guident les parents sont ceux que l'on applique pour tout enfant. Par exemple, mieux vaut éviter de se moquer de lui : soit il se renfrogne, parce qu'il n'aime pas le ridicule, soit il tourne la situation à son avantage, avec l'instinct du comédien qui exagère sa maladresse, puisqu'il fait ainsi rire les adultes ; mais ce sera au détriment de ses progrès. Maîtres mots : attention, bienveillance, simplicité, bon sens.

Le besoin de règles

Tout enfant recherche l'harmonie, elle lui est indispensable pour évoluer sans heurts ; les retrouvailles chaque soir et chaque fin de semaine doivent constituer des moments privilégiés, qu'on savoure bien comme tels, sans se sentir coupable de laisser son enfant à des étrangers tandis qu'on va « égoïstement » exercer sa profession au-dehors. Les parents vont travailler, les enfants vont à la crèche, c'est une règle qu'on ne peut transformer – du moins elle doit être présentée ainsi tant qu'il n'est pas possible de la changer, à l'exemple du soleil qui se lève et se couche en suivant un rythme immuable.

Plus tard, les enfants astucieux et détestant la cantine instaurent une petite comédie, quand ils se rendent compte qu'ils pourraient remplacer ce déjeuner bruyant et inconfortable par un moment idyllique, seuls avec leur mère – si tant est qu'elle soit disponible à cette heure. Se laisser attendrir, comme on en a la tentation, voire le désir, ouvre la voie à de multiples exigences à venir, puisque ce jeu a été payant.

Il ne s'agit pas d'une règle intangible : il est seulement préférable de ne pas céder à une comédie, même si elle est justifiée par des éléments de réalité (la cantine peut vraiment être un petit cauchemar). Car, ensuite, l'idée qu'un caprice bien présenté trouvera satisfaction va s'installer, et il sera délicat de la déloger.

Les enfants très persévérants trouveront toujours une brèche où s'engouffrer avec leurs exigences et leurs revendications ; ils sont comme l'eau qui s'infiltre victorieusement dans la plus infime fissure sitôt qu'elle s'amorce. Ces enfants recherchent donc cette faille avec une constance admirable, puisqu'ils espèrent être payés de retour quand ils auront frayé le chemin de leurs caprices chez des parents s'étant laissé surprendre. Il n'est jamais souhaitable de s'engager dans des négociations interminables et éprouvantes pour les deux parties. Les enfants doués sont sans doute assez forts à ce jeu, mais, nous l'avons vu, la contrepartie est rude : ils ont prouvé qu'ils peuvent manipuler leurs parents et leur imposer leur volonté, c'est donc qu'ils sont plus forts que ces parents, censés les protéger et leur apprendre à vivre. En conséquence, ils ne sont pas véritablement protégés, constatation qui ouvre la voie à une insupportable angoisse.

Par la suite, ils rechercheront inlassablement un apaisement à cette angoisse en tentant de fixer les limites de la permissivité parentale, sans trouver de réponses précises et rassurantes, puisqu'il y aura toujours un domaine qu'ils auront négligé de mettre à l'épreuve et qui pourrait se révéler la source du danger le plus perfide. Ces essais se renouvellent éternellement, sans parvenir à épuiser le provocateur, trop inquiet pour renoncer à sa quête.

Il n'est pas nécessaire de leur donner très tôt l'habitude de la contestation. Mieux vaut les inciter à conserver une totale confiance dans leurs parents, dont ils ne doivent pas douter qu'ils désirent leur seul bien et ne leur nuisent en aucune façon : c'est une donnée de base permettant d'éviter nombre de heurts inutiles, qui ne forment ni le caractère ni la personnalité, mais qui laissent des bleus à l'âme, jamais indispensables.

Chacun peut un jour se montrer maladroit ou trop préoccupé et commettre ainsi une erreur ; mais il est toujours possible de se reprendre en reconnaissant ses torts. Un enfant qui s'estime légitimement lésé se sent rassuré quand il voit le dommage reconnu. L'erreur est humaine, seul le fait de persister est diabolique, comme le dit un adage ancien. Mais les parents qui ont tendance à persister ne lisent pas les livres de psychologie...

Un trésor à ménager

L'enfant doué qui ne s'est pas trop tôt heurté à des aspérités excessives va généralement connaître une évolution séduisante, riche en surprises agréables : ses raisonnements élaborés et mûrs, son sérieux, son goût pour la connaissance et pour toutes les merveilles qu'il pressent le stimulent autant qu'ils charment son entourage. Mais attention : ce trésor est un trésor un peu secret, qu'il n'est pas nécessaire d'alimenter sans cesse.

Le goût du perfectionnement incite parfois des parents à désirer offrir ce qu'il y a de mieux à leur enfant. Mais comment définir « ce qu'il y a de mieux » ? Selon les pédagogues – et même selon l'époque et la mode –, on considérera qu'il s'agit tantôt d'un jouet sophistiqué développant toutes sortes de complications rares, tantôt d'un jouet informe et simple laissant ouverte la voie de la créativité. Pour ajouter encore à la multiplicité des choix, les parents ne peuvent s'empêcher de saisir enfin l'occasion d'acheter le joujou merveilleux dont ils rêvent depuis leur enfance : des petites filles déjà féminines et coquettes se voient ainsi offrir des trains électriques perfectionnés. Le Père Noël aura mélangé ses fiches...

Il arrive qu'un contexte familial très précis permette aux parents de consacrer une grande énergie, un vaste acquis culturel et une disponibilité infinie à leur enfant. C'est évidemment une situation très favorable. Mais il convient de se montrer prudent dans le cas de mères ayant connu une réussite professionnelle brillante – grâce à leurs indéniables qualités et à leur constante vitalité – et qui, parvenues à un sommet, éprouvent le regret de n'avoir pas vécu la maternité ; elles se marient alors et cessent de travailler pour se consacrer exclusivement à l'enfant, tardif et délicieux, qui fait leur bonheur. Toute l'énergie qui leur avait permis d'affermir leur situation professionnelle sera désormais vouée à une éducation « idéale » – puisqu'elles disposent du temps, de la capacité à réussir leurs entreprises et des moyens financiers nécessaires.

Le danger est grand de voir ce petit enfant, lui-même déjà soucieux de perfection, accablé par tant de soins et d'attention. L'écueil imprévisible est bien là où on ne l'attendait pas : placer l'enfant doué dans une situation d'exception, où il aura toujours peur de démériter, non parce qu'on lui aurait imposé de trop grandes exigences, mais parce qu'il comprend qu'on lui procure les meilleures conditions d'apprentissage et qu'il n'a dès lors aucune excuse en cas de défaillance.

La crainte de négliger une qualité qui aurait échappé à l'attention d'un entourage pourtant très vigilant ne doit pas prendre le pas sur l'instinct, qui est de laisser un enfant jouer comme il l'entend, *sans vouloir transformer chaque instant en moment pédagogique*.

Un enfant aura toujours envie de faire plaisir à ses parents, de répondre à leur attente, même si elle est seulement implicite. Point n'est besoin de lui expliquer avec force détails de quel enfant ses parents ont rêvé pour qu'il intègre ce modèle. Il ne lui reste plus qu'à tenter de s'y conformer – tâche totalement impossible, bien entendu, mais cet objectif pèse sur l'ensemble de ses conduites et lui impose une tension difficile à relâcher.

Les adultes qui ont le sentiment de toujours rester en deçà de ce que l'on attend d'eux, de ne jamais accéder au niveau de réalisation qu'ils s'étaient fixé ont adopté cet état d'esprit : ils se sentent constamment coupables d'être encore si éloignés du résultat impeccable qu'ils auraient dû atteindre s'ils avaient été plus appliqués, plus assidus, plus dynamiques. Chacun porte en lui un idéal de perfection avec lequel il lui faut composer : tantôt on s'efforce de s'en approcher, sans ménager son énergie, quitte à frôler l'épuisement, tantôt on s'exerce à en faire le deuil, en acceptant de s'installer commodément dans une situation plus modeste, qui relègue aux oubliettes les sentiments d'exigence et d'urgence qu'on avait péniblement tenté de satisfaire. Il ne reste qu'à imposer silence à la voix venue d'un passé lointain, qui se plaint d'un douloureux mécontentement.

Ceux qui ont été des enfants doués ont connu une période de grâce, durant laquelle ils étaient proches de la perfection, sans pour autant aller jusqu'au bout de leurs forces. Par la suite, ils rechercheront en vain cette aisance, qui semble leur avoir échappé à jamais, mais la joie de la réussite et son goût irremplaçable ont laissé une trace qu'on ne peut oublier.

On pourrait en conclure qu'il est plus profitable et plus satisfaisant de se montrer très exigeant vis-à-vis d'un enfant doué, car il saura répondre aux stimulations en mettant en œuvre son potentiel, qu'on craint toujours de laisser en jachère par une criminelle négligence. Mais il faut savoir qu'il risque ensuite de ne plus jamais s'autoriser la moindre faiblesse, ou bien de se sentir tellement coupable de la plus légère défaillance qu'il ne saura se la pardonner.

L'enfant doué amplifie tout, toujours, partout, dans quelque circonstance que ce soit. L'idée qu'il puisse avoir démérité peut l'inquiéter au-delà de toute expression. On ne doit jamais oublier que la culpabilité est latente chez tout être humain : elle peut donc a fortiori surgir chez les êtres d'exception, particulièrement sensibles, d'une façon qui semblera impromptue à qui méconnaît leur spécificité, mais avec d'autant plus de nocivité qu'elle ne sera pas justifiée.

Le salut dans l'effort

Il est vraiment très difficile de trouver le bon rythme : les enfants doués présentent souvent de grandes facilités dans de nombreux domaines. Ainsi, ils commencent à jouer du piano et leur professeur ne tarit pas d'éloges. Il a affaire à un futur virtuose, tant d'aisance l'éblouit et l'enfant va docilement à ses cours de musique. Arrive un jour où il commence à traîner les pieds, son professeur est moins enthousiaste, ses parents s'interrogent : c'est simplement qu'il lui faudrait maintenant fournir des efforts, travailler ses morceaux à la maison ; il joue toujours avec cette sensibilité qui a tant séduit son professeur, mais il manque de pratique, il végète, il ne tient pas ses promesses. On l'imaginait musicien prodige et on a un tâcheron laborieux qui peine sur les morceaux plus rapides.

Il en va de même pour le tennis, pour la natation, pour le judo… S'il suit des cours de langues étrangères, il parcourt deux années en une, il est premier, son aisance est éblouissante, puis il s'arrête, lassé, ayant perdu son entrain. C'est le schéma classique du parcours suivi par un enfant doué face aux activités qu'il entreprend. Il aborde une nouveauté avec plaisir et même enthousiasme, il se montre brillant, il caracole en tête, puis il ne veut plus continuer. On pense qu'il s'arrête parce qu'il devrait commencer à fournir un effort et qu'il y répugne, on dit qu'il papillonne, qu'il est instable dans ses goûts et jamais satisfait de ce qu'on lui propose. Ces enfants sont ordinairement considérés comme passionnés, mais lui se désintéresse trop vite des activités qui semblaient pourtant lui plaire, il est blasé de naissance…

La raison de ce soudain désintérêt est plus profonde, plus secrète. Jusque-là, l'enfant doué avait réussi, sans effort il est vrai, et on ne comprend pas pourquoi il refuse de se donner un peu de mal, tâche légère qui serait largement suffisante pour lui permettre de se maintenir à son niveau de réussite. En réalité, il a peur, il pense avoir atteint son plafond, il craint de laisser découvrir que ses efforts seront vains, dérisoires, ridicules. Il préfère fuir cette épreuve de vérité et quitter le jeu, encore auréolé de sa gloire, plutôt que de s'aligner honteusement sur ceux qu'il devançait si facilement et qui l'admiraient. Il y a là un saut à exécuter : il faut avoir le courage d'envisager l'échec, ou seulement un travail pénible, qui n'avait pas été auparavant nécessaire. Cet enjeu revêt parfois une importance capitale aux yeux d'un enfant doué, qui craint toujours de perdre ses dons. On dira qu'il est velléitaire, qu'il ne sait pas se fixer, mais on ne songera pas à évoquer sa crainte majeure, celle qui le terrifie et le paralyse en secret : la perte de son admirable facilité.

La réaction la plus efficace serait donc de le rassurer, de l'aider à débarrasser de son aspect magique cette fameuse facilité, de lui expliquer qu'il est un être humain, faillible et fragile, et qu'*il doit seulement exercer les forces qu'il sent en lui pour qu'elles ne l'abandonnent pas*, comme il l'appréhende si violemment. Un don soigneusement entretenu ne peut disparaître. Imagine-t-on une belle forêt qui s'effacerait d'un paysage en une nuit ?

Au cours de tous les chapitres précédents, j'ai mentionné cette idée de magie, puisqu'on la retrouve à de nombreuses occasions. On sait que le jeune enfant y a souvent recours : elle explique tout ce qu'il ne comprend pas, et les contes de fées sont là pour lui rappeler que les fées *existent*, qu'elles peuvent exaucer un vœu, à condition qu'il soit convenablement formulé, le travail essentiel consistant donc à rechercher les formules efficaces. Quand une extrême facilité renforce cette idée de réussite, il est tentant de chercher à prolonger l'état de grâce en refusant d'affronter la réalité, avec ses embûches perfides, qui font même trébucher les plus forts.

Quand le jeune enfant est, pour la première fois, confronté à la notion de ses limites, il cherche un refuge dans la pensée magique : s'il le désire très, très fort, il retrouvera son aisance d'antan. Il se persuade ainsi qu'il existe encore une ouverture sur un dernier recours. Les adultes n'affirment-ils pas, de façon péremptoire, que « si on veut, on peut » ? Ce qui laisse supposer que ceux qui échouent manquent simplement de volonté. Dans ces conditions, il est plus confortable de rester blotti dans un douillet nid tissé de souhaits, de rêves et de désirs. Plus le temps passe, plus il devient douloureux d'envisager un affrontement avec la réalité. Gardons-nous de juger les jeunes enfants et leurs émotions quand ils découvrent qu'ils sont faibles et chancelants ; leurs tentatives d'imposer leur volonté de façon tyrannique sont excusables. Les adultes eux-mêmes invoquent cette pensée avec une conviction admirable, à l'exemple des hommes de pouvoir, qui veulent se persuader que leur programme – voire la seule formulation de leur programme – va aplanir tous les obstacles.

Qui ne s'est pas laissé aller à rêver d'une réussite prestigieuse, en oubliant les chemins ardus qui y conduisent ?

Lorsqu'elle est prédominante, cette pensée magique devient néfaste et pernicieuse, elle dissimule la notion d'effort, elle laisse croire que la réussite est une question de puissance presque occulte : les obscurs travailleurs qui s'échinent à la tâche ne seront pas forcément récompensés de leur peine si aucun bon génie n'a donné l'indispensable coup de pouce.

Ce n'est pas dans ce registre qu'il est conseillé de garder son âme d'enfant[1].

---

1. Cette mise en garde ne concerne pas les jeux imaginatifs : « On ferait comme si... » « On dirait que... » Ensuite, on peut laisser son imagination aller son train, en conservant seulement de légères rênes, afin d'éviter de se perdre dans des méandres trop flous où l'on s'enliserait.

■ Un autre effet pervers de cette pensée magique réside dans l'insupportable sentiment d'échec qui s'installe quand un souhait impérieux n'a pas été exaucé. Je garde en mémoire les larmes intarissables d'un adolescent, persuadé qu'il pouvait empêcher la séparation de ses parents par sa seule volonté. Il refusait de renoncer à cette idée, parce qu'elle aurait signifié que cette séparation était inéluctable et qu'il était totalement impuissant à l'empêcher. Il préférait donc se cramponner à la fiction d'un pouvoir secret, qui le préservait encore un temps de la dure réalité.

L'ALERTE PERMANENTE

Une autre mise en garde s'impose : les enfants doués montrent, encore plus que les autres, une mémoire étonnante : ils intègrent, ils absorbent, ils retiennent ce qu'ils voient, ce qu'ils entendent – et surtout ce qu'on leur dit, puisqu'ils savent que les grandes personnes vont leur apprendre et leur expliquer le monde et son mode d'emploi. On ne peut cacher sa surprise quand un enfant d'à peine 3 ans répète ce qu'il a entendu quelques mois auparavant, comme ce petit garçon auquel son père avait posé une question piégée et qui la lui a retournée, agrémentée de complications traîtresses, quelques semaines plus tard.

Leur vélocité intellectuelle, encore accrue par un vocabulaire qui s'enrichit à une vitesse étourdissante, peut faire naître un vertige chez les parents déroutés. Hier, cet enfant agitait ses bras minuscules et pleurait pour se faire comprendre ; aujourd'hui, il parle comme un adulte, avec l'humour, la précision et l'aisance que procure un long exercice. Jusqu'où va-t-il aller ? Et les questions insidieuses reviennent tourmenter sournoisement ses parents : « Saurai-je répondre à ses questions ? Ne vais-je pas passer à côté d'une richesse que je n'aurais pas su reconnaître ? Comment me montrer digne de la mission qui m'est échue ? »

Leur logique est également surprenante : elle s'exerce dans sa pureté originelle, peu soucieuse des connaissances qui l'infléchissent parfois, par ces références culturelles qu'on assimile sans même en avoir conscience. On doit donc se tenir en alerte, pour ne pas être surpris en flagrant délit de manque de logique. Cette surprise risque de couper de façon abrupte tous les effets d'un discours moralisateur, ou destiné à enseigner les subtilités du langage, celles de la vie en société, etc. Rester ainsi en éveil constitue d'ailleurs un salutaire exercice intellectuel pour les parents, à la condition qu'ils ne craignent pas, avec l'anxiété qui les habite parfois, de manquer un jour de vigilance.

■ « Si tu continues à faire des caprices, tu auras des enfants capricieux », menace une mère exaspérée par un bout de chou obstiné dans un entêtement capricieux. « Alors, toi aussi, tu étais capricieuse, quand tu étais petite ? » demande le bout de chou avec intérêt, ravi de se trouver une caractéristique commune avec sa mère.

L'attitude des « grands » oscille sans cesse entre deux pôles : soit on s'adresse à ce très jeune enfant comme à tous les enfants de son âge – sans bêtifier, bien entendu, mais en tenant compte de son absence d'expérience –, soit on lui parle comme à un adulte, ou, du moins, comme à un enfant plus âgé, mais, dans ce cas, on ne sait pas quelles limites observer. Un enfant plus âgé, certes, mais de combien ?

■ Une voisine charmante fond devant Martin, qui n'a pas 3 ans ; elle se penche vers lui avec une affection manifestée à la perfection : « Alors, on va mener, mener ? » Du fond de sa poussette, le petit bonhomme lui répond, avec une aménité identique : « Ne fais pas l'âne ! »

Souvent, je souligne qu'il ne faut pas oublier l'âge réel (biologique) de ces enfants doués ; la tentation est grande de ne plus en tenir compte, parce que rien dans leur comportement ne vient le rappeler. De surcroît, ils sont si fiers et si heureux de se voir traités comme des grands qu'ils se gardent bien de remettre en mémoire leur jeunesse à leurs parents distraits. S'ils disent subitement qu'ils sont « encore petits », c'est généralement dans la perspective d'une négociation, à moins que ce ne soit un simple rappel à l'ordre, quand ils se sentent fatigués d'être trop performants.

Leur maturité intellectuelle leur confère une largeur de vue toujours surprenante chez de jeunes enfants qu'on imagine encore naïfs et dépourvus d'esprit critique. Ils comprennent ainsi les implications dramatiques d'un fait qu'on voudrait leur laisser croire sans conséquence. Pour eux, une catastrophe évoquée à la télévision, par exemple, n'est jamais anodine : ils en devinent les conséquences à long terme et perçoivent très vite que le monde extérieur recèle des dangers innombrables et mortels. Ils savent également, avec une lucidité douloureuse, qu'ils sont totalement dépourvus de moyens de défense et qu'ils constituent des victimes désignées pour un quelconque prédateur. Ils ont découvert, dans le même temps, l'immensité de leur faiblesse et l'implacable agressivité des assaillants éventuels.

Ces craintes apparaissent avec évidence durant un examen psychologique. Quand un enfant doit imaginer des histoires à partir de dessins de personnages – ou d'animaux, pour les plus petits – représentés dans des situations que l'on peut interpréter un peu comme on le désire, il se lance parfois dans d'abominables récits, où les jeunes enfants périssent inéluctablement dès qu'ils ne sont plus sous la protection rassurante de leurs parents. Ils ont compris à quel point cette protection leur était nécessaire pour qu'ils puissent satisfaire leur curiosité d'esprit en toute quiétude. Hors du foyer chaleureux et protecteur il n'y a ni salut ni recours. Livrés à eux-mêmes, ils seraient contraints d'avoir pour unique préoccupation leur survie, sans plus songer à l'étude des idées, des mots ni aux finesses de la syntaxe, activités qui leur plairaient tant s'ils se sentaient en sécurité.

■ Claire, 4 ans, raconte, en frissonnant de peur, l'histoire du petit lapin qui aimerait bien aller se promener, puisqu'il est réveillé et qu'il y a du soleil, mais qui sait que « s'il sort tout seul, le loup le mangera tout cru ! ».

L'allégresse que manifeste ostensiblement Claire cache une peur réelle de l'inconnu, figurée par l'image éternelle du loup, qui inspire toujours un profond effroi même aux plus citadins des enfants. A les entendre, le risque est quotidien de se trouver face à un loup cruel et affamé au détour d'une rue passante. Il leur faut bien mettre en images ces craintes confuses, mais réelles... Il leur faut aussi passer par ces angoisses, avant de se former d'eux-mêmes une image plus solide, plus structurée, avec un sentiment plus précis de leur intégrité et de leurs capacités à se préserver d'éventuelles attaques. Ce passage, qu'on pourrait dire « initiatique », est largement évoqué dans les contes de fées.

Ces peurs affreuses paraissent amplifiées chez les jeunes enfants doués, peut-être à cause de leur imagination sans limites et de leur conscience particulièrement aiguë de leur fragilité : ils ont besoin de quelques années d'apprentissage pour se persuader que le danger ne rôde pas en permanence autour de chaque foyer et qu'ils ont acquis quelques forces leur permettant de se défendre, du moins durant les minutes nécessaires aux secours pour arriver.

En attendant que ce travail s'effectue existe d'ailleurs le risque de voir se prolonger les difficultés d'endormissement, tellement fréquentes chez les enfants doués : certes, ils répugnent à partir se coucher alors que tout le monde est encore bien éveillé, mais ils peuvent aussi hésiter à plonger dans ce domaine des ténèbres où la pensée vagabonde, sans frein ni maîtrise, ouvrant la voie à d'éventuels cauchemars. Dans la nuit, dans le noir, les monstres règnent en maîtres...

L'Univers ne s'est pas fait en un jour

Il y a une période durant laquelle ils admirent éperdument leurs parents pour leur force, leur sagesse et leur savoir-faire. Ils se sentent tellement éloignés de ces modèles qu'ils sont incapables d'envisager le franchissement de cette distance, seulement mesurable en années-lumière à leur échelle du temps. Il y aurait pour eux un fossé que leurs faibles forces ne leur permettront jamais de franchir... Comment, en effet, projeter son image quelque quinze ans plus tard, quand on ne mesure pas 1 mètre et qu'on pèse moins de 20 kilos ?

Ils s'apaisent et comprennent le déroulement linéaire du temps quand on évoque les enfants de leur entourage, d'âge différent, en procédant progressivement jusqu'aux plus grands, ceux qui sont près de l'âge adulte. Un immeuble ne se construit pas en un jour, une grande personne a eu besoin de nombreuses et longues années pour devenir ce qu'elle est. Si on ne leur explique pas avec précision cette lente évolution, ils peuvent croire qu'ils seront confrontés, du jour au lendemain, à des obligations d'adultes, sans savoir du tout comment se comporter.

■ Si l'on tient compte de cet élément, des questions surprenantes deviennent évidentes et leurs raisons très claires.

Souvent Julien, 4 ans, demandait, avec une inquiétude mesurée, comment on fait pour devenir grand. Il semblait penser qu'il y avait une méthode précise, qu'il ignorait, mais que les autres devaient connaître, c'est pourquoi ses questions restaient discrètes : il craignait de se montrer ridicule, en faisant montre d'une innocence stupide.

Il a commencé à admettre et à comprendre l'idée qu'il fallait beaucoup de temps pour devenir adulte en observant un tronc d'arbre coupé et les multiples cercles marquant les années nécessaires à sa croissance.

S'ils ne s'y opposent pas formellement, il n'est pas mauvais que les enfants doués s'initient à un art martial comme le judo, le karaté ou l'aïkido. Non pas tant pour apprendre à se défendre, puisqu'il ne s'agirait que d'une illusion dérisoire, mais pour acquérir la notion de maîtrise de soi, de ses gestes et des progrès qu'on peut toujours accomplir dans ce domaine. L'idée de progression est capitale, nous l'avons vu, car rassurante.

Quand ils atteignent 8 ou 10 ans, leurs craintes ne sont plus aussi envahissantes, et ils ont désormais la liberté d'esprit leur permettant d'explorer les sujets d'études qui les attirent tant. C'est aussi à ce moment qu'une autre peur les habite, dont nous avons exposé les répercussions sur l'enfant doué : *la peur de l'échec*.

Face à une tâche qui le met en difficulté, l'enfant doué commence par ressentir une perplexité dérangeante : « Quel est ce travail qui me fait perdre mon aisance ? » Il ne supporte pas de se voir en situation d'échec, il en éprouve un malaise dont il ne peut se défaire et il ne parvient pas à se reprendre aussitôt. Il a impérativement besoin d'être rassuré pour retrouver la facilité qui l'avait déserté. Quand on fait passer un test, on rencontre fréquemment cette situation, puisque le test s'adresse *aussi* à des enfants bien plus âgés que lui : il est indispensable de l'expliquer pour désamorcer aussitôt l'angoisse qui s'installe ; sinon, l'enfant en perdition a l'impression que tout son pouvoir lui échappe et qu'il n'a plus aucune maîtrise de cette situation inusitée.

Parents et professeurs en concluent : « Il déteste l'échec. » En réalité, il est effrayé : il a atteint ses limites, il a perdu son pouvoir, il est sur une pente descendante et il va sombrer dans une nullité affligeante... Ce sombre scénario se déclenche dès que cet enfant perplexe se heurte à une difficulté qu'il ne cerne pas bien.

Tout au long de son développement, l'enfant doué va éprouver des craintes très spécifiques, qui peuvent le bloquer si on ne le rassure pas immédiatement. Il serait absurde de penser qu'il est préférable de le laisser se débattre seul face à un obstacle dont il lui est impossible d'appréhender la nature et de n'intervenir qu'au final, quand il a épuisé ses forces nerveuses et que son inquiétude est près de le paralyser. On doit au contraire se dire qu'en le tranquillisant rapidement on lui permet de retrouver ses forces encore intactes, et que celles-ci l'aideront, la prochaine fois, à combattre efficacement sa peur. Il entendra, dans son esprit, les paroles rassurantes de « ceux qui savent » et qui lui ont certifié qu'il était normal de trébucher avant de rassembler les armes adéquates menant vers la victoire.

A ce propos, on entend couramment dire que les enfants doués veulent exercer une entière maîtrise sur le savoir, et que leurs connaissances étendues, tout comme leur bon langage, ne sont que les conséquences d'un « surinvestissement » de ces domaines, à la fois plus scolaires et plus proches du monde des adultes. Une telle attitude serait forcément névrotique : cette avidité manifestée face au savoir en général est suspecte, une investigation psychologique poussée est nécessaire, un traitement pourrait être envisagé...

L'idée qu'un don particulier puisse expliquer cet intérêt ne semble venir à l'idée de personne ; pourtant, songerait-on sérieusement à affirmer qu'un excellent joueur de tennis ou un champion de natation a porté tous ses efforts sur cet accomplissement de soi assez difficile uniquement parce qu'il n'était pas très bon en orthographe ou en calcul, par exemple ? Auquel cas toute réussite exceptionnelle ou même dépassant simplement la moyenne serait d'ordre névrotique – alors qu'on sait très bien, par ailleurs, qu'une réussite confirmée exige un équilibre à toute épreuve.

Une telle façon de réagir – accumuler « à l'excès » connaissances et techniques de réflexion – semble plus inquiétante encore si on la considère d'un regard distrait et si on lui applique des idées préconçues de déviance par rapport à une norme « scolairement correcte ». Or, lorsqu'on fréquente des enfants doués, on voit très clairement le chemin qu'ils parcourent dans leur façon de concevoir le monde extérieur et l'effroi qu'il engendre parfois. Les très jeunes sont écrasés par la notion lucide et réaliste de leur faiblesse irrémédiable, puis ils comprennent qu'ils disposent de nombreuses années pour apprendre à se forger des armes et à les utiliser. Arrive l'adolescence, avec l'imagination explosive qui la caractérise, encore renforcée ici par l'étendue et la diversité des connaissances. Et si, dans un premier temps, ces adolescents aiment passionnément les romans de science-fiction – et, dans une égale mesure, les histoires terrifiantes, de celles qui donnent des frissons et font dresser les cheveux des adultes longtemps après qu'ils les ont terminées –, ils ne tardent pas à se sentir déçus par les récits répétitifs destinés à leur âge, « finalement tous pareils ». Ils mettent donc à profit leur fameuse imagination, inventant leurs propres histoires – toutes plus affreuses et plus meurtrières les unes que les autres –, sur un fond sonore de ricanements sardoniques qui a le don de les plonger dans un état de joyeuse créativité.

Ce mélange d'humour et d'horreur inquiète parfois les parents, qui se demandent ce qu'ils ont bien pu faire, ou négligé de faire, pour que leur enfant imagine de telles atrocités, alors qu'on s'est appliqué à les préserver de tout ce qui pouvait les heurter, les blesser, les traumatiser.

On peut penser que ces enfants, qui ont si tôt eu conscience de la réalité des dangers, se sont efforcés de désamorcer leur peur, pour l'empêcher de devenir trop envahissante, trop angoissante, presque paralysante. Ils se livrent alors à une surenchère, imaginant des univers qui dépasseraient en horreur la réalité qu'ils ont appris à connaître – et dont ils peuvent rire de bon cœur, puisqu'ils ont tout inventé. Ce serait pour eux la preuve qu'il y aura toujours une échappatoire aux plus cruels dangers, puisque eux, si jeunes, si fragiles, sont capables d'inventer des cauchemars plus noirs que tout ce qui se fait « en vrai ».

Il faut le dire et le répéter : c'est l'humour qui sauve les gens de bien des détresses et qui leur évite de glisser dans un abîme insondable...

A chaque âge, il a été rassurant de pouvoir jongler avec les mots, avec les concepts, avec des notions abstraites ; et plus ce matériel est étendu, plus le jeu est drôle. Mais cela n'est possible que lorsque la maîtrise de toutes ces idées est suffisante. Ce serait alors, aussi, pour jouer plus facilement, dans un champ plus vaste, que ces enfants aiment accroître leurs connaissances.

D'une façon générale, il faut simplement garder présentes à l'esprit les caractéristiques les plus courantes de ces enfants : une sensibilité souvent exacerbée, un constant souci de perfection et une maîtrise encore maladroite de leurs facultés intellectuelles, si brillantes soient-elles.

En résulte une certaine fragilité, mais également une personnalité d'une richesse exceptionnelle, qui ne demande qu'à s'épanouir, pour peu qu'on la guide, qu'on la conforte, qu'on lui donne enfin les armes qui serviront sa lumineuse éclosion.

Comment opérer à la maison

Il serait magnifique d'avoir à sa disposition un *mode d'emploi* des enfants doués : on le consulterait à chaque interrogation et l'on se familiariserait peu à peu avec le maniement particulier qui semble requis.

Tant que l'on s'en tient à leur apprendre à marcher, à parler, à ne pas mettre les doigts dans les prises électriques ni les mains sur les plaques chauffantes de la cuisinière, tout va à peu près bien. Il arrive bien que l'enfant doué fasse très tôt preuve d'une détermination et d'une efficacité dans son désir d'autonomie un peu surprenantes pour son âge... Mais il suffit de s'habituer à voir son bambin d'un an à peine surgir au milieu du dîner son matelas attaché sur le dos : on est bien obligé de le féliciter de l'astuce et de l'adresse dont il a fait preuve pour sortir de son lit à barreaux, pour ne pas s'emmêler dans les sangles, pour éviter de tomber lourdement sur le plancher et pour arriver triomphalement près des adultes – qui se croyaient enfin tranquilles – afin de recueillir les lauriers du succès.

Avec l'acquisition du langage et l'éveil d'une curiosité plus intellectuelle, le mode d'emploi se complique. On doit faire face à un déluge de questions, parfois complètement inattendues, souvent sans réponse immédiate, du moins en l'état actuel des connaissances des parents ou... de la science en général. Cette situation est d'autant plus difficile à vivre que ce tout petit enfant semble surpris si on ne connaît pas la réponse : il croyait que les grandes personnes savaient tout et il pense peut-être, en son for intérieur, qu'il est mal tombé, puisque son interlocuteur ignore manifestement comment lui répondre.

Si l'on ne veut pas démériter aux yeux de son enfant, il ne reste qu'à passer ses nuits plongé dans une encyclopédie, la plus vaste du marché, avec le bénéfice secondaire d'accroître ses connaissances. Mais ce sera au prix d'un sommeil écourté. De toute façon, on aura été obligé de différer la réponse, de se renseigner, de réviser ses connaissances, de les ordonner et, plus difficile, de les rendre accessibles à l'entendement d'un enfant qui ne sait pas encore lire.

Les parents consciencieux répugnent à renvoyer leur petit à l'esprit si éveillé aux jeux de son âge en prétextant qu'il étudiera tout cela plus tard. Ils ont peut-être encore en mémoire des rebuffades agacées qui, dans leur lointaine enfance, les ont vite incités à plus de discrétion.

Il est pourtant préférable de se rendre à l'évidence et d'observer une certaine sagesse : on ne pourra jamais répondre à *toutes* les questions et le danger est grand que la conversation entre parents et enfants devienne une sorte d'épreuve cérébrale, avec des défis à relever, une surenchère dans la recherche de la difficulté, de la complication, pour aboutir à une intellectualisation excessive des relations. On se prend au jeu, on se dit que ce que l'on aura expliqué sera intégré pour longtemps et que c'est autant de temps de gagné pour l'avenir, que la scolarité en sera facilitée – et, surtout, on ne veut pas décevoir son enfant ni endormir cette curiosité tellement prometteuse.

■ « Pourquoi les plaques tectoniques bougent-elles ? » demande Raphaël, 7 ans, à son père ennuyé : il ne s'était jamais posé la question.

Sébastien, 5 ans, est enchanté de venir à Paris exaucer son grand rêve : visiter le Muséum d'histoire naturelle. Mais il est sidéré de constater que ses parents sont incapables d'identifier dans l'instant le requin pèlerin et qu'ils s'emmêlent quelque peu dans les noms des différents animaux marins.

Jean-Marc, quant à lui, ne comprend pas que l'on ne distingue pas au premier coup d'œil une sauterelle ordinaire d'une sauterelle feuille ou à couteau.

Il ne faut jamais oublier que les enfants doués apportent à l'étude d'un domaine qui les attire toute la passion dont ils sont capables et qu'ils retiennent les détails les plus subtils avec une facilité confondante. Ils pointent ainsi nombre de sujets que l'on avait toujours acceptés en l'état, sans chercher plus avant ; mais on ne peut vivre au quotidien en s'imposant de perpétuelles interrogations. On se surprend alors à souhaiter une rapide acquisition de la lecture pour que cet éternel affamé de savoir puisse se rassasier tout seul.

La raison voudrait simplement que l'on privilégie quelques domaines, de ceux où l'on possède des lumières, que l'on peut approfondir aisément, de façon plus vivante que lorsqu'on récite un savoir nouvellement acquis dans un livre. On explique combien l'Univers est vaste et comme il est difficile pour un cerveau humain de concevoir cette immensité. On en évoque quelques parcelles – celles que l'on connaît le mieux –, en faisant germer l'idée que cette exploration peut se poursuivre à l'infini : l'enfant aura la vie pour cela, et enfin, plus tard, il choisira la voie qui lui plaira le mieux, comme ses parents l'ont fait avant lui.

S'il a la chance d'avoir auprès de lui ses deux parents – l'un ou l'autre pouvant lui accorder un moment de conversation dans un emploi du temps pas trop bousculé – et, surcroît de bonheur, des grands-parents attentifs et disponibles, il distinguera très vite les spécialités de chacun et piochera dans cet éventail de connaissances celles qu'il convoite le plus.

Les vacances, les escapades en compagnie d'amis possédant leur savoir propre, différent de celui des parents, fournissent des occasions propices à l'exploration de domaines inusités.

LE CAS DOULOUREUX DE LA FAMILLE DÉCOMPOSÉE

Il est impossible – et il faut de toute façon s'en garder – de devenir une machine dispensant des réponses. On ne doit donc jamais se sentir misérable parce qu'on n'aura pas donné de réponse à une question qui paraissait urgente, insistante, essentielle. Il n'est guère aisé de plonger dans des notions métaphysiques au retour d'une journée harassante, non plus qu'en fin de semaine, quand on a envie de se promener, l'esprit libre et le nez au vent.

Il faut évoquer à ce propos le cas particulier des mères isolées, qui se désolent de toujours laisser leur enfant sur sa faim : elles se sentent incapables de fournir les réponses attendues, malgré leur désir de bien faire ; elles ont d'autres préoccupations, bien plus pressantes, et elles s'appliquent surtout à protéger leur enfant contre trop de violence, trop de pression, trop de souffrance. L'urgence porte sur le domaine affectif : l'enfant dont elles ont la charge doit être tenu à l'écart des orages qu'elles traversent, il ne doit pas trop en souffrir, l'essentiel étant qu'il ne garde pas de cicatrices trop profondes des blessures qu'il reçoit lui aussi.

Cette situation douloureuse est plus souvent vécue par des mères en détresse, mais le drame est encore plus grand quand c'est le père qui est placé dans cet état d'impuissance. Si les parents ne sont pas mariés, la mère conserve tous les droits, même si elle est défaillante, et personne n'a envie de consacrer les précieuses minutes passées ensemble à jouer au jeu des questions/réponses.

Ce survol rapide, superficiel et scandaleusement léger des drames, forcément éprouvants, que vivent certains enfants peut sembler désinvolte. Il a tout de même le mérite de soulever le fait que les enfants doués donnent l'impression de résister, de conserver leur attirance pour le savoir, cachant soigneusement les pans de leur personnalité trop entamés afin de ne pas ajouter encore à la détresse de leurs parents. Mais ils sacrifient malgré tout quelque chose d'eux-mêmes, pour préserver l'énergie qui leur reste. Leur réussite scolaire – peut-être inférieure à leurs possibilités – procure une satisfaction apaisante et rassurante aux parents en lutte : c'est leur façon d'aider leurs parents, en les préservant d'un souci de plus.

Ils consacrent d'ailleurs aussi leur intelligence à soulager leur père ou leur mère en péril. Ce don leur a permis de devenir rapidement des interlocuteurs intéressants. Au soir d'une journée de travail, il est lassant pour un adulte épuisé de sans cesse traduire sa pensée, de trier les informations afin que tout soit intelligible pour un jeune enfant. Le jeune enfant en question va donc s'appliquer à parler comme son parent, pour qu'il connaisse un moment de détente quand il bavarde avec lui et qu'il ne soit pas toujours obligé de se mettre à sa portée.

Il sera vite capable de porter un regard d'adulte sur nombre de sujets et d'émettre un jugement personnel sur son entourage, sur les collègues de son père ou de sa mère, tout comme sur l'esthétique d'une innovation dans l'installation de la maison ; son intelligence exercée pourra apporter une aide non négligeable au parent débordé. Mais tout ne se déroule pas aussi aisément dans son évolution affective.

On peut s'étonner que les problèmes posés par ces situations moins classiques soient évoqués dans ce chapitre, mais il serait peu réaliste de continuer à considérer « la famille » comme une construction immuable. C'est évidemment une grande chance quand il y a deux piliers solides – le père et la mère –, un toit assuré, une atmosphère toujours paisible ; mais cet idéal devient de plus en plus rare, et il se trouve des enfants doués partout, le contexte familial dans lequel ils évoluent n'ayant pas de rapport direct avec le don intellectuel. Simplement, ces enfants acquerront une maturité d'esprit paradoxale, parce qu'ils sauront très tôt se montrer responsables – d'eux-mêmes et, pourquoi pas, de leur parent dans la peine –, qu'ils seront capables d'initiatives judicieuses – il leur faut absolument agir en l'absence d'un adulte –, gardant pour eux leurs préoccupations personnelles afin de ne pas alourdir encore le poids que l'adulte doit supporter.

Parfois, pourtant, ils ne peuvent éviter l'aggravation du problème : ils ont cru qu'il leur fallait aller jusqu'à sacrifier leur appétit de savoir, parce qu'il était mal venu dans la situation où ils se trouvent. Des enfants refusent ainsi avec une obstination constante d'aller à l'école uniquement parce qu'ils ne veulent pas abandonner à sa solitude, ne serait-ce que quelques heures, leur parent trop affligé. Le conflit que ce refus crée ajoute encore au malaise de chacun des protagonistes, dans un engrenage de plus en plus éloigné de son origine.

Le divorce par lui-même peut inciter un enfant sensible à élargir l'expérience, acquise à l'occasion de ce choc, à son univers tout entier : il va alors transposer l'idée de fragilité des acquisitions, d'incertitude de l'avenir au domaine de la scolarité, comme si tout pouvait vaciller d'un instant à l'autre, sans signes annonciateurs – et surtout sans moyens de prévenir ou de contrer le drame qui s'annonce.

Dans certains cas aussi, l'enfant doué craint qu'une trop grande science ne l'éloigne de sa mère, par exemple si elle n'a pu poursuivre ses études. Il ne veut pas la surpasser, même si elle insiste et s'inquiète de ses mauvaises notes. Il sait bien, lui, qu'elle se sentira encore plus isolée s'il progresse sur une route dont elle ne sait rien. Il n'imagine pas qu'elle puisse éprouver une fierté consolatrice d'avoir réalisé un certain accomplissement par enfant interposé. Il va au plus simple : il se refuse à faire un pas sur un chemin qui l'éloignera d'elle, même de façon symbolique.

La contrainte intellectuelle que ces enfants s'imposent est terrible, parce qu'elle ne cesse d'avoir des répercussions dans leur vie tout entière. Développer leurs dons de façon trop visible pourrait mettre en péril l'équilibre de leurs parents : ils deviennent alors les garants, discrets et effacés, de cet équilibre, dont ils ont bien perçu la fragilité. Des adultes conservent parfois cette empreinte, se bloquant dans la poursuite de leurs études sans aucune raison valable, comme si le plein usage de leurs capacités intellectuelles allait blesser leurs parents et les séparer d'eux à jamais. On peut seulement mettre en évidence l'abnégation de ces enfants, qui n'hésitent pas une seconde à sacrifier leur goût pour le savoir, parce qu'il ne constitue plus l'essentiel à leurs yeux et que l'urgence est ailleurs. Heureux ceux qui se découvrent un don et qui ont le loisir de le faire fructifier en paix.

J'ai en mémoire des histoires d'enfants à l'esprit vif et à la sensibilité malheureusement tout aussi vive, placés dans des classes dites « adaptées » parce qu'ils avaient passé leurs premières années de scolarité à se soucier exclusivement de leurs parents en péril. Parfois, il est trop tard pour rattraper ce retard accumulé au fil des ans ; parfois aussi, personne ne désire réellement modifier cette situation, pourtant si peu « adaptée », précisément ; parfois encore, l'enfant lui-même appréhende un changement trop radical, comme s'il risquait de déclencher un séisme familial destructeur.

DÉDRAMATISER L'ÉCHEC

Dans la vie de tous les jours, et sans que les conditions soient particulièrement éprouvantes, un enfant doué aura tout de même à affronter des drames intimes, qui peuvent être autant d'ouragans dévastateurs si l'on n'y prend garde.

A plusieurs reprises déjà, la notion de limites a été évoquée dans toute sa nocivité. Tout enfant doué pense qu'il a atteint son plafond dès lors qu'il se heurte à un obstacle imprévu, qui le laisse démuni. Si on le prévient – « On va essayer de faire quelque chose de très difficile, cela n'a aucune importance si tu n'y arrives pas, puisque c'est un travail destiné à des enfants bien plus âgés que toi » –, l'enfant doué ne sera pas anéanti par un éventuel échec. Il ne s'agit là que d'un exemple : on ne peut certes pas passer sa vie à évaluer le degré de difficulté des tâches proposées. Il faut seulement avoir présent à l'esprit cette notion, pour intervenir dès que l'enfant semble malheureux ; car, souvent, il s'agit d'une simple maladresse qu'il aura commise à l'école et qui aura inspiré des critiques qu'il a pensées définitives.

Si on néglige d'intervenir afin de le rassurer, il évitera systématiquement les situations qui paraissent le mettre en échec : au fond de lui, il pensera qu'il présente là une faille impossible à combler, une sorte d'infirmité irrémédiable avec laquelle il lui faut apprendre à vivre, car il n'y aurait pas d'antidote à cette défaillance – c'est, du moins, ce qu'il a cru comprendre.

On connaît la maladresse légendaire des enfants doués sur le plan graphique ; il n'est pas interdit de penser qu'elle puise une part de ses origines dans un blocage, installé au tout début de la scolarité, c'est-à-dire dès la maternelle, parce que les premiers dessins, les premières ébauches de courbes ont été catastrophiques et qu'on le leur a fait remarquer avec une insistance parfois excessive – quand elle n'était pas, nous l'avons vu, un tantinet agressive.

L'intérêt de dédramatiser dans l'instant cet échec relatif est évident. Il n'est jamais nécessaire de grandir avec le sentiment d'une faille irréductible qui ferait partie de soi et dont il faudrait s'accommoder. C'est pourtant bien ce qui se passe quand l'idée destructrice de limites a été associée au graphisme. Et si l'on fait suivre le constat de cette faiblesse par une rééducation de ce même graphisme, la notion de limites est définitivement intégrée – ce qui n'empêche pas cette rééducation de permettre quelques progrès, la présence d'un adulte attentif et bienveillant étant toujours bénéfique. Mais on aurait pu faire l'économie de cette intervention. Car il faut savoir que les enfants qui ont dû suivre une rééducation, dans quelque domaine que ce soit, se sont construits avec l'image d'un sujet un peu « anormal », en tout cas pas tout à fait comme les autres, puisqu'il a fallu l'aider à revenir dans la norme. Cette faille ne les empêche pas de conserver un excellent souvenir de la gentille dame qui les a si bien aidés – mais c'est tout de même parce qu'ils n'étaient pas tout à fait normaux.

Peut-être se débarrasseraient-ils plus facilement de ce blocage trop bien intégré si on les incitait à retrouver le moment où ils ont commencé à croire qu'ils allaient très vite échouer, ou même qu'ils avaient déjà échoué de façon définitive, à la différence de leurs camarades moins soucieux de perfection.

On peut ainsi leur raconter des histoires d'enfants qui, s'étant crus irrémédiablement maladroits parce qu'ils ne savaient pas encore très bien comment s'y prendre, sont ensuite devenus les meilleurs, une fois toutes les techniques nécessaires bien assimilées.

■ Un professeur de sport excessivement doué rapportait comment il avait longtemps été le seul de sa promotion à rater le saut périlleux avant : il retombait de travers, il maîtrisait mal son élan, il était bien le plus maladroit... Un jour, tout à coup, il a saisi la primauté du rôle de la tête, sa mise en place lui est apparue évidente, et il a pu exécuter les plus belles figures qui soient, sans jamais plus en rater une seule. Ce n'était pas un miracle, c'était le temps de maturation qui devait être respecté.

Les enfants paraissent souvent procéder par brusques paliers, mais ils souffrent durant la période où toutes les capacités requises doivent s'harmoniser entre elles, jusqu'à l'agencement parfait. Cette maturation plus lente, mais totale, est beaucoup plus efficace qu'une réussite rapide, toujours aléatoire et souvent approximative, et qui entraîne souvent l'acquisition de mauvaises habitudes, dont il est, ensuite, si difficile de se défaire.

Ce souci de perfection gâche bien des moments dans la vie des enfants doués, qui ne seront jamais totalement satisfaits de leurs résultats. C'est pourquoi il est préférable de ne pas se montrer trop pointilleux, sauf en cas de nécessité. On doit faire la différence entre une tâche banale, sans importance ni conséquence, et un travail véritable, pour lequel il faut payer de sa personne.

Il n'est pas souhaitable non plus de tout relativiser : les résultats à l'école comme les bêtises à la maison. Les enfants prennent bien vite l'habitude de se contenter d'un laconique « Ce n'est pas grave ! » après un échec ou une petite catastrophe domestique. Ils soufflent de la sorte leur réaction à des parents qui ne savent pas encore s'ils doivent se fâcher et sévir ou bien laisser courir.

Tout se joue autour de la loi. Il y a des choses formellement interdites, dont la transgression doit systématiquement être sanctionnée et les raisons clairement exposées : on ne ment pas, même si c'est avec de bonnes intentions ; on ne vole pas, même pour jouer ; on n'attaque pas les autres enfants, même si on ne les trouve pas très sympathiques... Mais des vétilles, des erreurs commises par maladresse, des conflits à l'école que l'enfant n'a pas su apaiser ne doivent pas devenir un point de fixation pour une anxiété toujours prête à se montrer envahissante ni une source de peur – peur d'avoir déçu, peur d'avoir démérité, peurs si fortes qu'elles peuvent se transformer en terreur de n'être plus aimé. On a parfois du mal à imaginer ce qui se passe dans la tête d'un petit enfant trop perfectionniste. Rappelons que, s'il craint d'avoir perdu ses dons ou atteint ses limites, on ne l'apaisera pas forcément en l'assurant simplement de l'amour indéfectible de ses parents : il pensera que ceux-ci l'aimeront quoi qu'il advienne, même s'il a perdu son aisance, et il ne sera pas du tout apaisé ; il peut même croire qu'on le ménage, parce qu'on n'ose lui annoncer trop vite la fâcheuse nouvelle : il est en train de devenir idiot.

Dans tous ces cas, l'humour est bien le recours le plus aisé et le plus agréable à utiliser. Puisque ces enfants ont le sens de l'humour et qu'ils manient très vite et très bien bons mots et joyeuses boutades, on peut s'offrir sans hésiter ces récréations de l'esprit : elles procurent une détente certaine – tout le monde connaît le pouvoir curatif du rire –, favorisent une complicité chaleureuse et rassurante, et créent tout un florilège de plaisanteries familiales et rituelles qui accompagneront chacun tout au long de sa vie, lui remettant chaque fois en mémoire un *sentiment d'appartenance*, tellement réconfortant. La complicité, si précieuse quand elle unit frères et sœurs durant les vicissitudes de l'existence, est alimentée par ces plaisanteries secrètes, qui font encore rire des décennies après.

Les enfants doués apprécient cet humour : ils s'y entraînent avec délice, tandis qu'ils fuient les plaisanteries vulgaires, qui font encore rire certains de leurs camarades. Il est le meilleur des remparts contre la bêtise, la méchanceté, le manque de compréhension, l'injustice. Mais il faut déjà être quelque peu aguerri pour compenser ainsi un sentiment de perte, de manque, de frustration. On dira simplement qu'il sait faire dévier bien des flèches et atténuer bien des douleurs.

COMMENT GÉRER UNE AFFECTIVITÉ AUSSI RICHE ET VULNÉRABLE ?

Dans ce domaine aussi apparaît la *dyssynchronie* propre aux enfants doués : leur intelligence se développerait à grande vitesse, tandis que leur évolution affective serait, au contraire, plus lente que la moyenne. Telle est l'idée reçue actuellement en vigueur.

Il semble que ce soit surtout le décalage entre les deux modes de pensée qui choque autant. Je dirais plus volontiers que ces enfants ont une affectivité identique à celle de leurs compagnons d'âge, mais le contraste est chez eux si violent qu'on les croit encore « trop bébés ». Ils viennent de découvrir la multiplication, ils jouent en virtuoses avec les nombres, les mots, les abstractions, ils dissertent en experts sur les mérites comparés du stégosaure et du parasorolophus et, aussitôt après – parfois en même temps –, ils ressentent le besoin impérieux d'un câlin. Pourquoi ne pas imaginer que ces nombres, qui peuvent aller jusqu'à l'infini, ces concepts, ces nuances, qui semblent ne pas connaître de limites, ont fait naître un léger vertige, une fugace sensation de malaise ? Quoi de plus rassurant alors qu'un tendre câlin, bien réel et bien concret, qui rappelle que les parents sont toujours là, qu'ils savent apaiser leur enfant étourdi par ses brusques découvertes, et que tout continuera à se dérouler normalement, tant qu'on peut trouver refuge dans les bras des grandes personnes ? Seul s'étonnera l'adulte qui n'a jamais eu le désir de se reposer quelques instants dans un cocon de douceur amoureuse pour se ménager un répit dans ce combat qu'est la vie.

J'ai déjà mentionné la peur du monde extérieur que provoque une perception plus lucide des dangers du dehors. Les enfants apprennent à la maîtriser, puis à la combattre, mais, durant cette rude bataille, menée en secret et néanmoins farouchement, ils connaissent des moments de faiblesse, voire de découragement, quand il leur semble être les seuls à devoir se battre ainsi – les autres enfants paraissant totalement ignorants de ces questions, qui seraient des questions de grandes personnes. On comprend, dès lors, la fatigue que provoque cette bataille et le besoin de réconfort que ressent le combattant ; quel meilleur repos pour ce guerrier inlassable que les genoux de sa maman ?

« Ah ! dira-t-on, nous y voilà ! » Un petit garçon qui cherche refuge dans les jupes maternelles est tout simplement un petit garçon furieusement attaché à sa mère : il ne veut pas se séparer d'elle, il désire conserver sur elle l'emprise qu'il avait, quand il était ce bébé impotent aux besoins constants, il souffre de la voir avec son mari, si fort, si grand, si sûr de lui... Et on s'attend à le voir manifester tous les sentiments perturbateurs habituels de cet état. On appréhende les crises de jalousie, la rivalité qui va empoisonner un temps la vie du couple, les pleurs de bébé destinés à troubler la quiétude des parents. On se prépare avec résignation en se répétant : « Il faut bien qu'œdipe se passe, nous attendrons des jours plus sereins. »

Un œdipe tranquille

L'expérience démontrerait que ces enfants sont, au contraire, extraordinairement raisonnables. Ils se rendent très vite compte qu'ils n'ont rien à gagner en s'entêtant dans un attachement sans espoir et qu'il est préférable de s'allier à celui qu'ils allaient considérer comme un rival, parce qu'il est stupide de s'obstiner dans un affrontement perdu d'avance. Ils sont souvent rêveurs, mais pas insensés – ils seraient même assez rapidement réalistes, voire pragmatiques, en ce qui concerne la façon de mener leur vie. Disons qu'ils traversent cette période œdipienne à moindre frais, la raison prenant vite le dessus sur une passion régressive. Leur élan les pousse à aller de l'avant, à progresser, ils s'entendent mieux avec des enfants plus âgés, qui ont, en principe, déjà réglé ce conflit, ils n'ont donc pas envie de se sentir plus longtemps ridicules avec leur absurde jalousie.

Parfois, pourtant, des enfants viennent passer un test en grognant et éclatent en pleurs déchirants dès les premières questions : ils sont dans un état de malaise si grand que leur don intellectuel est complètement occulté. Ils peuvent, certes, se montrer brillants dans la seule compagnie de leur mère, mais ils s'interdisent la moindre manifestation d'intelligence dans cette situation d'« examen », qui risque de les placer dans une catégorie d'enfants capables d'autonomie, avec obligation de séparation douloureuse à la clé. Ils annoncent d'ailleurs très clairement leur position : « Je sais, mais je ne veux pas le dire ! » Les supplications d'une mère mortifiée restent sans effet. L'enjeu est trop important, il ne faut pas couper, ou seulement distendre, ce lien privilégié qui unit un très petit garçon à sa mère si vigilante.

Mais, le plus souvent, les petits garçons doués et tellement impatients d'*apprendre* préfèrent observer attentivement leur père, pour découvrir la meilleure manière de se comporter. S'ils se fâchaient, s'ils ne pouvaient réprimer leur rancœur coléreuse, ils ne pourraient bénéficier de cet enseignement ; ils aiment mieux découvrir comment devenir beau et fort, pour conquérir à leur tour de jolies dames comme Maman.

Les petites filles rêvent de devenir grandes, elles sont coquettes et séductrices. Bien sûr, elles empruntent parfois avec un peu trop d'obstination les robes et le maquillage de leur mère, bien sûr, elles exercent leur charme sur leur père, avec le souci de réussite propre aux enfants doués, mais les crises aiguës sont rares et révèlent alors un malaise réel, celui d'un couple mal en point, dont l'enfant a vite perçu le trouble.

Ce n'est pas un sujet qu'on peut bâcler ou traiter trop superficiellement, puisqu'il provoque parfois des séparations aussi orageuses que douloureuses. D'autant plus que l'enfant occupe alors la place peu confortable de « responsable » alors qu'il n'est que l'alibi de ses parents. Évoquons en quelques mots un seul exemple : quand une femme, qui ne peut exprimer son contentieux avec son mari, trouve réconfort et amour auprès de son fils, elle distribue elle-même les rôles de chacun, et l'histoire suit son cours, jusqu'à la séparation. Le fils ne pouvait décevoir sa mère ni se dérober quand elle lui demandait aide et affection, si bien qu'il semble être l'artisan de la séparation, avec tout le poids de culpabilité et d'angoisse que cela engendre.

Résumer ce drame en une seule phrase peut sembler quelque peu léger ; mais il ne s'agit ici que de soulever un aspect particulier de l'œdipe, et notamment ce dont on le charge indûment. Ce n'est qu'un exemple, prouvant qu'il est toujours préférable de se parler avant la rupture irréversible.

Si les enfants doués conservent généralement cette attitude raisonnable durant l'étape œdipienne, ce peut être parce qu'ils ont déjà fort à faire au-dehors, face aux multiples malentendus qu'ils doivent affronter. Ils préfèrent donc s'assurer de trouver un havre de paix à la maison, plutôt que de devoir guerroyer sur trop de champs de bataille. A lire leur histoire, on a l'impression qu'ils connaissent très tôt les désagréments de la vie en société ; mais ils ont besoin de temps et d'exercice pour se forger des armes efficaces. On comprend, dès lors, qu'ils apprécient particulièrement l'amour sans nuage, la confiance et la sécurité de la cellule familiale, et qu'ils hésitent à gâcher ce trésor pour des désirs fantasmatiques dont ils jugent vite l'inanité.

Cette maturité peut paraître surprenante chez un enfant qu'on imagine plus volontiers accroché pour longtemps à sa mère, tant sont grandes sa crainte du monde extérieur et sa fameuse maladresse. Mais on oublie un peu trop vite sa logique sans faille, qui s'accompagne d'un souci d'efficacité appliqué à de nombreux domaines, y compris celui des sentiments.

Avec un tel état d'esprit, l'affection qu'il prodigue à son entourage n'est pas intéressée, elle n'est pas entachée de ces sentiments obscurs qui finissent par gâcher la relation la plus harmonieuse : elle s'est défaite de toutes les scories de la jalousie, du désir d'emprise ou de domination, elle est plus idéaliste, plus entière aussi, puisque la passion n'est jamais bien loin quand on parle des enfants doués.

LE DON ARTISTIQUE

Cette affectivité « raffinée », pourrait-on dire, confère une grande délicatesse et une grande sensibilité à l'enfant doué. Et, s'il a un don artistique, il le développera à l'extrême : musicien, peintre, danseur ou conteur, il alliera finesse et audace, légèreté et profondeur, harmonie et passion. Car, si les idées préconçues définissent le plus souvent l'enfant doué à partir de son intelligence – on voit en lui un cerveau, de préférence légèrement hypertrophié et plutôt froid, peu soucieux d'art ou de créativité –, ces enfants deviennent en fait de remarquables artistes quand ils en ont la possibilité. Ils rencontrent alors les pièges habituels aux enfants doués : soit ils se découragent assez vite et refusent de persévérer sitôt qu'ils doivent fournir un effort et ne plus se contenter de leur facilité naturelle – celle qui leur permet d'atteindre déjà un niveau satisfaisant –, soit ils travaillent pour de bon, avec le souci de perfection qu'on leur connaît, et ils se trouvent confrontés au choix – banal, mais crucial – de privilégier l'exercice de ce don au détriment de leurs études – et donc d'adopter un statut de professionnel – ou de travailler seulement en amateur, pour le plaisir, et de consacrer le temps nécessaire à la poursuite de leurs études. Mais, avant d'arriver à ce moment déterminant, ils auront développé des qualités de créativité, de celles qu'on ne trouve qu'au plus profond de soi-même, après un long travail de réflexion, d'intériorisation, d'élaboration de toutes les perceptions qui alimentent cette éclosion. Il s'agit d'une dimension de la personnalité qui peut s'épanouir en toute liberté et qui procure un enrichissement inégalable. L'art ouvre des voies qui resteraient inconnues si on ne les abordait pas avec la naïveté de celui qui sait seulement qu'il entre dans un domaine où il ne suffit pas d'*apprendre*, mais où il faut aussi payer de sa personne – sans gaspillage, mais sans vaines économies non plus.

Les activités artistiques, qu'on ne saurait trop conseiller, offrent d'ailleurs d'autres avantages : les enfants doués y trouvent un territoire qui leur appartient en propre et, surtout, ils peuvent rencontrer des pairs, partageant la même passion. Un enfant doué n'aura jamais trop d'occasions de se trouver dans la compagnie de semblables et de s'y conduire, enfin, de façon naturelle.

La lecture, meilleure alliée de l'imaginaire

Même si le don n'atteint pas le degré de perfection, il est préférable de toujours laisser à l'imaginaire la possibilité de s'exprimer. On ne dira pas pour autant : « Aujourd'hui, on a imaginaire », ou, variante : « On fait imaginaire », mais on commence par encourager la lecture ; c'est elle qui ouvre le mieux les routes qu'emprunte ensuite l'imagination. Quand nous lisons, nous sommes *obligés* de nous représenter mentalement les personnages, les paysages, les situations : ces images nous appartiennent, même si nous pouvons les partager avec d'autres lecteurs – tout en leur conservant l'empreinte personnelle que nous y avons appliquée.

Cette démarche intellectuelle est déjà un premier pas vers l'imaginaire. C'est en découvrant des mondes inconnus que l'on peut, à son tour, en créer d'autres. Il est indispensable de favoriser un éveil de cet ordre – chez les enfants doués tout spécialement. La lecture enrichit et fortifie bien des aspects de la personnalité et de l'intelligence ; elle ouvre des horizons nouveaux, elle enseigne à sa manière, littéraire et émotionnelle, en donnant à aimer des héros fictifs, parfois plus réels que ceux qui n'ont atteint qu'une fugace gloire. Une cohorte de personnages attachants – qu'il lui semble avoir bien connus autrefois, peut-être dans une autre vie, ou dans une existence parallèle – va accompagner l'enfant, l'adolescent, l'adulte, comme un cortège d'ombres tutélaires indiquant le chemin à emprunter dans les moments de doute ou d'angoisse. A moins qu'il ne s'agisse, simplement, de peupler les mondes multiples d'un enfant solitaire.

Le temps passé à lire n'est jamais du temps perdu, c'est une évidence. Il est tout de même préférable de poursuivre cette occupation au-delà de la bande dessinée, si séduisante soit-elle : l'image y prédomine au détriment du texte, le plus souvent réduit à la portion congrue, ponctué d'onomatopées et relégué à une place bien modeste – finalement éloigné de toute littérature véritable, celle qui enchante par le choix des mots, la force de la langue, l'équilibre de la phrase. Quel que soit son charme, la bande dessinée ne structure ni n'alimente la pensée(1).

La pensée se nourrit de littérature : elle y trouve notamment l'écho de sentiments qui resteraient autrement trop confus pour être un jour explicités. S'abstenir de lire, particulièrement quand on est intelligent et sensible, c'est s'amputer de tout un pan de soi-même, qu'on ne découvre qu'au

1. Privilégions, tout de même, de glorieuses exceptions, authentiques héros de notre mémoire : Tintin, Astérix, Lucky Luke...

travers du récit d'expériences tentées par d'autres – fussent-ils de papier –, parfois d'une façon si périlleuse qu'on aurait du mal à s'y lancer soi-même. Offrir à un enfant *Robinson Crusoë* – au besoin dans une édition enrichie de gravures –, c'est lui fournir de quoi rêver pour longtemps. Le goût de la découverte, celui de l'aventure, l'ouverture d'esprit, qui enseigne la diversité des individus, ne seront jamais mieux développés que par ce biais.

Si j'insiste sur ce point, c'est que, paradoxalement, les enfants doués négligent de plus en plus la lecture, sans doute à cause de leur souci de conformisme : ils répugnent à se différencier à l'excès de leurs camarades par une activité que ceux-ci estiment mortellement ennuyeuse. Ils s'attachent uniquement, et en se plaignant de cette contrainte, aux ouvrages imposés en classe, rabâchant sans cesse ce seul et unique titre quand on leur demande s'ils lisent. Lire en cachette n'est pas très pratique non plus... Sans chercher à noircir le tableau, je me prends parfois à penser à *1984* ou à *Fahrenheit 451* ; mais sans doute est-ce une vision un peu trop pessimiste de l'avenir.

Il faut rappeler aussi que l'enfant peut craindre, au moment d'apprendre à lire, qu'on le laisse ensuite seul avec sa bibliothèque, alors que, « avant », Papa ou Maman venait chaque soir conter une histoire. Il faut donc, là encore, le rassurer, en lui affirmant par exemple qu'il pourra à son tour lire une histoire à ses parents, ou que l'on procédera à une amusante lecture à deux voix. On éloignera ainsi le spectre d'une solitude à laquelle l'enfant doué est suffisamment habitué hors du foyer.

L'ennemi le plus perfide de la lecture n'est pas la télévision, comme on le dit si souvent, car les enfants doués s'en lassent très vite : ce serait bien davantage l'ordinateur, aux multiples possibilités. Il instruit magnifiquement, mais le mode de pensée qu'il impose est assez réducteur : langage primaire, logique propre, qu'il faut bien adopter si on veut le faire fonctionner. Même le choix culturel qu'il privilégie se révèle desséchant, pour ne pas dire qu'il atrophie carrément des pans entiers de l'intellect. Cet aspect mécanique, répétitif, ce dialogue avec une machine somme toute limitée à son seul programme impose un mode de pensée rigide et stéréotypé, peu propice à la véritable créativité. L'ordinateur exerce parfois une fascination totalement envahissante, au point d'imprimer sa marque sur la façon de raisonner des enfants et d'emprisonner ainsi leur esprit dans des formes de pensées toutes faites, difficiles à modifier. C'est le système informatique, et lui seul, qui servira de modèle et de référence.

Un autre effet pervers de l'ordinateur apparaît chez les adolescents qui ont toujours éprouvé des difficultés avec le matériel, notamment pour écrire : la souris procure une aisance fallacieuse en permettant de réaliser à une vitesse folle des choses compliquées ; mais le fait de « cliquer » n'a jamais contribué aux progrès de la motricité. L'ordinateur jouerait alors le rôle d'une prothèse, devenue indispensable qu'il s'agisse d'écriture, de dessin, etc. Mieux vaut essayer de lutter contre cette séduction sournoise et limiter l'utilisation, parfois passionnée, de l'ordinateur à quelques heures par semaine.

Les problèmes de graphisme

Il est vrai que les parents se sentent désarmés face au graphisme souvent catastrophique de leur enfant : les conseils leur semblent même dérisoires devant l'ampleur de cette gaucherie. Outre les séances de relaxation, jamais inutiles pour ces enfants si facilement tendus, il m'arrive de suggérer d'écrire ensemble, chaque jour, quelques mots d'une histoire qu'on inventerait à mesure, en choisissant les héros préférés du scripteur malhabile. S'il aime les orques, il pourra narrer les péripéties jalonnant la vie d'un représentant de cette espèce ; s'il préfère les oiseaux, il racontera les aventures de la petite mésange bleue qu'il voit picorer devant sa fenêtre ; un timide hérisson devrait également inspirer un enfant lui-même un peu sauvage. Mais on peut aussi mettre en scène une momie ressuscitée, un brontosaure, un héros de l'espace ou une créature venue du fond des âges...

Jean-Charles Terrassier et Philippe Gouillou recommandent pour leur part la généralisation des petites notes et autres pense-bêtes un peu partout dans la maison. Quelle que soit l'astuce, il s'agit de dédramatiser cette faiblesse, de déculpabiliser l'enfant et de banaliser l'acte d'écrire, en le posant comme moyen de communication – y compris avec soi-même – plutôt que comme objectif en soi.

Mentionnons enfin les difficultés d'orientation dans l'espace. On peut déjà tenter de les combattre en incitant l'enfant à intégrer mentalement la configuration d'un lieu, à lire un plan, une carte, et à se repérer ensuite sur le territoire. Le jeu d'échecs est aussi d'une aide appréciable.

L'INITIATION AUX LANGUES ÉTRANGÈRES

On a déjà évoqué le goût des enfants doués pour le langage et pour les occasions qu'il offre de jouer avec les mots. Ces occasions se multiplieront, sans risque semble-t-il, avec l'exercice d'idiomes étrangers. Puisque la langue maternelle a été acquise avec aisance et rapidité – sans parler de l'élégance de sa pratique –, pourquoi hésiter à faire découvrir en la matière des saveurs nouvelles et différentes ? Il existe d'ailleurs de petits cours, généralement fort bien faits, destinés aux très jeunes enfants : ils y apprennent à parler et à chanter dans une langue étrangère, y goûtent les joies du théâtre et même, très vite, celles des jeux de mots. Ils sont trop avisés pour mélanger les deux lexiques – du moins si l'on prend soin de conserver à la langue maternelle sa primauté et son rôle structurant – et se montrent, au contraire, enchantés de trouver là un nouvel espace de jeu. C'est un enrichissement de plus, qui n'exige pas de véritable effort de leur part : le professeur d'anglais du Collège du Cèdre, au Vésinet, raconte ainsi comment les enfants doués s'amusent à appliquer les règles du « verlan » à la langue anglaise...

Au terme de ce chapitre, je dirais que, s'il fallait retenir une idée directrice simple résumant les conseils qui précèdent, ce serait de ne pas se torturer l'esprit à la recherche d'activités rares et *immédiatement* profitables : les jeux, les rêves, la créativité vagabonde – qui ne débouche pas obligatoirement sur une œuvre achevée que l'on pourrait montrer avec fierté – conservent une importance primordiale pour une évolution harmonieuse. L'apprentissage du temps et de son intérêt viendra de surcroît.

[illegible] la manière des [illegible] nouvelles et [illegible]

Au terme de ce chapitre, [illegible]

Comment opérer à l'école

L'école occupe une place stratégique dans le parcours des enfants. Elle provoque le premier contact véritable avec la société – celle des autres enfants – et, surtout, celle des adultes incarnant une autorité, ayant le droit d'exercer un pouvoir et d'émettre des exigences, impossibles à détourner. Jusque-là, l'enfant voyait seulement ses parents ou des personnes tenant un rôle équivalent, puisque la puéricultrice de la crèche est souvent appelée « Maman ».

Au sein de cette école, dont on pense souvent qu'elle va servir de révélateur des différences, quelles qu'elles soient, les enfants doués ne se font pas systématiquement remarquer. L'imaginaire des adultes se complaît à croire qu'ils se distingueraient facilement. Au premier coup d'œil on dirait avec certitude : « Celui-là est un enfant doué ! » Et tout serait très simple. Ah ! s'ils avaient une grosse tête, et même une très grosse tête ! Ah ! s'ils portaient tous des lunettes, d'épaisses lunettes de myopes ! Ah ! s'ils employaient des tournures précieuses et désuètes, s'ils soulignaient leurs désirs ou leurs regrets d'un impeccable imparfait du subjonctif ! S'ils pleuraient à gros sanglots, cramponnés au biberon dont personne n'a eu le cœur de les priver ! Ils constitueraient une catégorie à part, aisée à distinguer, et on les enverrait rapidement dans des structures adaptées où ils se retrouveraient entre eux.

Ce n'est évidemment pas le cas, et les enfants doués peuvent se montrer très discrets : quelques-uns, instruits par l'exemple d'un aîné qui n'a cessé de connaître toutes sortes d'ennuis du fait de son esprit trop vif, saisissent vite qu'il est préférable de rester tranquille, d'observer une prudente réserve et de garder son brillant pour la maison, où l'on est compris et encouragé ; d'autres font tout leur possible pour se confondre avec l'ensemble de la classe, tant ils craignent d'être considérés comme des êtres « à part ».

Les maîtres ne disposent d'aucun moyen sûr pour reconnaître le don d'un enfant. Ce ne sont pas automatiquement les plus agités qui sont les plus doués, parce qu'ils manifesteraient leur ennui de façon bruyante ; ni les plus discrets, qui peuvent tout aussi bien être inhibés pour de multiples causes ; les enfants doués sont en cela semblables aux autres.

A ce propos, on peut admirer les réponses imperturbables de l'Éducation nationale conseillant aux parents éperdus de mettre leur enfant dans une « école spécialisée », sans plus de précision, ou bien les lançant sur une vague piste, si confuse et si improbable qu'elle ne fait que renforcer leur inquiétude. Quand on connaît le petit nombre de classes spéciales, ouvertes très récemment pour la plupart, et généralement dans le secondaire, on se demande parfois quel est l'intérêt d'un tel dialogue.

Les programmes de formation des futurs instituteurs ne comportent pas encore de cours portant sur ce sujet spécifique. Par bonheur, nombre d'enseignants se sont intéressés à la question : ils ont lu la littérature en traitant, se sont penchés avec une attention toute particulière sur ces enfants un peu différents, soucieux de mettre en application les préceptes acquis durant leurs études : « Faire en sorte que l'enfant donne le meilleur de lui-même et que l'école favorise son épanouissement. »

De tels enseignants proposent spontanément un passage anticipé dans la classe supérieure : ils savent que l'ennui est nocif et qu'ils ne peuvent adapter leurs leçons au rythme si rapide des enfants doués. A l'intention de ces maîtres attentifs, on peut indiquer le moyen le plus simple pour identifier un élève doué : poser une question à laquelle les enfants de cette classe ne peuvent répondre, puisqu'il s'agit d'un domaine qui n'a pas encore été abordé. Celui qui connaît la réponse et la donne sans hésitation, souvent en descendant pour l'occasion de son nuage, est vraisemblablement un enfant doué. On répète l'expérience, jusqu'à une complète certitude, en évitant toutefois une fréquence trop élevée, afin de ne pas mettre en vedette ce sujet discret qui tient à conserver sa réserve.

LE PIÈGE DU CONFORMISME

On ne le répétera jamais assez : les enfants sont conformistes, et, pour eux, toute différence est négative. Ils ne souhaitent souvent qu'une seule chose : « Être comme les autres. »

■ « Je voudrais être normale », dit une petite Sophie qui a un an d'avance. A la vue de la réaction effrayée de sa mère, elle corrige ce souhait, pourtant sorti du cœur : « Je voudrais seulement écrire aussi bien que les autres. » Elle n'écrit pas mal, mais, sur le moment, c'est tout ce qu'elle a trouvé pour atténuer la virulence de son exclamation.

Quand les enfants doués manquent de chance, ils se retrouvent dans un environnement scolaire qui s'applique à entretenir ce souci de conformisme. Si les pédagogues qui en ont la charge sont trop sûrs d'eux, leur certitude, renforcée par des années de pratique, leur permet de se montrer péremptoires, sans se sentir ébranlés.

■ « Ha, ha ! s'esclaffe une directrice d'école, quand je dirai aux parents que leur enfant est surdoué parce qu'il rêve en classe, ils vont sûrement me croire ! » L'absurdité de cette éventualité l'a profondément divertie, mais ses convictions n'ont pas été modifiées d'un iota : les enfants doués sont des sortes de monstres, repérables immédiatement, elle n'en a jamais vu, elle n'en verra jamais. Il est même possible qu'elle pense, tout au fond d'elle-même, sans se l'avouer clairement : « Si j'en voyais un, je le mettrais au pas, vite fait... »

Ne noircissons pas le tableau, toutefois : la chance peut se présenter, sous les traits d'une enseignante attentive et soucieuse du bien-être d'un enfant que son dynamisme rend très attachant ; cet élève éveillé, concentré, qui dialogue avec aisance, la change agréablement. Une complicité réconfortante les unit alors, atténuant les aspérités de la vie en groupe, pour le plus grand bonheur des deux intéressés. Quand s'instaure entre une maîtresse ouverte et un enfant aussi sensible une entente de cette qualité, l'épanouissement de ce dernier est spectaculaire. Et le souvenir étincelant de cette année privilégiée l'accompagnera de longues années.

En revanche, si l'on pense avoir en face de soi un enfant semblable à tous les autres, on ne cherche pas à le pousser, on estime qu'il s'agit d'un être « normalement » intelligent, sans brio particulier. On est de surcroît dupé par son souci de protection, qui l'incite à éteindre tout éclat, justement parce qu'il a très tôt appris combien il peut lui en coûter de se différencier à l'excès des autres.

Il faut répéter que les enfants doués, qui savent si bien saisir la moindre nuance de sentiment, emploient leur énergie à calquer leur comportement sur celui de leurs compagnons d'âge, avec d'autant plus de zèle que la maîtresse a bien dit qu'il y avait beaucoup d'enfants « très intelligents » dans sa classe et qu'elle pouvait se féliciter d'avoir une « bonne classe » cette année. Si l'enfant doué se sent trop différent, c'est simplement qu'il n'est pas normal ; point n'est besoin de chercher plus avant une explication à son ennui, à sa difficulté à se faire des amis. Les tests d'évaluation de QI rendent rapidement compte de cette « mise au pas » : le chiffre baisse parfois de façon spectaculaire de 10 ou 15 points en une seule année ; il arrive même que des enfants ne puissent plus trouver les réponses exactes qu'ils avaient spontanément données la fois précédente.

■ Jeanne a 7 ans. Née en février, elle est en CP, où elle traîne un interminable ennui. Au WISC, son QI est de 147, sa maturité d'esprit égale son développement intellectuel.

Sa personnalité est déjà bien dessinée : elle fait preuve d'une grande sagesse, elle sait se tenir à sa place, elle a saisi très tôt les règles régissant la vie en société et elle s'applique à éviter toute transgression. Elle privilégie l'harmonie, la réussite bien tempérée, les relations profondes et paisibles ; elle ne veut jamais provoquer son entourage, se garde de toute manifestation de colère et d'agressivité, mais elle n'est pas sûre que les autres puissent se conduire aussi civilement et ne peut s'empêcher de craindre le moment où un quelconque manquement perturbera la sérénité qu'elle désire tant maintenir. Une enfant si raisonnable court le risque de s'accommoder un peu trop vite de son ennui ; elle renoncera alors à satisfaire sa soif de connaissances et son plaisir à exercer ses capacités.

Il semble donc souhaitable que Jeanne puisse sauter le CE1 avant d'enterrer tout sens de l'effort, et de s'éteindre sous le poids des désespérantes contraintes quotidiennes. L'essentiel est que ses capacités soient reconnues et qu'elle puisse exprimer ses désirs et ses rêves, sans provoquer une perplexité étonnée.

Ce saut de classe a été refusé sans appel. La psychologue scolaire, qui a revu Jeanne un an plus tard, a examiné une petite fille qui paraissait parfaitement adaptée à sa classe, qui n'exprimait aucun désir particulier de connaissances, qui ne s'ennuyait pas et qui ne voulait pas sauter de classe.

Que deviendra Jeanne ? Retrouvera-t-elle un jour son élan, son dynamisme, sa joie à explorer les voies du savoir, son plaisir à exercer son raisonnement en le poussant de plus en plus loin, sur des sujets de plus en plus difficiles ?

DE LA MÉTHODE AVANT TOUTE CHOSE

Si l'on admet qu'un saut de classe perturbe en profondeur l'organisation d'une école, on ne voit pas pourquoi les maîtres n'auraient pas recours à des solutions d'aménagement du travail. Il est connu que ces enfants saisissent aussitôt les explications, mais que, souvent, ils les oublient tout aussi rapidement, parce que leur bonne mémoire leur a joué ce tour, dont elle est familière. Grâce à leur facilité à retenir, ils ne fournissent aucun travail de mémorisation, pouvant répéter « par cœur » ce qu'on vient de leur exposer sans l'avoir réellement intégré, mais l'oubliant si vite ensuite qu'on se demande s'ils l'ont un jour entendu.

Pourquoi, alors, ne pas constituer des groupes de travail, où les élèves qui ont compris la leçon guideraient leurs camarades ? Tout le monde sait que la meilleure manière d'intégrer de nouvelles notions consiste à les expliquer aux autres. Un savoir acquis de façon floue, avec seulement quelques points d'ancrage permettant de répéter ce que l'on a entendu d'une façon relativement satisfaisante, devient beaucoup plus clair, cohérent et organisé si l'on prend la peine d'en ordonner les éléments pour les rendre compréhensibles aux autres. *Formuler sa pensée, c'est la structurer, et donc lui donner des bases solides.*

Ainsi, un des travers parmi les plus fréquents réside dans le raisonnement mathématique. Les enfants doués sautent les étapes de ce raisonnement ; leur intuition, étayée par leur excellente logique, leur permet d'aller droit à la solution, en négligeant les différents paliers. Plus tard, cette vélocité deviendra un sérieux handicap : ils ne sauront pas quelle démarche suivre dans un problème plus complexe, et leur raisonnement s'égarera irrémédiablement. On dira alors : « Il était très bon en maths, mais cette année ça ne va pas. » Et l'on soupçonnera le professeur d'être responsable de cette chute incompréhensible.

Il est préférable d'acquérir, tôt dans la vie scolaire, l'habitude de respecter ces étapes, indispensables à l'élaboration d'un raisonnement ; sinon, cette voie prometteuse tourne court, par manque de méthode, au grand désespoir de celui qui se voyait déjà évoluer avec délices au milieu d'équations de plus en plus complexes.

On voit donc l'importance des méthodes d'apprentissage. On comprend pourquoi elles ne sont pas nécessaires durant le primaire – elles seraient même incongrues, autant que le recours à un levier pour soulever un paquet de deux kilos.

Un muscle qui n'est pas exercé s'atrophie, même s'il était en excellent état au départ. Quand un élève n'a jamais, absolument jamais, fourni le moindre effort, il ne sait pas du tout comment s'y prendre et il va s'épuiser en vaines tentatives, sans discerner les raisons véritables de sa soudaine impuissance. Il pense donc qu'il est malade, qu'il se détériore, qu'il est perdu.

Plutôt que de chercher alors un remède dans l'urgence, mieux vaut prévenir cette déroute. Les enfants doués aiment affiner leurs connaissances, ils savent constituer des dossiers à la fois vastes et précis sur les sujets qu'ils privilégient. Cette qualité pourrait s'exercer réellement si on leur demandait de travailler un sujet qui les intéresse moins : une telle étude pourrait d'ailleurs favoriser la connaissance d'un domaine qu'ils pensaient trop austère et qui se révélerait attrayant, une fois qu'on a commencé à l'approfondir.

LE SAUT DE CLASSE : POUR OU CONTRE

Que doit-on privilégier : la passion de l'enfant ou sa place dans la collectivité ? Que doit-on redouter le plus : un ennui mortel ou des difficultés d'intégration ? Il faut en fait se dire que ces dernières risqueraient de survenir même en l'absence de saut de classe – on a vu pour quelles raisons –, et pour plus longtemps encore si l'enfant se voit contraint de suivre le cursus complet du primaire.

Les pédagogues répugnent souvent à permettre un saut de classe, et ils ne manquent pas d'arguments pour justifier leur attitude : manque de maturité, lacunes dans les connaissances, petite taille, mauvais exemple pour les autres, dont les parents ne comprendront pas pour quelles raisons on refuse à certains ce que l'on permet à d'autres.

Ces arguments peuvent être réfutés aisément, mais les explications risquent de n'être pas entendues ni comprises comme des éléments de réalité, mais comme des arguties sans valeur. Il n'est plus nécessaire ici de démontrer à quel point les enfants doués sont mûrs et raisonnables ; croit-on vraiment que tous les êtres présentent une maturité en rapport avec leur âge réel ?

Les lacunes dans les connaissances ne sont pas non plus un obstacle : il suffit de les combler ! Il s'agit d'une simple question technique, surtout si l'enfant est stimulé dans ce travail par la perspective de raccourcir son parcours scolaire.

L'argument concernant la taille paraît irréfutable : en effet, mieux vaut être un peu grand pour son âge si on envisage de sauter une classe ; mais, en contrepartie, on ne fait pas sauter une classe à un enfant pour la seule raison qu'il serait particulièrement développé physiquement : certes, seul géant de la classe, il a l'air d'un retardé, il est le plus souvent au fond ou au dernier du rang, il ne sait pas comment caser sa carcasse encombrante, et il conservera longtemps le souvenir désagréable de son malaise, mais on n'envisage pas pour autant de le mettre dans la classe supérieure – même s'il est très doué, d'ailleurs. Il est vrai que les psychologues préconisent plus facilement un saut de classe pour un enfant développé physiquement ; mais, parfois, l'urgence est telle qu'on ne peut songer à laisser un élève périr d'ennui une année entière dans une classe dont il a déjà parfaitement assimilé le programme.

Pour répondre au dernier argument concernant les autres parents anxieux de faire sauter une classe à leur enfant, on doit savoir que le cas est très rare. Bien au contraire, les parents craindraient plutôt de se lancer dans la procédure compliquée de l'appel au sujet d'un redoublement, parce qu'ils hésitent à affronter les autorités pédagogiques et qu'ils ont généralement suffisamment de lucidité d'esprit pour ne pas s'aveugler sur les capacités intellectuelles de leur enfant. On ne voit qu'exceptionnellement les parents d'un élève moyen demander à ce qu'il saute une classe.

Tout se joue parfois sur une simple question de mois ; les enfants nés en début d'année n'auraient que quelques mois d'avance, mais il arrive que cette légère avance leur soit refusée, sous le prétexte que leur année de naissance ne serait pas de la même couleur que celle de leurs camarades sur les tableaux indiquant la composition des classes... Ceux qui sont nés en été sont moins bien lotis : ils auraient d'emblée une grande année d'avance, ce qui permet de refuser plus facilement ce passage anticipé. L'idéal est de naître en automne : l'enfant est alors parmi les plus jeunes de sa classe, sans avoir attiré sur lui une attention ambiguë et parfois gênante.

D'une façon générale, le primaire est trop long pour les enfants doués : il pourrait être raccourci sans dommage : c'est une solution aisée à appliquer et économiquement intéressante, puisqu'on gagne le prix d'une année de scolarité.

On se prend à penser avec nostalgie aux petites écoles de campagne, où tous ces principes étaient appliqués tout naturellement : les élèves s'entraidaient spontanément, la maîtresse savait sur lequel elle pouvait se reposer, quand elle devait abandonner sa classe quelques instants, et le passage d'une classe à l'autre se faisait en douceur durant l'année, une fois que le programme complet était manifestement assimilé.

Les classes à double niveau qui existent dans certaines écoles pourraient fournir une solution de remplacement très acceptable, puisque l'élève plus rapide assimilerait en un an le programme de deux années. Mais, là encore, on risque de se heurter à l'application rigide de la loi, et l'enfant doué se verra imposer l'obligation de « redoubler » une classe dont il a déjà assimilé le programme sans difficulté. Le remède, pourtant a priori aisé à appliquer, se révélerait alors bien plus douloureux que le mal, ce « redoublement » étant pour l'enfant plus néfaste encore que le rythme, tristement ralenti, d'une scolarité ordinaire.

L'ÉCOLE À LA MAISON

Des parents exaspérés se résignent à retirer leur enfant de l'école, ne supportant plus de le voir rentrer en pleurs, tomber malade trop souvent, s'ennuyer ostensiblement et se dégoûter chaque jour un peu plus des études. S'il ne rencontre qu'incompréhension et méfiance auprès de ses maîtres, si le carnet de correspondance est régulièrement truffé de notes assassines consignant la moindre saute d'humeur, la plus timide tentative de rébellion et la plus légère distraction, il faut se décider à envisager pour son enfant un cours par correspondance. Car l'amertume naît, avec d'autant plus d'acuité que le reste la classe adoptera une attitude de persécution, lui rendant alors l'existence réellement invivable. Quand on entend raconter comment des enfants sont bousculés, comment ils voient leurs vêtements déchirés ou couverts de boue, comment on se moque d'eux, avec la complicité distraite, bienveillante ou pleutre des autorités, on ne peut pas donner d'autres conseils qu'un retrait de l'école. A la campagne ou dans les petites villes, le choix des écoles est d'ailleurs très restreint, et, par ailleurs, la nature offre une variété d'activités enrichissantes que l'enfant, qui se sent renaître, va pouvoir explorer à loisir.

Dans l'absolu, une scolarité à la maison n'est pas idéale, justement à cause de la solitude des enfants, qui vont grandir sans pouvoir se confronter à leurs pairs ; ils ne connaîtront que le chaud cocon familial, seul lieu où ils se sentent à leur aise et compris. Ils auront sans doute une solide armure intellectuelle, mais ils ignoreront le bonheur de la complicité, l'émotion d'une découverte quand elle est évoquée par un professeur enthousiaste, les menus événements du quotidien qui tissent une trame de souvenirs – les jeux dans la cour de récréation, les clans, les rivalités, les amitiés qui se font et se défont au sein de cette petite société qu'est une classe et, surtout, les fous rires, perturbateurs et irrépressibles, dont on se souvient parfois sa vie durant. Il manquera à ces enfants cet aspect, en apparence social, mais qui est en fait constituant de la personnalité dans ce qu'elle a de plus intime et de plus profond.

Par ailleurs, il leur faudra établir eux-mêmes leur temps d'étude ; ils risquent alors de méconnaître le moment heureux et impatiemment attendu de la récréation : ce sera tout le temps « école », ou tout le temps « récréation », selon le domaine qu'ils privilégient. Et puis il devient lassant de s'entendre demander sans cesse par les adultes rencontrés durant la journée « Tu n'es pas à l'école ? » d'un ton gentil, compatissant, mais blessant, puisqu'il laisse entendre que l'on s'adresse à un enfant malade, ou infirme, ou encore atteint d'une tare qui lui interdit de se mêler aux autres.

On dira que l'enfant scolarisé à la maison rencontre des camarades sur les terrains de sport, dans le cadre d'activités artistiques ou de cours extrascolaires suivis avec d'autres ; mais il ignorera la vie au quotidien d'une classe. Évidemment, si celle-ci trouve sa cohésion précisément en se liguant contre lui, il ne sert à rien de nier cette réalité ou de la dédramatiser à l'excès. Il n'est jamais enrichissant, profitable ou formateur de souffrir quand on n'y est pas préparé ; au contraire, des traces longtemps douloureuses fragilisent ceux qui ont connu ces épreuves avant d'avoir appris à se défendre.

Une scolarité suivie entièrement à la maison rend donc plus difficile l'intégration sociale de celui qui n'a jamais connu les contraintes du groupe. C'est en conséquence une solution que l'on considérera comme provisoire, adoptée exclusivement en cas de crise grave ; mais il faut bien réfléchir avant d'y songer pour plusieurs années. Sans parler du fait qu'elle demande de la part des parents une disponibilité importante, parfois techniquement impossible.

En outre, il n'est jamais souhaitable de mêler trop intimement la scolarisation et l'éducation donnée par les parents dans ce qu'elle a de spécifique. Ils sont les seuls, en effet, à pouvoir aider leur enfant à franchir les étapes indispensables, permettant l'édification de la personnalité, avec ce que cette construction comporte de reconnaissance de la loi générale, d'acceptation de la frustration, de la hiérarchie des besoins et des désirs, pour que l'acquisition du savoir devienne un moteur essentiel. Comment être sûr de rester imperturbable en entendant son enfant, ordinairement considéré comme intelligent, proférer une énormité incongrue – totalement insupportable aux oreilles des parents, soudainement honteux de l'énonciation de telles bêtises par la chair de leur chair ? Même s'ils s'efforcent de le cacher, leur désarroi n'échappe pas au regard perspicace de l'enfant, désolé de blesser ses parents – affliction qui le rend encore plus maladroit. Il n'est profitable pour personne d'imprégner de trop d'affectivité un enseignement d'ordre scolaire.

Pour compliquer encore la situation, précisons qu'il est préférable d'éviter l'internat, excepté en tout dernier recours, quand il n'existe aucune solution de remplacement (les parents travaillant dans un pays étranger dépourvu de scolarité acceptable, par exemple). On a vu, en effet, en traitant de l'affectivité, que sa famille est bien la seule oasis de paix pour un enfant doué, si souvent mal compris au-dehors. Là seulement, il peut donner libre cours à sa spontanéité et savourer la complicité d'un humour libérateur. Éloigné de son entourage, il ne connaîtrait plus ces plages de répit.

Toutes ces solutions doivent être, bien entendu, examinées essentiellement en fonction de la personnalité de l'enfant, ce qui ne signifie pas qu'il faille abandonner un enfant plus sauvage à sa solitude, même s'il l'apprécie, ni ménager une constante compagnie à celui qui déteste se trouver seul, parce qu'il se dispersera, au détriment de la construction de sa personne.

LES CLASSES SPÉCIALISÉES

De plus en plus se créent des classes spéciales pour enfants doués, généralement au niveau de la 6e. Ces initiatives sont certainement bénéfiques dans les régions où le choix des établissements scolaires est limité, elles évitent bien des drames évoqués précédemment ; mais les parents doivent parfois parcourir de nombreux kilomètres ou bien songer à déménager pour se rapprocher de cette école tant souhaitée. Ce qui, on le verra plus loin, peut engendrer d'autres problèmes, d'autres ruptures.

Malheureusement, même dans ces classes « de rêve » tout n'est pas toujours parfait : un professeur volontaire pour s'occuper d'un tel groupe peut être seulement tenté par le plaisir de s'adresser à des enfants plus vifs que la moyenne, lui évitant de lassantes répétitions. Mais soyons juste : la plupart des enseignants concernés aiment éveiller les esprits, susciter des vocations, approfondir leur sujet, en expliquer les subtils prolongements, goûtant le bonheur de parler devant un auditoire sincèrement attentif et non plus seulement résigné à subir une heure de cours sur un thème qu'il juge totalement inintéressant.

Il ne s'agit pas de « ghettos », comme on se plaît à le répéter : l'expérience prouve que les enfants sont réellement heureux dans de telles classes. Mais elles sont encore trop peu nombreuses pour qu'on en préconise souvent la fréquentation – surtout si elle entraîne trop de bouleversements familiaux. Ainsi, le couple des parents peut décider de se séparer momentanément pour que la mère s'installe avec son enfant près de l'école quand le père ne peut quitter sa région d'origine : l'enfant se sent alors responsable de cette modification, toujours douloureuse ; il s'astreint donc à compenser les désagréments causés à sa mère par une attitude exemplaire et, surtout, par d'excellents résultats scolaires. Une telle mission est parfois bien lourde et bien contraignante pour un jeune enfant, qui risque de se sentir un peu écrasé par l'importance de cet enjeu. Parfois aussi, toute la famille déménage, sacrifiant les avantages qui avaient incité les parents à s'installer ou à demeurer dans un lieu offrant de multiples attraits – à l'exception d'une école appropriée. Ils changent d'employeur, de métier, même – changements qui impliquent de profondes modifications de leur style de vie –, pour que leur enfant bénéficie de la meilleure scolarité possible. Sacrifier quelques aspects, devenus secondaires, de leur personnalité leur paraît alors de peu d'importance. Quand on sait la fragilité des enfants, leur tendance à l'angoisse ou à la culpabilisation – y compris pour des vétilles –, on ne peut qu'être inquiet à l'idée du poids qu'ils pensent devoir supporter et de l'obligation de résultats à laquelle ils se sentent tenus.

La sélection des candidats à l'intégration de ces classes ne doit pas s'effectuer uniquement au vu du carnet de notes : on négligerait alors les enfants, peut-être parmi les plus doués, qui n'avaient pu s'adapter à une scolarité classique.

Le Collège du Cèdre au Vésinet a été le premier établissement public à créer un groupe de ce type, à l'initiative de sa principale, Sophie Cote, devenue présidente de l'AFEP. Celle-ci a passé plusieurs années à élaborer son projet et à former des professeurs, soutenue par ceux qui s'y intéressaient particulièrement et qui lui ont consacré une grande énergie, mettant au point des techniques novatrices. Ce savoir-faire est maintenant utilisé par d'autres collèges, généralement privés, Sophie Cote parcourant inlassablement la France en prêchant la cause des enfants doués.

Au Collège du Cèdre, en passe de devenir un lieu mythique pour les parents dans le désarroi, on fait passer un test collectif à tous les postulants, sans tenir compte des notes obtenues en CM2. Ce sont alors les plus émotifs qui ne pourront franchir cette étape cruciale – l'important étant, ensuite, de restaurer l'image bien abîmée que ces « recalés » se construisent aussitôt d'eux-mêmes.

Il faut toutefois signaler que le pionnier en la matière a été le lycée privé Michelet, à Nice, dont le directeur, M. Pinder, conseillé par Jean-Charles Terrassier, a créé les premières classes destinées aux enfants doués. C'est de cette expérience que découlent, en dernier ressort, toutes celles qui ont suivi. Les élèves y vivent un grand bonheur, au point que les plus hermétiques à la littérature, par exemple, en découvrent les attraits grâce à l'enseignement dispensé par Mme Pinder. Mais, là comme ailleurs, il ne faut jamais oublier que l'effort reste un élément indispensable à tout progrès. « Enseigner, c'est aimer », disent ces étonnants pédagogues ; ce qui n'implique pas que le « miracle » puisse intervenir sans que l'élève paie de sa personne.

A la lumière de ces quelques rares exemples de qualité, on constate que l'initiative privée l'emporte largement sur le secteur public ; il y a là une faille dangereuse, où peuvent s'engouffrer tous ceux qui y détectent une occasion de gagner beaucoup d'argent, en spéculant sur la détresse des parents ne sachant plus où trouver le salut. Plus grave, des individus animés d'intentions suspectes et pourvus d'abondants moyens financiers n'hésiteront pas à offrir de séduisants programmes d'enseignement comportant de subtils et indécelables messages déviants. Quel meilleur prosélyte, en effet, qu'un enfant doué convenablement endoctriné ?

Il est donc recommandé de se renseigner auprès d'associations reconnues[1] avant de choisir un établissement proposant des classes pour enfants doués. Il serait vraiment désastreux que de véritables pédagogues, sincères et passionnés, ayant longuement étudié la spécificité des enfants doués, soient pénalisés à cause de perfides et perverses initiatives.

« Toutes les belles choses sont difficiles » (Alain)

Dans la plupart des cas, les possibilités de scolarisation spécifique n'existent pas ; il faut aménager au mieux la seule scolarité accessible, compte tenu des conditions géographiques, sociologiques, économiques.

Tout repose alors sur la forme de l'enseignement. On a bien compris que l'écueil principal qui guette l'enfant doué dans la poursuite de ses études réside dans sa méconnaissance de l'effort. Il ne s'agit pas uniquement d'un exercice inutile pour lui et qu'il ignore donc totalement, mais aussi de la *notion* même d'effort.

1. On trouvera la liste de ces associations en fin d'ouvrage (AFEP, ANPEIP, MENSA).

Actuellement, on aurait tendance à diminuer l'importance de l'effort demandé aux enfants pour qu'ils progressent ; on estime qu'ils doivent aussi se socialiser, acquérir des qualités d'ouverture d'esprit, surtout pour devenir tolérants, accueillants, généreux, soucieux des autres et de l'avenir de la planète. L'intense concentration d'esprit nécessaire pour intégrer les formes de raisonnement et de pensée permettant l'acquisition de nouveaux savoirs est moins souvent exigée, travaillée ; elle se dilue dans des réflexions annexes qui font perdre de vue le propos pédagogique premier.

Cette approche « allégée » de l'enseignement est considérée comme plus attirante, puisqu'elle déguise et transforme l'effort indispensable en jeu – peut-être un peu difficile parfois, mais dégagé de l'idée de performance. En préconisant le recours à un engagement mesuré, réduit au minimum syndical permettant quelques acquisitions, on oublie que la notion même de dépassement de soi est intimement liée à la nature humaine. « Qu'une chose soit difficile doit nous être une raison de plus pour l'entreprendre », nous rappelle Rilke dans *Lettres à un jeune poète*.

Quand un enfant passe un test, il se trouve automatiquement confronté à une difficulté inhabituelle : s'il a un lourd passé d'échec scolaire, il peut se décourager trop vite et laisser passer du temps avant de réagir aux encouragements ; mais, alors, quel plaisir il éprouve à surmonter cet obstacle ! Il savoure visiblement le goût de cette victoire chèrement remportée, pour laquelle il lui a fallu donner de lui-même ; il est fier, son dynamisme en a été renforcé, si bien qu'il n'est pas si épuisé après cet effort inhabituel. L'image qu'il a de lui-même s'en trouve améliorée : il est capable de vaincre, de grandir en savoir-faire, en aptitudes ; les voies qui s'ouvrent devant lui sont plus larges, plus attrayantes, cette première victoire permettant d'en envisager de plus grandes, de plus prodigieuses encore.

Tous les enfants ont besoin de connaître ce sentiment de triomphe pour accomplir des progrès ; mais, attention, on ne peut pas les leurrer : ils savent très bien si on les félicite hypocritement pour une réussite modeste, presque dérisoire, ils ne sont pas dupes des louanges trop généreusement dispensées ; bien au contraire, l'estime qu'ils ont d'eux-mêmes s'amoindrit très vite s'ils ont l'impression d'être complimentés pour de pauvres résultats. De même, l'élan qui les anime retombera d'autant plus rapidement que le but proposé aura été trop vite atteint : une victoire facilement remportée ne laisse qu'un sentiment de déception : on s'apprêtait à affronter l'Everest et on se retrouve escaladant une colline !

D'excellents professeurs se voient ainsi confier les classes dites « d'adaptation » ; ils y emploient toute leur énergie et tous leurs dons pédagogiques pour faire progresser leur auditoire, dont on n'attend pas de miracle. Eh bien, si, justement, le miracle a lieu ! Ils auront su présenter le travail scolaire comme ardu et complexe, mais tout de même à la portée de ces élèves considérés comme les moins bons du collège. Ils les auront guidés tout au long de ce parcours, inusité pour eux, en leur parlant tout d'abord des faits de leur quotidien, puis en les amenant à raisonner différemment, jusqu'à la révélation éblouissante : eux aussi sont capables de mener une réflexion, d'exposer des idées personnelles, de rédiger un devoir qui ne soit pas ridicule. On se souvient de cette entreprise, en apparence insensée, menée par des professeurs dans un lycée situé dans une ZEP : faire jouer à leur classe une pièce *en latin* ! Les élèves se sont pris au jeu, ils ont réussi au-delà de toute espérance, et l'on peut être assuré que l'image qu'ils avaient d'eux-mêmes s'en est trouvée réévaluée. Comment auraient-ils pu s'imaginer capables de parler dans une langue morte, presque oubliée, dont ils connaissaient à peine l'existence ?

Cette recherche de la difficulté peut s'accompagner d'un approfondissement constant des matières enseignées. Le bénéfice que procure une étude plus poussée, dans quelque domaine que ce soit, rejaillit sur la personnalité tout entière : en explorant les différents aspects que peut revêtir une œuvre selon la manière dont on l'aborde, on apprend combien un être peut receler de facettes, et on finit par découvrir en soi-même plus de richesses qu'on ne croyait en posséder.

On peut regretter que la scolarité actuelle accumule les difficultés techniques, mais entrave souvent une telle démarche personnelle de réflexion. Quelles que soient les raisons avancées pour justifier cette politique, il demeure qu'un auteur fait rarement l'objet d'une étude digne de ce nom, mais qu'il est abordé par le seul biais de morceaux choisis, ce qui donne de lui et de son œuvre une image morcelée, dénuée de profondeur. L'analyse en reste superficielle et finalement dépourvue d'intérêt, parce qu'on ne peut plus saisir ce qui se cache derrière les mots, les idées, la philosophie de la vie exprimés au travers d'un roman ou d'une pièce de théâtre. Bérénice et Phèdre, Julien Sorel ou la farouche Antigone perdent leur substance.

De l'intérêt du latin

Tout aussi dommageable est la suppression du latin : il semble qu'on cherche à remplacer la pure logique de la phrase latine par celle, plus contestable, de l'informatique. Avec l'oubli du latin, c'est le sens de la langue qui risque de disparaître, et à sa suite l'infini des subtilités dans le maniement du verbe. Le langage des logiciels est réducteur et ne peut s'enrichir ; sa pratique exclusive limite l'expression personnelle de la pensée. Au contraire, les langues anciennes apparaissent plus riches et leurs ressources plus nombreuses à mesure qu'on en approfondit l'étude.

Un langage clair, des phrases bien construites, lumineuses, des idées qui s'enchaînent avec logique et rigueur deviennent choses aisées quand on a eu la pratique du latin. On évite ainsi le jargon à la mode du jour, où des mots compliqués, utilisés au hasard – et surtout pour leur impact social –, mais le plus fréquemment possible, n'ont qu'un sens vague – quand ils en ont un. Il est probable que bien des gens déguisent une pensée hésitante, des idées imprécises, un raisonnement mal structuré derrière des mots techniques, ronflants et creux.

En l'absence d'une base logique sûre, les intuitions les plus géniales ne mèneront nulle part : elles ne pourront être conduites avec la rigueur qu'exigent justement les idées originales. La démonstration échouera, et l'éclair, fût-il fulgurant à l'origine, se diluera dans les brumes de l'approximation.

Ces langues anciennes, qui ont largement fourni la nôtre en racines, pourraient bénéficier d'une audience plus large, et on peut espérer que les enfants doués y trouveront un plaisir véritable. Actuellement, l'étude en est présentée de façon à décourager les plus entreprenants, les horaires sont impossibles, les professeurs fatigués d'enseigner à des classes souvent surchargées une matière tellement décriée. Pourtant, des enfants manifestant naturellement le goût de la logique, de la rigueur et de l'élégance du langage ne peuvent qu'être séduits par le latin.

Dans un test destiné aux adolescents, on constate que le langage s'appauvrit de jour en jour. L'épreuve du vocabulaire devient de plus en plus consternante, puisque des adolescents dont le QI est très élevé ignorent un nombre croissant de mots : ils en donnent une définition floue, ou même franchement contraire au sens réel : « rivalité » signifierait « bonne entente », « vaciller » « marcher de façon dansante », « falsifier » « rendre juste, droit »...

Touchante et dérisoire, dans ce naufrage de la langue, émerge la recherche désespérée d'une étymologie à laquelle se raccrocher. Comme ces adolescents manquent de repères, ils sont obligés d'en inventer et, ne sachant comment procéder, ils utilisent les assonances : deux mots ayant des prononciations proches auront également une signification semblable. Au lieu de favoriser des connexions cérébrales nouvelles, on fournit de fausses pistes, des voies sans issue. Et cette impossibilité à traduire exactement sa pensée, faute de mots adéquats, aboutit à une élaboration intellectuelle trop vague pour être clairement exposée, ce qui bloque rapidement toute réflexion personnelle, originale et intéressante ; celle-ci est alors condamnée à demeurer naïve, maladroite, influençable et susceptible de succomber au charme des « belles paroles » véhiculant des rêves, des émotions, des clichés, mais jamais une pensée véritable. Si la voix est chaude, si la musique des phrases est flatteuse, tout devient possible. Est-ce vraiment une heureuse perspective ?

On pourra trouver excessif cet éloge du latin – matière dépassée, parfaitement inutile, destinée à de doux rêveurs inefficaces et peu réalistes. Mais je demeure persuadée qu'il structure la pensée grâce à une logique qui rend capable de résister à nombre de sirènes[1].

1. Je n'évoquerai le grec que pour mémoire : s'il est dommage qu'il soit pour la plupart réduit à son seul alphabet, sous la forme de symboles mathématiques ou physiques, je le crois plus lyrique que logique, plus poétique que rigoureux. Il intéressait donc moins mon propos.

Cette démonstration a surtout servi à illustrer ce que pourrait être une scolarité idéale, destinée à tous les élèves sans restriction ; on donnerait simplement aux enfants doués la possibilité supplémentaire d'approfondir les matières enseignées, au lieu d'en distribuer des bribes parcimonieuses : cette méthode ne met pas les élèves en appétit, elle leur donne – au mieux – l'illusion de connaître un sujet, sans éveiller leur désir d'en savoir davantage.

L'effort récompensé par une victoire méritée est stimulant, vivifiant, propre à donner l'envie d'aller plus loin, de surmonter des obstacles de plus en plus ardus ; il régénère les forces, il donne de soi une image que l'on peut considérer avec fierté. Les enfants doués, comme les autres, ont besoin de ce réconfort, tant il est vrai que l'on se désole plus volontiers de ses faiblesses qu'on ne se glorifie de ses victoires – surtout quand elles sont trop faciles.

On dit aussi que les enfants doués sont beaucoup plus anxieux que les autres, dans des proportions qui peuvent devenir extrêmes lorsque les conditions de vie aiguisent le phénomène jusqu'à une angoisse difficile à apaiser. Or, ces enfants dans la peine sont d'autant plus accablés qu'ils n'exercent aucune maîtrise sur les événements dont ils sont les victimes : ils ne savent pas les prévoir, encore moins les prévenir, ils n'en saisissent que quelques retombées éparses, qui ne leur apportent aucune lumière. Pour eux, le savoir peut être source d'apaisement : ils constatent qu'on peut parfois influer sur les faits – si on les comprend mieux et si on possède des armes de nature à permettre de se construire une défense. Acquérir des connaissances élargit le champ d'action, la compréhension du monde environnant. Si les jeunes enfants se débarrassent de leur peur des sorcières et des dragons, c'est aussi parce qu'ils ont appris qu'on pouvait se défendre, ne plus être une victime désignée à cause de son ignorance et de sa naïveté : la *connaissance* leur a ouvert des perspectives rassurantes, puisqu'elles devenaient accessibles, alors que tous les chemins ouvrant sur l'inconnu les terrifiaient. Un inconnu que l'on peut nommer, étudier, analyser, est moins inquiétant.

Ce rôle est aussi celui de l'école.

LES PARENTS DE L'ENFANT DOUÉ : LE PARÇOURS DU COMBATTANT

C'est une surprise sans cesse renouvelée, pour les parents d'un enfant doué, que celles qu'inspirent les réactions des personnes censées bien connaître les enfants : cela va du scepticisme ostensible et têtu à l'incrédulité alarmée, si jamais ces parents ont le mauvais goût de persister dans leurs affirmations.

Les pédagogues s'appuient sur leur expérience pour nier l'existence de ce don. On a vu, à plusieurs reprises, comment ils rationalisent et justifient leur attitude, saine et équitable... excepté quand ils se retrouvent, eux-mêmes, parents d'un enfant doué et qu'ils se heurtent à leurs collègues, lesquels se garderaient bien d'entretenir de telles illusions au sujet de leur enfant, dont ils ne doutent pas une seconde qu'il soit exactement semblable à tous ceux de son âge, même quand des signes manifestes prouvent le contraire.

On peut en effet admettre qu'un enfant marche vers 9 ou 10 mois, puisqu'il y a des pays où cette dextérité motrice est banale ; on est même prêt à accepter qu'il ait prononcé ses premiers mots bien avant sa première année : tout le monde sait que l'oreille attendrie des parents entend « maman » quand le reste de l'humanité ne perçoit que des gazouillis dépourvus de signification... Mais il est impensable d'imaginer qu'il puisse lire, ou même désirer lire, ou encore tenter de déchiffrer des lettres avant d'avoir 6 ans. Et encore ! Il est plutôt convenu qu'un âge si tendre est avant tout voué au jeu.

S'il lit tout de même avant cet âge déterminé, c'est forcément parce que ses parents l'y ont poussé – au prix d'un labeur acharné et douloureux – et que cet enfant gentil, docile et désireux de faire plaisir a tout fait pour les satisfaire. Mais cela ne lui sert à rien, puisqu'il ne va pas encore à la grande école. Il veut seulement plaire, vous dit-on. Il arrive que les plus soupçonneux se demandent si ce petit prodige n'aurait pas plutôt appris par cœur tous les textes qu'il affecte de lire – avec un intérêt qui ne peut être que feint.

« Laissez faire les spécialistes »

Quand des parents souffrent de voir leur enfant s'escrimer à déchiffrer comme il le peut tous les mots qui lui tombent sous les yeux, ils finissent par se résoudre à lui enseigner quelques rudiments de lecture. Leur élève improvisé absorbe cet enseignement comme s'il lui était déjà familier et qu'il ne s'agissait que d'un simple rappel. Il est si facile et si amusant d'apprendre à identifier par écrit des mots qu'on connaît oralement depuis longtemps !

« Attention ! Ce n'est pas aux parents d'apprendre à lire à leur enfant ! » préviennent alors les pédagogues, avec une sollicitude inhabituelle. Pour renforcer encore leur mise en garde, ils ajoutent : « Gare aux conséquences ! Plus tard, votre enfant risque d'avoir des problèmes. » Reste à savoir lesquels... Il aura, en tout cas, échappé à la dyslexie en évitant les ravages de la méthode globale, ce qui n'est pas négligeable. Mais on voit malheureusement des parents consciencieux, zélés et obéissants cacher tous les livres, comme on le leur a conseillé, pour éviter d'être déchirés entre devoir social et instinct parental.

Les autres – inconséquents, inconscients et trop ambitieux – ne se rendent pas compte de l'état d'angoisse insupportable qu'ils imposent à leur enfant, soucieux de tout ce fatras scolaire, qu'il aura d'ailleurs bien le temps d'aborder plus tard. Ce sont des orgueilleux, qui se pensent supérieurs aux autres – sans doute parce qu'ils souffrent de complexes –, méconnaissent toute psychologie et veulent transformer leur enfant en « singe savant » destiné à « faire Polytechnique ».

Ce discours est ressassé avec une telle insistance que des parents d'enfants doués se refusent à demander une entrée anticipée en CP, par exemple, pour éviter les foudres des autorités. « Il est heureux que les pédagogues puissent ramener à plus de raison les parents déviants. » Autrement dit, finalement, les enfants ne devraient pas être confiés trop longtemps à leurs parents, toujours prêts à commettre des dégâts par excès d'ambition. C'est la Société, représentée à la perfection par l'École, qui devrait avoir, seule, la responsabilité de l'éducation : alors, tous les enfants apprendraient à lire au même âge, suivant une loi impossible à transgresser. L'enfant doué, c'est le désordre. Par bonheur, il n'existe que dans l'imagination de certains névrosés, et il convient d'y mettre bon ordre.

Telle est la vision claire, lucide et rationnelle qui devrait être adoptée par tous, afin de cesser d'alimenter des rêves chimériques. On a, d'ailleurs, vite fait de ramener les moins sages à la raison : s'ils veulent éviter à leur enfant trop de persécutions, qu'ils cessent de dire qu'il s'ennuie, qu'il connaît le programme et bien au-delà, qu'il sait faire les divisions, alors que la classe peine sur l'addition. C'est une vantardise stupide, qui porte un préjudice considérable à l'enfant – lequel ne pense évidemment qu'à jouer. S'il a, effectivement, l'air un peu malheureux, c'est parce qu'il est affublé de parents délirants qui veulent promouvoir leur « petit génie » – un monstre né de leur esprit malade, en fait. Enlevons donc peu à peu la responsabilité de l'éducation aux parents, qui n'y connaissent rien, puisqu'ils fonctionnent d'après de vagues souvenirs d'enfance complètement périmés, chargés de bonheur ou de tristesse – en conséquence faussés – et d'une subjectivité qui les pervertit profondément. Laissons agir les spécialistes, qui, eux, ont reçu la formation nécessaire et ont acquis une expérience irremplaçable...

Ce discours est souvent inscrit en filigrane dans les échanges entre parents et pédagogues ; il ne s'en faudrait pas de beaucoup pour qu'il soit clairement énoncé. Tous les parents d'enfants doués reconnaîtront dans cette brève description des moments douloureusement vécus.

Parfois les reproches se font plus véhéments encore : ces adultes pervers et aveuglés par leur ambition ne peuvent être tout à fait normaux ; il conviendrait peut-être de les inciter à consulter un spécialiste, qui les aidera à devenir responsables et sérieux, à se défaire de leur orgueil insensé et, surtout, à en rechercher les causes dans leur histoire personnelle, sans doute pas très nette. N'est-il pas désolant de voir de pauvres petits êtres innocents sous la garde de tels irresponsables, aux exigences absurdes ? Pire encore : ces esprits égarés accusent l'école de ne pas répondre aux espoirs de leur enfant, de le décevoir et même de le rendre malheureux, alors qu'il est évident que ces pauvres détraqués sont entièrement responsables de la détresse de leur progéniture.

Espérons qu'on ne glissera pas de la critique indignée, fondée sur des notions bien établies et renforcée par l'expérience quotidienne, à une suspicion de « folie » réelle, avec toutes les conséquences qu'une telle pathologie entraîne. Mais il ne doit s'agir chez moi que d'un accès de pessimisme, provoqué par une saturation de récits d'entretiens malaisés entre parents et représentants de l'école.

QUI C'EST, CELUI-LÀ ?

Quand ces parents s'arment d'un examen psychologique, censé appuyer objectivement leurs dires, la partie n'est pas gagnée pour autant. Pourquoi ne pas avoir consulté le psychologue scolaire ? Ces spécialistes savent très bien détecter une avance intellectuelle, mais ils sont généralement débordés par la multitude des enfants en difficulté, voire en très grande difficulté, et ils n'ont pas assez de temps à consacrer aux élèves dont les problèmes semblent minimes, comparés à ceux de certains autres. Il faut s'occuper des urgences. De surcroît, les parents d'enfants doués iront plus facilement consulter en dehors de l'école, laissant leur place à ceux qui ont déjà du mal à se rendre aux rendez-vous fixés par la/le psychologue scolaire.

On concède alors à ce praticien extérieur, sorti on ne sait d'où, un certain « métier », un « savoir-faire » indéniable, mais cette habileté ne signifie pas qu'il soit compétent. Il a inventé le portrait d'un enfant imaginaire, que la maîtresse, qui le voit tous les jours, connaît tout de même mieux. Si ce psychologue douteux a été payé pour son examen, tout devient clair : il a voulu faire plaisir aux parents et leur en donner pour leur argent ; il perd donc toute crédibilité, et son « évaluation » n'est qu'un exemple de plus de la mentalité dévoyée des soi-disant spécialistes, uniquement soucieux de faire de l'or en tablant sur la crédulité et l'orgueil de parents assez naïfs pour les croire.

Cette indignation, aisée à étayer, demande plus de subtilité quand l'examen a été gratuit (dans un dispensaire ou au sein d'une association, par exemple). Il s'agirait alors de l'égarement suspect d'un individu nourrissant une obscure rancune à l'égard de l'Éducation nationale et qui saisit tous les prétextes pour assouvir cette amertume rancie. Lui aussi a abusé de la crédulité des parents, sous couvert d'un organisme public – ce qui aggrave le délit – uniquement pour satisfaire de tortueux désirs.

Quant à l'examen lui-même, aussi étayé, bien argumenté et approfondi soit-il, il n'est pas du tout pris en compte : on le réfute en totalité.

Signalons tout de même, pour ne pas noircir à l'excès ce tableau, que les enseignants alertés étant de plus en plus nombreux, le dossier fourni par le psychologue a aujourd'hui davantage de chances d'être pris en compte, voire régulièrement consulté pour aider à résoudre un problème ponctuel. Les chefs d'établissement eux-mêmes sont mieux informés et n'hésitent plus, au moment d'une inscription ou pour évaluer la demande formulée par les parents d'un passage anticipé de leur enfant, à s'y référer, ne serait-ce que comme à l'un des éléments à considérer. Mais convenons qu'il reste beaucoup à faire, et que l'auteur d'une évaluation est encore trop souvent rangé, au même titre que les parents concernés, au mieux dans la catégorie des rêveurs irresponsables, au pire dans celle des hypocrites intéressés.

UNE IDENTIFICATION À RISQUES

C'est après ces luttes incessantes et ardues, généralement menées dans la solitude, voire dans la réprobation, que les parents risquent de s'impliquer tellement qu'ils finissent par s'identifier à leur enfant. Ils disent alors « notre combat », employant indifféremment « nous », « je » ou « il » pour décrire les batailles qu'il a fallu mener. La victoire n'est, en effet, jamais totalement acquise : même si l'école semble avoir pris en compte le don intellectuel de l'enfant, il y aura toujours une maîtresse plus incrédule, un professeur plus rétif qu'il faudra tenter de convaincre durant une interminable année. Par bonheur, quand les parents surveillent ainsi la scolarité de leur enfant, tout prêts à intervenir à la moindre anicroche, cette scolarité sera écourtée, au grand soulagement de tout le monde.

La réussite vient ainsi couronner le rude et juste combat mené par les parents, qui ont démontré qu'un parcours plus rapide était possible, un rythme accéléré bénéfique. L'éclat de leur enfant est devenu le leur, puisque c'est grâce à leur attitude attentive et courageuse qu'il a pu exercer au mieux ses facultés, sans trop souffrir de frustration. Ce bel exemple de réussite familiale doit être cité, afin de redonner courage aux parents désorientés par les conseils trop dirigistes de pédagogues obtus. L'adolescent souriant et épanoui est la preuve évidente qu'il suffit de mettre en œuvre l'énergie nécessaire et d'user de savoir-faire mâtiné de bon sens pour élever son enfant doué dans l'équilibre et la joie. La victoire est alors totale, éclatante, méritoire.

Un parcours si exemplaire reste bien rare : le plus souvent, la lutte est incertaine, il y a des trêves, des embellies, des années de grâce, quand l'enfant et sa maîtresse vivent une relation idyllique, dans un bonheur sans nuage, si ce n'est l'ombre inévitable de la jalousie des condisciples. Il y a aussi des années noires, où chacun frôle la dépression, tant l'incompréhension semble totale : un mur sans la moindre ouverture... Les parents se sentent alors affreusement désarmés ; ils auraient bien besoin des conseils de ceux qui ont réussi, qui ont su surmonter les embûches et assurer un parcours sans faute à leur enfant.

Pourtant, on peut se demander si une telle identification n'est pas sans danger pour l'avenir ; une fois la force tutélaire des parents moins présente, comment cet enfant, devenu presque adulte, saura de quelle façon se comporter ? Sa personnalité risque d'avoir été trop profondément marquée : toujours protégé, il n'a pas eu à se battre pour trouver sa place au sein d'un groupe ; toute son énergie était concentrée sur son travail, sachant qu'il était préférable de sauter des classes, ce qui ne lui déplaisait pas ; il avait même encore du temps à consacrer aux loisirs qu'il aimait ; mais il ne s'est jamais véritablement pris lui-même en main, puisque cela n'était pas nécessaire – un tuteur affectueux et solide assurait sa marche. Il n'a jamais su ce qu'il en coûtait de faire face seul à une difficulté ou de prendre une décision de son propre chef. Il a été attentivement guidé durant toute son enfance, c'est la raison de son équilibre intellectuel et affectif.

En contrepartie, il lui a toujours fallu se montrer digne des efforts déployés pour son accomplissement. Ses parents doivent pouvoir continuer à se sentir fiers de lui et recevoir indéfiniment la récompense de leurs angoisses et de leurs victoires si chèrement acquises. Ils avaient du moins la chance d'être menés par des certitudes, à l'inverse des autres parents qui doutent si souvent d'eux-mêmes et répètent à l'envi : « Je voudrais que mon enfant soit heureux, mais je ne sais comment m'y prendre, je ne m'y retrouve plus au milieu des conseils contradictoires qu'on me donne... »

Que va-t-il arriver, par exemple, si l'adolescent dont la scolarité a été exemplaire de rapidité et d'efficacité ne se sent pas le goût de poursuivre les études austères et prestigieuses qu'on avait de tout temps envisagées pour lui ? Il va lui falloir un courage inusité pour choisir une autre voie, dont il n'est pas même assuré qu'elle lui convienne ; il sait seulement qu'il ne pourra pas s'engager dans celle qui lui était réservée. « Qu'importe, s'il est heureux et s'il fait ce qui lui plaît ! » proclament ses parents, appliqués à cacher leur déception et qui finissent même par se sentir coupables, cherchant quelle faute ils ont pu commettre, quel indice ils ont négligé, quel signe ils n'ont pas su interpréter pour que l'adolescent ne tienne pas toutes les promesses du petit enfant. Tant de peine et de travail pour en arriver à ce résultat médiocre ! On souhaitait une grande école, et c'est une carrière artistique qui est choisie, avec tous les aléas qu'elle comporte ; on rêvait d'études prestigieuses, et voilà que l'adolescent se sent attiré par les soins aux petits enfants. Parfois, il réussit ses études, il est médecin, ingénieur, pharmacien, mais il va exercer ses talents au bout du monde : médecin, certes, mais « médecin-aventurier ».

La certitude de se trouver dans la juste voie donne une assurance infaillible et permet de remporter toutes les victoires. Sauf, si l'on n'y prend garde, celle de l'individualité librement définie.

Encore peut-on dire que, si l'enfant doué « s'en sort », c'est parce qu'il a eu beaucoup de chance ou bien encore une énergie indomptable, intense, incroyablement forte, mais aussi des parents attentifs et courageux qui l'ont guidé pour surmonter les obstacles dressés sur sa route.

Quatrième Partie

Y a-t-il des adultes heureux ?

Que sont les enfants doués devenus ?

C'est la question qui vient le plus souvent à l'esprit, quand on entend parler des enfants doués. On voit bien, à cette occasion, l'équivoque dangereuse du qualificatif de « précoce », puisqu'on pourrait en déduire qu'après avoir trop tôt mûri ces enfants s'éteignent aussi trop tôt – ce qui ne serait d'ailleurs que justice, murmurent certains esprits chagrins, sans doute un peu jaloux. Au mieux, ils auraient simplement été rattrapés par les autres, afin que tout rentre enfin dans l'ordre. Autre version : devenus adultes, ils vivraient en ermites au fin fond de laboratoires obscurs, noircissant des nuits durant des pages entières de signes cabalistiques, uniquement occupés à des recherches impossibles ou encore créant, à l'occasion, un monstre à leur image...

Des parcours très divers

Il faut se garder d'une vision trop noire et trop pessimiste du devenir des enfants doués qui n'auraient pas été identifiés comme tels de façon spécifique.

Beaucoup réalisent leurs dons dans des conditions normales : ils deviennent des médecins perspicaces, des professeurs attentifs, d'excellents journalistes, des architectes de talent, des cuisiniers de génie ou des voyageurs prolixes et passionnants. Il arrive en effet que toutes les bonnes fées se penchent au-dessus du berceau de l'enfant doué : il est né dans une famille qui a su prendre naturellement en compte ses dons et répondre aussitôt à sa demande d'aliments intellectuels, il a donc pu s'épanouir moralement, intellectuellement et aussi physiquement, puisqu'il n'y avait pas de raison de négliger le sport. Ses amis lui ressemblaient : en leur compagnie, il a apprécié des divertissements qui le comblaient. Il a pu découvrir d'autres pays, parler plusieurs langues et en goûter les subtilités, s'enchanter de ses découvertes en art, en poésie, en mathématiques. Adulte, il est parfaitement à son aise, puisqu'on a su le comprendre sans le blesser ; il exerce le métier de son choix, pour son plus grand bonheur et pour celui de son entourage.

S'il peut développer dans sa vie amoureuse les qualités caractérisant les individus doués – humour, goût du perfectionnisme et passion bien maîtrisée –, avec un partenaire que son discernement lui aura permis de choisir sans se leurrer, l'harmonie doit également être au rendez-vous. La lucidité évite, en principe, de s'abuser sur les prétendues qualités de prince charmant ou de princesse/fée d'un être humain, dont les défauts deviendraient rapidement insupportables après quelque temps de vie commune. La passion exalte l'amour, elle ne doit pas l'égarer.

C'est là un aperçu idyllique, mais qui se rencontre parfois, même s'il n'attire pas particulièrement l'attention : on pense simplement que cet adulte accompli a eu de la chance. Le plus souvent, il est vrai, il y aura une ou deux bonnes fées – rarement l'escadron au grand complet...

Le meilleur des cas est celui de l'enfant travailleur, accrocheur, qui ne supporte pas d'être second, qui s'affole et dépense une énergie considérable quand il craint de ne pas réussir. Il ne sera pas toujours reconnu dans ses dons : on pense qu'il réussit parce qu'il préfère travailler au lieu de jouer et que ses parents ont bien de la chance. Il connaîtra donc une certaine réussite sociale et professionnelle, il travaillera sur un dossier jusqu'à ce qu'il trouve la solution, il restera tard au bureau, sans ménager sa peine ni son énergie, vivant le plus souvent entre deux avions, deux réunions difficiles, deux négociations primordiales. Son véritable univers sera celui de son travail : il peut y donner toute sa mesure, et il s'y trouve souvent en compagnie de semblables – trop semblables toutefois pour devenir des amis, puisqu'ils sont aussi un peu rivaux, voire adversaires en affaires et qu'il ne faut jamais se défaire d'une saine et salutaire méfiance. Maître de lui, avisé, il manifestera une finesse qui lui servira à deviner ses interlocuteurs, à prévoir leurs réactions, à déjouer leurs manœuvres dans de subtiles joutes où d'autres peinent à l'emporter. De la même façon qu'il ne supportait pas d'être second à l'école, il veut vaincre, toujours et partout.

Dans de telles conditions, les états d'âme sont à proscrire : écouter parler son cœur serait une source de tourments, voire de catastrophes. Le conjoint doit le comprendre, assumer sa part de responsabilité, lui permettre de se reposer durant ses rares moments de détente, admettre qu'il ne peut se pencher sur les menus détails du quotidien, mais il sera présent pour un problème grave. Pour ses enfants, ce père est un peu lointain – écrasant parfois, quand sa réussite sociale trop éclatante plonge dans l'ombre tout son entourage.

S'il n'a pas su se ménager des jardins secrets où d'autres dons puissent s'exprimer, s'il n'a pas eu la chance de conserver quelques amis d'enfance lui rappelant le parfum de l'innocence, ce cœur, qu'on n'a jamais pris le temps d'écouter, peut s'insurger et se faire brutalement entendre de façon dramatique – accident qu'on mettra sur le compte d'un jogging prolongé ou d'une contrariété trop forte.

Pourtant, si cet homme n'était que raison raisonnante, rigueur logique et puissance de synthèse, il n'aurait pas réussi comme il l'a fait, n'aurait pas su tirer de ses subordonnés le meilleur d'eux-mêmes, se serait rapidement heurté à un piège fatal qu'il n'aurait pu prévoir ; mais il a consacré tous ses dons à la recherche d'une forme de pouvoir, de reconnaissance sociale, et à suivre l'élan qui pousse à aller toujours plus loin, plus avant, tant qu'il existe des possibilités.

Parfois, cette force intellectuelle s'exerce uniquement dans des domaines abstraits, et peu à peu la réalité se fond dans la théorie, perdant ses reliefs, sa spécificité : c'est ainsi que l'on voit de brillants cerveaux appliquer à des problèmes ardus et douloureux un raisonnement éblouissant de logique, en oubliant seulement le poids réel du quotidien. Ce sont des théoriciens dont le génie se fracasse au contact des choses de la vie.

Il arrive aussi que la bonne fée soit seule, petite et discrète : l'enfant doué n'a donc jamais été reconnu comme tel ; ses études, bien que réussies, ont été trop courtes, sa famille ne jugeant pas utile de les lui voir poursuivre trop longtemps, pour des raisons économiques, sociales ou parce qu'il s'agit d'une fille, qui en saura toujours assez pour gagner un salaire d'appoint et élever ses enfants.

Dans certains milieux, on aurait même tendance à réprouver celui qui désire aller plus loin, plus haut, comme s'il s'agissait d'une trahison. Il lui faut alors se battre, non seulement contre la pauvreté, mais aussi contre les idées reçues de son entourage. Ces jeunes gens commencent modestement leur vie professionnelle, mais ils déploient une énergie remarquable pour saisir toutes les occasions de progresser – et même, ils les suscitent. Ils ne négligent aucun des chemins pouvant les conduire à l'accomplissement dont ils rêvent, s'élevant peu à peu jusqu'à des postes bien éloignés de celui de leurs débuts. Leurs supérieurs leur reconnaissent des qualités de ténacité, de persévérance, un dynamisme certain, mais ils ignorent l'effort qu'ils doivent fournir pour étudier le soir, après une journée de labeur, ils ne peuvent imaginer leur angoisse quand ils doivent passer un examen, se voient confier un poste jusque-là occupé par des gens largement diplômés et plus sûrs d'eux, ou paraître à l'aise alors qu'ils appréhendent la maladresse qui trahirait leur origine à un moment inopportun.

De tels employés – intelligents, travailleurs et suffisamment ambitieux pour ne pas ménager leur peine – sont un trésor pour la société qui les emploie ; certaines l'ont bien compris, qui favorisent la progression de collaborateurs de ce genre en leur payant des cours ou des séminaires aussi épuisants que passionnants. Celui qu'on qualifie d'« ingénieur maison » reste fidèle à son entreprise, tant par reconnaissance que parce que son statut ne serait pas forcément pris en compte ailleurs. Mais son savoir-faire, acquis à force d'expérience, de patience, de travail et de veilles, est incomparable.

Ces adultes doués sans en avoir jamais pris conscience ont tout de même bénéficié d'un peu de chance ; mais c'est leur travail considérable, conjugué à un équilibre à toute épreuve et à un goût pour la vie qui les pousse à avancer sans cesse – avec cet élan propre à ceux pour qui l'effort couronné de succès est un bonheur véritable –, qui a fait de leur parcours une belle histoire.

Les fées sont plus défaillantes quand l'enfant doué naît dans une famille qui ne reconnaît pas ses dons, qui le juge de façon très défavorable, mais qui paie à ce crétin de fils des écoles très chères chargées de lui procurer malgré tout une situation acceptable. (S'il s'agit d'une fille, on sera moins appliqué à lui permettre de poursuivre des études, puisqu'elle semble tellement récalcitrante au travail : dans son cas, ce n'est pas très grave, les conséquences de son échec seront de peu d'importance.) Quoi qu'il en soit, il subsistera toujours un conflit entre parents déçus et enfant peu méritant.

Adulte, celui qui a tant déçu se sent encore inférieur ; il a honte de ses déficiences et, surtout, il se sent coupable. Le sentiment de culpabilité, propre au genre humain, a fait naître chez cet enfant en situation scolaire difficile le sentiment d'avoir manqué à ses devoirs, à ce qu'il aurait dû être, à ses rêves aussi, et il s'en arrange comme il le peut. Être le « raté de la famille » n'est jamais très confortable. Tracer sa propre voie lui est bien plus difficile que pour ses frères et sœurs, qui s'attendent toujours à le voir échouer, quelle que soit son entreprise.

Les fées se sont montrées plus avares encore avec ces adultes qui ont suivi une voie un peu terne, sans éclat, sans drame marquant non plus. Ils ont reçu l'intelligence, mais comme un trésor enfermé dans une boîte dont on aurait perdu la clé ; seuls quelques éclats subsistent, comme de discrets signaux, quasi indétectables.

Ils réussissent moyennement, restant nettement en dessous de ce qu'ils auraient pu accomplir ; ils n'ont jamais connu d'échec scolaire dramatique, se sont contentés de se maintenir dans une médiocre moyenne, s'en tenant à une « honnête réussite » qui ne risquait pas de les différencier à l'excès des autres enfants. Chez eux, le souci de conformisme l'a emporté, sacrifice consenti sur l'autel d'une vie sociale sans problème : depuis longtemps, ils ont pris l'habitude de ne pas exprimer trop ouvertement leurs émotions, toujours mal comprises, et savent que parler sincèrement peut déclencher une avalanche de réactions agressives, violentes, plus sûrement blessantes que l'arme la plus offensive.

Rêveur, ailleurs, toujours en décalage par rapport aux autres, l'enfant qu'ils ont été a ressenti en permanence l'impossibilité de se retrouver au même niveau que ses camarades, dans quelque domaine que ce soit. Devenu adulte, il ne sait toujours pas comment se situer, et ses relations amicales en souffrent. Il est avec des amis, il rit avec eux, il goûte leurs plaisanteries, il en tente même quelques-unes et, tout à coup, un mur se dresse. Voilà qu'il ne rit plus, même en se forçant. Il se sent coupable de tant de distance, il irait jusqu'à s'inquiéter de cette « anormalité », et les autres ne se privent pas de lui faire sentir la bizarrerie de sa conduite. On le dit hautain, lunatique, inconstant, peu fiable – rien de bien sympathique.

Pourtant, sa bonne volonté n'est pas en cause : il est même le premier à se désoler de cette coupure. Il préférerait, de loin, continuer à rire avec les autres, sans arrière-pensée ; mais ce mur ne se laisse pas franchir, il reste opaque, désespérant parfois.

En retrait, en marge, jamais complètement dans un groupe, mais rarement tout à fait à l'écart, parce qu'il s'efforce de rester inséré, de donner le change, cet adulte demeure incompris, sans en avoir lui-même conscience, puisqu'il n'a pas connu véritablement d'autre état. Il peut même imaginer que c'est là le lot commun de l'humanité : « Que l'homme se rappelle que les jours sombres seront nombreux, tout ce qui vient est vanité. » Ou encore : « La course ne revient pas aux plus rapides ni la lutte aux plus forts. Il n'y a pas de richesse pour les intelligents ni de faveur pour les savants, car le temps de la malchance leur arrive à tous. » *(L'Ecclésiaste.)*

L'image qu'il a de lui-même reste floue ; à son travail, il occupe souvent un poste subalterne, parce qu'il n'a pas poussé ses études. Et puis, même s'il a choisi une voie qui ne lui déplaisait pas, il s'est contenté du minimum indispensable pour exercer son métier. Dans l'état d'esprit qui est le sien, il n'a pas intérêt à se montrer trop brillant : ses collègues le jalouseraient, ses chefs s'attribueraient ses mérites – ou bien le mettraient sur une voie de garage, où il ne ferait d'ombre à personne. Si ses supérieurs sont en position de lui attribuer des notes, elles seront curieusement basses. Passer des examens pour progresser dans la hiérarchie, devenir, à son tour, un petit chef ne le tente pas non plus : le courage lui manque, il n'a pas envie de se retrouver « à l'école », lui qui n'en garde pas de si bons souvenirs.

Là encore, il est en décalage : les autres se rappellent de franches rigolades, parfois aux dépens d'un professeur ou d'un camarade. Lui garde en mémoire les moqueries qu'il affectait de ne pas entendre, les moments où on le laissait de côté, les plaisanteries qui ne le faisaient pas rire. Il revivrait plutôt sa rencontre avec un adulte passionné, un professeur enthousiaste qui lui a ouvert des mondes ignorés. Il a rêvé de Maracaibo, des îles Sous-le-Vent, il a imaginé Alpha du Centaure, Cassiopée, Andromède, *Le Bateau ivre* l'a entraîné au loin, et il se souvient encore de son excitation joyeuse quand il a découvert les intégrales, le calcul différentiel, le mouvement des satellites, l'atome. Son émotion est toujours vive quand il évoque l'image de Néfertiti ou celle d'Hélène de Troie. Mais ces souvenirs sont des secrets délicats à partager.

L'amitié était rare pour l'adolescent qu'il a été, c'est un diamant qui brille d'un éclat particulier, mais tellement difficile à trouver ! Dans son enfance, il lui semble avoir traversé des contrées cachées, presque ignorées, et il souhaite, plus que tout, rencontrer ceux qui ont pu hanter les mêmes univers. Ils n'en parleront pas abruptement, mais ils sauront, chacun de son côté, qu'ils ont frôlé les mêmes mystères, dans un sentiment de complicité à peine ébauché. Ce sont des choses dont on ne peut parler directement sans les défigurer, que ceux qui ne sont jamais partis ne peuvent pas même concevoir – ils pensent, au contraire, qu'il s'agit d'inventions, de folies, d'aberrations, et qu'on leur raconte n'importe quoi.

Cet adulte ne peut se former une image claire de lui-même : on lui a renvoyé celle d'un enfant distrait, presque indifférent, alors qu'il devait se protéger sans cesse, sans jamais baisser sa garde, des attaques imprévisibles qui le touchaient profondément. Il demeure un mystère pour lui-même, autant que pour les autres.

DU MALAISE À LA RÉVÉLATION

Lui a l'impression d'être depuis longtemps en deuil, sans même savoir de quoi : il a été idéaliste, comme tous les adolescents, mais lucide aussi, et ce sont là deux traits qui ne s'accordent pas très bien ; il lui a fallu s'endurcir pour supporter les petites meurtrissures de la vie quotidienne ; il s'est, tout à coup, découvert différent, sans comprendre les causes de cette mutation – envolés ses rêves secrets d'accomplissement prestigieux, disparu son bonheur d'explorateur du savoir, anéantie son exaltation à l'idée de ce qu'il pourrait réaliser.

Ce deuil peut avoir commencé très tôt, dès la maternelle ou lors d'un redoublement considéré comme injuste.

Certains adultes, entendant l'histoire d'enfants ayant fait l'objet d'un blocage de ce type, sentent ainsi se réveiller en eux l'écho lointain d'expériences similaires : ils ont alors la révélation des raisons qui les freinaient brutalement ; ils comprennent pourquoi ils ont arrêté trop vite leurs études, même si, à l'époque, ils avaient justifié cet arrêt de façon apparemment rationnelle. Ils découvrent qu'ils se sont ingéniés à limiter leurs ambitions, même s'ils donnaient l'impression d'une réussite satisfaisante. Parfois, ils ont poursuivi leurs travaux au-delà de cette limite implicite, mais c'était au prix d'un effort démesuré et dans un état d'angoisse à peine supportable.

Ils se sentent en fait semblables à celui qui recevrait de l'argent en quantité, mais qui hésiterait tout de même à fréquenter une société choisie, craignant de ne pas savoir comment s'y comporter et de s'y voir humilié par la révélation de ses origines modestes, provoquant l'effarement offusqué des habitués. Il est bien plus sage de dire « Ce n'est pas pour moi, tout ça ! » et de respecter ainsi un ordre prétendument immuable.

L'évocation des conséquences, souvent dramatiques, d'une simple humiliation subie en maternelle peut paraître disproportionnée, ridicule par son exagération, comme si on inventait une histoire triste afin d'attendrir les lecteurs sur le sort des enfants doués qui se sont heurtés trop tôt à l'incompréhension des autres. Et pourtant, s'il n'est pas question de faire porter la responsabilité de ce gâchis à un seul adulte – parce qu'il aura été, à son insu, maladroit ou brutal –, il serait impardonnable de laisser de côté ceux qui ont suivi un parcours de ce type.

Il faut aussi redire tout le mal que peut causer une décision de redoublement, vécue comme arbitraire. Elle a provoqué une blessure si profonde qu'elle n'a jamais pu cicatriser. Quelque chose est mort à ce moment-là : une certaine confiance dans l'adulte, un espoir mis dans l'école, considérée comme un temple où les merveilles de la connaissance allaient être dispensées, une idéalisation des professeurs qui « savaient », qui ne pouvaient pas se tromper et qui ont décidé que cet élève-là n'était pas digne de passer dans la classe supérieure. Ce fut comme un rejet dans les ténèbres extérieures, et l'enfant doué ne s'en est jamais remis. L'amertume lui a laissé un goût qui ne peut s'effacer. On lui a irrémédiablement volé une année, et la plus brillante des réussites ne parviendra pas à faire disparaître ce souvenir douloureux des décennies après.

■ Un jeune homme a rêvé, au cours de sa thérapie, qu'il se voyait mort et il a associé ce rêve à un redoublement qu'il avait très mal vécu.

Cette impression de rejet ressentie à un âge très tendre, avec le sentiment d'une difficulté à rentrer dans le flot normal de la vie, a fait naître un malaise tel que l'enfant ainsi spolié s'est endormi, s'enfonçant dans un désintérêt de plus en plus grand. Chez l'adulte, ce lent enlisement entraîne une attitude constamment distante : les événements perdent de leur intensité, il lui semble être obligé de se forcer pour paraître vif, alerte, dynamique – lui dont la vivacité d'esprit peut être fulgurante et la logique d'une éblouissante clarté. Malaise, deuil, renoncement, et surtout culpabilité se fondent dans un engourdissement qui l'apaise un peu. C'est la culpabilité qui le tourmente le plus douloureusement : vis-à-vis de lui-même, qui a trahi l'enfant passionné, mené par ses rêves vertigineux, et vis-à-vis de l'entourage, déçu de voir s'éteindre si tôt des qualités qui paraissaient si prometteuses.

Il a tant entendu : « Paresseux, tu ne t'intéresses à rien ! » « Tu es méchant, puisque tu fais de la peine à tes parents ; d'ailleurs, tu peux avoir de bonnes notes, quand tu veux ! » « Tu refuses de travailler, on se demande ce que tu as dans la tête... » Sans oublier les « Et tu es menteur, en plus ! » quand il s'efforçait de dissimuler le plus longtemps possible ses notes honteuses. On lui reprochait aussi – on le lui reproche toujours – d'être rêveur. Ah oui ! rêveur, certainement, avec l'habileté du magicien qui réussit de façon fulgurante et la maladresse de celui pour qui la réalité ressemble souvent à un mirage, impossible à saisir.

Ce serait pour ne pas faire mentir ces voix, qu'il n'a cessé d'entendre en lui-même, voix pleines d'autorité et de certitudes, que l'adulte qu'il est devenu se saborde subtilement : il ne saisit pas les perches qu'on lui tend, il laisse passer les occasions, au dernier moment il s'esquive, avec de fausses bonnes raisons. Pour éviter de s'entendre dire : « Vous avez bien de l'audace, dans votre situation, de songer à vous présenter à ce poste, à cet examen, à ces cours, vous ne vous rendez pas compte de votre niveau… » Mieux vaut rester en retrait, se terrer et se résoudre à décevoir ceux qui tentaient de l'aider. Pour que cette aide soit efficace, il faut avant tout retrouver la trace du choc premier – trace tellement enfouie, oubliée et niée qu'il est ardu de la détecter ; on démontera ensuite les mécanismes qui ont entraîné cet échec pour faire remonter à la mémoire l'image plus flatteuse du bon élève d'autrefois.

Il convient de rappeler qu'on ne sait jamais qu'on est intelligent : les problèmes où d'autres se noient paraissent d'une grande simplicité, il n'y a donc aucun mérite à les résoudre, puisqu'ils ne sont pas difficiles. Si les autres peinent, ils doivent avoir de bonnes excuses – ils ont été distraits, préoccupés, peu intéressés, mais certainement pas défaillants intellectuellement face à une difficulté si minime. On ne peut pas se penser intelligent quand on mesure ses propres faiblesses avec la lucidité aiguë du surdoué, qui ne lui permet aucun aveuglement. L'exercice de l'intelligence est si aisé, il s'agit presque d'un jeu ; alors, où est le mérite et d'où vient que les autres soient si lents ? La faute est sûrement du côté de celui qui se distingue.

Quand des parents, venus consulter pour leur enfant, entendent le portrait qui en est fait, ils se reconnaissent souvent. Ils disent, dans un éclair de joie subite : « Mais j'étais comme ça, moi ! » Une clé leur est donnée, sans qu'ils s'y attendent, qui leur permet de mieux comprendre leur parcours et de se réconcilier avec eux-mêmes. Depuis longtemps, ils avaient pris leur parti de cet inconfort latent, impossible à décrire, à cerner, auquel on finit par s'accoutumer parce qu'on n'a pas le choix et qu'il n'y a pas de remède connu. Cette porte entrouverte peut laisser passer quelques lueurs d'espoir : l'enfant meurtri dont ils reconnaissent la description n'était pas un être à part, un peu anormal, contraint de cacher les manifestations de sa personnalité si particulière.

L'adulte étonné, qui ne s'attendait pas à cette tardive révélation, retrouve une nouvelle énergie : il s'écoute davantage, se permet d'exprimer ses sentiments – parfois, aussi, la passion qu'il avait si soigneusement refoulée tout au fond de lui et qu'il va s'autoriser désormais à satisfaire. On l'a vu, l'enfant doué est toujours passionné, mais il a souvent très tôt enfoui ses élans, parce qu'ils auraient été mal compris. Quand ils s'expriment enfin, tout un pan de la personnalité s'éclaire, et cet accomplissement est un bonheur pur. Cela peut d'ailleurs revêtir des formes modestes, satisfaites à peu de frais : chercher les champignons les plus rares, les minéraux les plus beaux, apprendre à identifier le moindre cri ou chant d'oiseau... Si parents et enfants peuvent à cette occasion se retrouver sur un point d'intérêt commun et poursuivre de concert de telles explorations, leurs relations connaîtront une embellie bienfaisante.

Il arrive aussi que la révélation de son intelligence incite un adulte malmené à reprendre ses études ; il manifeste enfin l'appétit de savoir qu'il avait refoulé si longtemps, il trouve ainsi un nouvel équilibre, qui lui fait prendre la mesure de son inconfort passé, jusque-là vécu comme définitif. On peut considérer cette découverte comme un merveilleux cadeau reçu, certes, un peu tard, mais un cadeau tout de même : une richesse insoupçonnée, un pouvoir qu'on ne se connaissait pas, une capacité à exercer des qualités dont on était doté à son insu, une liberté d'agir tout de même plus grande, puisqu'on peut explorer des voies inédites.

On ne peut que se féliciter, à ce propos, de la politique de certaines entreprises, mais surtout de la Fonction publique, qui permettent et parfois encouragent le retour aux études de tels salariés, auxquels on conserve leur poste et un salaire acceptable pour toute la durée de leur cursus. Avantage non négligeable, ils changent ensuite de catégorie et apprécient comme on l'imagine un travail plus intéressant, de nouvelles responsabilités, le tout agrémenté par la reconnaissance officielle de leurs capacités. Ils ont ainsi effacé le souvenir des frustrations et des humiliations passées.

■ Jean-Claude a 30 ans quand il entreprend une thérapie, sur les conseils d'amis alarmés par un état dépressif qui va en s'aggravant. Il occupe un poste subalterne, où il est d'autant plus mal considéré qu'il ne s'y sent pas lui-même à sa place – il n'a d'ailleurs pas la moindre idée de la place qui lui conviendrait, tant il est brouillé avec son image. Par bonheur, il mène cette triste existence au sein d'un ministère, où, comme le lui a conseillé son thérapeute, il a le loisir de reprendre des études sans trop de dommage financier.

Dès qu'il a pu se réconcilier avec le petit garçon qu'il était, en perpétuel décalage, redoublant ses classes sous les prétextes les plus divers et souvent les plus absurdes, il a trouvé en lui une énergie insoupçonnée, explorant avec délices les arcanes du droit. Il a pu ensuite mettre ses talents révélés au service du ministère qui lui avait fait confiance.

QUITTER LA SPIRALE

Jusqu'ici nous avons évoqué des histoires d'adultes indiscutablement mal à leur aise, mais qui se sont, tant bien que mal, construit un mode de vie acceptable leur permettant de goûter, durant quelques instants fugaces, aux joies de l'existence. Ils y puisent la force de continuer leur chemin aride. D'autres, plus malmenés par le sort, rencontrent beaucoup plus de difficultés.

Certains ont éprouvé très jeunes les effets d'une spirale perverse, dramatique et impossible à maîtriser, qui entraîne les enfants dans un circuit cauchemardesque, pour aboutir à leur prêter tous les aspects d'une peur de la persécution.

Très tôt, l'enfant doué se sent incompris, voire rejeté, sans qu'il sache comment modifier cette situation. S'amorce alors, nous l'avons dit, un mécanisme féroce, au cours duquel ce sentiment pénible va, tout naturellement, déclencher chez lui une réaction de défense destinée à atténuer sa souffrance. Cette réaction lui apparaît vite indispensable, car il redoute d'être exposé sans armes aux critiques, aux moqueries, au renvoi d'une image de lui-même où il ne se reconnaît pas, mais que tous les autres adoptent dans un bel ensemble, sans que quiconque songe à la contester. Or, un enfant aussi fermé, aussi secret, va attirer encore davantage de railleries : il peut en conclure que c'est là son lot, qu'il ne connaîtra pas d'autres modes de relation, puisqu'il ne sait même pas lui-même comment procéder pour modifier son quotidien, dont il est le seul à souffrir. Au demeurant, cet enfant qui ne ressemble à nul autre a bien cherché sa situation inconfortable : il ne tient qu'à lui de se comporter comme ses camarades, et tout ira très bien.

Que peut penser un enfant confronté à cette situation, sur laquelle il n'a aucune prise ? Il va croire que le destin l'a conduit là et qu'il doit subir son sort et s'en accommoder. S'il se révolte, il aggrave son cas ; s'il pleure, cela fait rire ; s'il se déprime, c'est toujours avec la discrétion des enfants lorsqu'ils traversent de grands drames.

Le spécialiste consulté ne sera pas forcément d'une grande aide : il va rechercher dans son expérience passée une situation analogue, et, même si tout ne concorde pas exactement, il va conclure à une banale histoire œdipienne, par exemple, puisque cet enfant en souffrance cherche du réconfort auprès de ceux dont il sait être le mieux compris : ses parents. S'il s'agit d'un garçon, de surcroît privé de son père, ou dont le père est absent, ou dont on s'appliquera à faire un absent, pour que tout concorde, l'explication devient lumineuse : cet enfant mûr, responsable, soucieux du bien de son entourage, se voit taxé d'un défaut de maturité, qui fait encore plus rire. C'est le chouchou de sa maman, qui a peur de tout dès qu'il la quitte. Les filles s'adapteraient mieux, du moins en apparence ; mais on trouvera bien aussi, dans leur cas, une explication fondée sur une régression manifeste.

Tous ces enchaînements sont vécus, subis, dans une certaine indifférence. L'enfant doué, devenu adulte, va craindre en permanence ce rejet impitoyable, qui le laisse sans recours. Il va s'y attendre avec tant de résignation qu'un interlocuteur, pour peu qu'il soit habité d'un désir de puissance, flairera cette faille et s'y engouffrera avec le plaisir violent que procure la satisfaction d'une pulsion longtemps refoulée. Le couple persécuteur-persécuté ira dès lors son chemin, avec tous les dégâts que cela suppose : les années renforceront ces nœuds, de plus en plus serrés et douloureux, jusqu'à devenir trop contraignants pour être encore supportables.

On continuera, néanmoins, à affirmer que cette victime a choisi elle-même son sort et qu'elle a bien cherché ce qui lui arrive. C'est son attitude provocatrice qui a inspiré celle de l'autre : la preuve en est que ce prétendu persécuteur est très bien considéré, qu'il a un grand sens de la hiérarchie et qu'il sait reconnaître l'autorité quand il y est confronté.

■ Monique a dû se plier à des ordres contradictoires, d'une exigence excessive, concernant des activités dérisoires et dénuées d'intérêt, et que sa supérieure justifiait par une volonté de la protéger, de la guider, elle, si faible et si maladroite.

Monique n'était ni faible ni maladroite, mais complexée par un parcours scolaire difficile, beaucoup trop bref au regard de ses capacités réelles. Sa « chef » se plaisait à lui renvoyer l'image de l'adolescente peu douée qu'elle croyait avoir été – et ce, bien qu'elle eût plus de 40 ans. Monique pleurait en cachette, tombait souvent malade, mais ces malaises eux-mêmes étaient interprétés comme des marques supplémentaires de sa fragilité.

Du jour où elle a compris qu'elle s'était laissé prendre au piège du couple persécuteur-persécuté et qu'elle y tenait la mauvaise place, c'est avec le plus grand détachement qu'elle a observé sa supérieure s'acharnant à lui lancer des flèches dont le poison était désormais dépourvu de nocivité.

Un autre cas dramatique, malheureusement très fréquent, est celui de l'enfant doué qui a été en échec scolaire et n'a jamais pu remonter la pente. Rappelons que, pour lui, il s'agit d'une catastrophe qui le frappe de stupeur : il lui semble être la victime d'un maléfice qui le rend impuissant.

Ce serait comme une maladie foudroyante, qui l'aurait brutalement frappé, le privant de ses dons. L'or qu'il avait dans les mains s'est transformé à son insu, malgré lui ; il sombre alors dans un état de désespoir absolu.

On peut penser que certains ne se sont jamais remis du choc éprouvé à ce moment ; ils semblent vivre depuis à la surface d'eux-mêmes, préférant ne pas se pencher sur leur propre histoire, comme s'ils avaient glissé dans un gouffre aux parois trop lisses, impossibles à remonter. Mieux vaut se désoler dans ce fond embourbé plutôt que de tenter une sortie : il n'y a pas d'issue et on retombera, encore plus endolori qu'avant, à cause de l'étincelle d'espoir qui avait fugitivement brillé là-haut.

Oublier cette chute, essayer de la rationaliser, chercher des compensations : toutes ces réactions de refoulement des symptômes sont de peu d'effet sur une telle atteinte de soi. Dès ce moment, son image devient tellement négative qu'il n'est plus possible de la reconstruire aisément. Il faudra beaucoup d'amour et d'attention pour retrouver la trace de l'enfant d'autrefois, si vif et si imaginatif.

Reconstruire

Quand on évoque le devenir particulièrement dramatique des enfants doués qui s'adonnent à la violence, à la difficulté de vivre, adoptant des conduites extrêmes, il s'agit souvent de ceux qui ont connu un échec scolaire profondément traumatisant.

Leur besoin d'absolu, leur désir passionné de pousser toute aventure jusqu'à ses limites, ne tiennent plus compte du cadre de la loi, puisque cette loi et ses représentants les ont rejetés, déconsidérés. Auparavant, ils pensaient ne jamais aller assez loin dans les connaissances abordées, voulant toujours en savoir plus, élargir leur vision ; maintenant, cette avidité les tourmente sans trouver d'aliment à sa mesure. Si l'adolescent en échec intériorise sans s'insurger l'image décevante qu'on lui renvoie, il en éprouve une rage douloureuse, qu'il n'a d'autre choix que de retourner contre lui, puisqu'on lui répète qu'il est seul responsable de cette « déchéance ».

L'immense agressivité qui lui broie le cœur ne s'exprime pas immédiatement : elle cherche une issue de secours, se fixant surtout sur les parents, comme s'ils étaient seuls capables de lever cette malédiction par des paroles compréhensives et réparatrices. Cet ouragan intérieur aboutit parfois à une attitude ambivalente, faite à la fois de dépendance très forte vis-à-vis des parents – puisqu'il y a toujours l'attente anxieuse et éperdue d'une reconnaissance de leur part, à la manière d'un tout petit enfant guettant, sur le visage de sa mère, le sourire approbateur qui signifiera qu'il s'est bien comporté – et de colère folle, provoquée par la conscience de cette dépendance.

Excessifs, entiers, blessés d'irrémédiable façon, les jeunes adultes qui ont vu leur évolution barrée par cette chute fatale ne savent plus rien d'autre que se livrer à des provocations, sans autre idée que de se mettre à l'épreuve, pour voir jusqu'où ils sont capables d'aller et quelles sont les limites qui, cette fois encore, les arrêteront. Pour un adulte responsable de lui-même, les limites sont claires : ce sont celles de la réalité sociale, physique, de la résistance que l'on peut opposer aux dégradations que l'on s'inflige. La passion devient source de démesure, avec toutes les conséquences parfois tragiques que cet excès entraîne.

Cette issue n'a rien d'inéluctable : le jeune adulte en détresse peut tenter de comprendre ses parents, eux aussi blessés et déçus, et leurs réactions parfois trop violentes, sans se bloquer dans une rancune rageuse et stérile. Il peut songer à reprendre possession de son image, à en devenir maître, sans en quêter sans cesse le reflet dans le regard des autres – qui peuvent être indifférents, préoccupés par leur propre histoire ou, plus sordide, pas mécontents d'assister à la chute de celui qui leur faisait de l'ombre. Il n'y a pas de fatalité, mais, pour user de cette liberté qu'il ne se croyait plus autorisé à exercer dans ce domaine de l'accomplissement de soi, il a besoin de récupérer toutes ses forces, de la même façon qu'on se bat contre une grave maladie. Cette fois, il doit lutter contre la dépression, contre la tristesse, contre une affliction profonde, tous sentiments qui enfoncent, désespérément semble-t-il, celui qui voudrait réagir, alors que c'est l'énergie vitale qui a été déviée et qui exerce son pouvoir destructeur.

Pour alimenter cette énergie de façon positive, il est nécessaire de soutenir un élan durable, par exemple en usant de ses dons dans un domaine éloigné des activités ordinaires, professionnelles ou non. Se permettre des échappées que seule l'imagination sait créer, si l'environnement est trop contraignant, et trouver là une image de soi enfin cohérente – que l'on puisse regarder avec plaisir, et même fierté – aide à s'attacher à la piste essentielle, pour se reconstruire avec lucidité et aller ensuite de l'avant, quand on aura renoué avec l'enfant idéaliste et rêveur qui croyait que tous les chemins s'ouvriraient devant lui. La passion permet alors d'achever à la perfection une tâche entreprise et de reléguer au plus loin l'image nocive du mauvais élève.

C'est avec surprise qu'on entend des personnes dont la réussite sociale et professionnelle est incontestable raconter leur scolarité difficile : non seulement elles ont redoublé, mais elles ont aussi été « orientées » vers des classes techniques, bloquant tout rêve d'accomplissement. Un professeur particulièrement attentif et une intense énergie, qu'on pourrait qualifier d'« énergie du désespoir », leur ont insufflé la force nécessaire pour reprendre un parcours davantage en accord avec leurs qualités.

■ Un avocat, au talent reconnu, raconte comment il fut orienté vers le métier de chauffagiste, à l'instigation d'un professeur principal sûr de son diagnostic : « Élève peu doué, ne peut envisager d'études supérieures. »

Des années plus tard, déjà bien installé dans sa profession de juriste, il rencontre son ancien professeur, auquel il confie avec astuce qu'il sort justement d'un immeuble au chauffage défaillant. Mais il ne résiste évidemment pas au plaisir de lui raconter ensuite son parcours, escomptant quelques félicitations pour cette réussite inattendue. Un « Ah bon ! » parfaitement neutre sera pourtant l'unique commentaire de son interlocuteur, vexé de se voir pris en défaut de jugement.

■ Un excellent médecin se souvient encore, avec un frisson d'effroi rétrospectif, de l'année passée en comptabilité et du sentiment d'accablement qu'il éprouvait alors à l'idée de la sombre perspective qui s'ouvrait à lui, jusqu'au moment où un professeur perspicace reconnut ses dons et l'aida à reprendre une filière d'études plus classique.

Le désespoir ouvre la voie aux audaces les plus perverses et les plus dangereuses, mais il bloque l'audace intellectuelle, la plus enrichissante de toutes. C'est elle qui guide les chercheurs, qui inspire les créateurs, qui donne l'assurance indispensable à celui qui s'avance sur des routes inexplorées ; elle est alimentée par la curiosité d'esprit et par le plaisir de la découverte. Mais, surtout, c'est elle qui procure l'énergie nécessaire pour vaincre les obstacles.

QUESTION DE LIBERTÉ

Parallèlement à cette audace – plus facile à mettre en œuvre pour ceux qui ont été des enfants doués –, il me paraît essentiel d'évoquer un autre point, à mon sens tout aussi vital, et particulièrement quand on parle d'êtres très intelligents : la *liberté de choix*.

On entend fréquemment dire d'un individu ayant agi de façon répréhensible qu'il n'avait pas le choix des conduites : certains éléments de son passé, certaines composantes de son environnement et l'histoire même de sa vie le menaient inexorablement à la chute. Considérer cet enchaînement comme inéluctable revient à penser que l'homme ne dispose d'aucune liberté : il serait soumis, dès sa naissance, aux pressions de son entourage, qui le modèle à sa guise, ou qui ne le modèle pas du tout, laissant le hasard des rencontres effectuer ce travail.

Ce type de raisonnement peut être contesté, des explications opposées pouvant justifier un même comportement, des situations similaires provoquer des attitudes contradictoires. Ainsi, selon ce que l'on veut démontrer, on arguera qu'un brillant sujet né dans un environnement idéal n'a eu qu'à suivre naturellement la pente familiale pour devenir un bon élève sans mérite, qui a développé son intelligence parce qu'il n'avait pas d'autre choix et a exercé son corps bien nourri aux sports qui lui plaisaient sans forcer sa nature : il s'est contenté de remplir son devoir d'enfant de bonne famille, et il ne lui a rien coûté d'exercer des qualités telles que la détermination, la persévérance, l'assiduité dans le travail ; elles étaient innées chez lui. A moins qu'un cadre identique ne soit jugé responsable de l'avènement d'un être mou, veule, sans énergie ni idéal, ratant sa vie par manque de goût, parce que ses parents étaient trop riches, son père trop autoritaire, sa mère trop faible : dans ces conditions désastreuses, il n'a donc pu développer sa personnalité ni affirmer son caractère.

On trouvera ainsi toutes les excuses à l'enfant d'une mère alcoolique bientôt déchue de ses droits, ou dont le père est inconnu, ou bien également alcoolique, ou encore en prison pour vol, violences, viols... Pourtant, une telle tragédie n'engendre pas systématiquement un naufrage personnel.

Si la destinée d'un individu était fixée par ses premières années de vie, on ne pourrait concevoir que des enfants, nés dans les conditions les plus défavorables, soient sérieux, responsables, autonomes.

Tout jeunes, ils ont déjà parfaitement conscience des difficultés de leur famille. Quand ils sont finalement placés au loin par décision d'un juge, ils commencent par se tourmenter pour leur mère, laissée seule dans un état navrant, maintenant qu'ils ne sont plus là pour la protéger. Il arrive qu'ils prennent tellement à cœur ce rôle de protecteur et de soignant qu'ils sombrent dans une véritable dépression quand il leur semble manquer à leur mission. Une fois rassurés, ils peuvent apprivoiser leur nouvel environnement et ils se mettent à travailler très sérieusement en classe, pour rattraper le temps passé à soigner leur famille en détresse. Ils comprennent vite que la réussite sociale passe par de bons résultats scolaires et que c'est là leur seule issue ; peu soucieux de connaître le même désastre que leurs parents, ils n'ont pas l'intention de la négliger. Ils n'atteignent sans doute pas le niveau qui aurait été le leur s'ils avaient suivi une scolarité sans aléas, mais ils manifestent un dynamisme qui leur permettra de réaliser, en partie, leur ambition.

Des parents totalement irresponsables peuvent engendrer des enfants sérieux, sages et réfléchis, qui les prennent très tôt en charge, qui les soignent quand l'alcool altère leur santé ou que leur personnalité faible et fragile s'égare un peu trop loin, et qui s'occupent de surcroît des cadets quand leur mère en est incapable.

Ne peut-on dire alors que la liberté de choisir sa propre route a été pleinement exercée, dans une démarche personnelle et sûre, qui vient du plus profond de l'être ? Les misères et les horreurs qui l'entourent accroissent encore la détermination de l'enfant ; ce marasme accentue son désir de trouver par lui-même l'air et le soleil qui embelliront sa vie. Il a pris du malheur la leçon la meilleure : il saura éviter les conduites absurdes et tentera de toujours garder en main les rênes de sa vie. Peut-être aussi désire-t-il réussir pour protéger plus efficacement ses parents... Car il ne faut pas oublier que cette mère, si déchirante dans sa déchéance, est avant tout celle qui lui a donné la vie : elle a fait ce qu'elle a pu et doit être remerciée pour ce don trop mince, trop nu, mais inestimable.

■ Jean, 8 ans, vit seul avec sa mère ; il dort dans le même lit qu'elle, le plus souvent ivre morte. Il arrive qu'elle se blesse en trébuchant sur les bouteilles vides : elle explique ses marques par une agression subie à son domicile. Jean s'occupe d'elle, la soigne, fait les courses et la cuisine, laisse la télévision allumée pour être sûr de se réveiller et de ne pas arriver en retard à l'école, qu'il aime tant et où il travaille très bien.

Un jour, sa mère fait une tentative de suicide qui nécessite son hospitalisation. Jean est alors placé dans une institution, d'où il continue à se soucier de sa mère, désormais privée de ses soins attentifs, au point que ses résultats scolaires s'en ressentent.

■ Corinne ne peut s'empêcher de pleurer dès qu'on l'éloigne de sa mère, vivant dans un environnement dangereux pour une enfant et trop dépressive pour prendre véritablement soin de sa fille. Corinne se ronge d'inquiétude en pensant à elle, esseulée, et à sa petite sœur, qu'elle adore ; mais on la juge attachée uniquement de façon régressive à cette mère peu fiable, alors qu'elle pense être indispensable à la protection de celle-ci.

Il faudra un long travail thérapeutique pour que Corinne admette que sa mère est une adulte, capable de se prendre en charge, et que son devoir de petite fille est de consacrer ses forces à la réussite de ses études – pour lesquelles, une fois rassérénée, elle se révélera très douée – et à la construction de sa personnalité afin de devenir une adulte accomplie, dotée de suffisamment d'armes pour tracer sa voie dans la vie.

Ces enfants sont capables de s'appuyer sur les aides les plus frêles, ils puisent dans la plus légère assistance un regain de force, savent discerner ceux qui peuvent les soutenir et reconnaître les bienfaits qu'ils en tirent. Adolescents, ils sont travailleurs, appliqués, soucieux de leur réussite, aidés par un don intellectuel certain – mais on leur aurait certainement trouvé toutes les excuses s'ils avaient négligé cet atout.

Cette volonté de prendre sa destinée en main se rencontre partout, y compris chez des parents très démunis, venus de pays où ils n'ont parfois pratiquement pas suivi de scolarité ; mais ils avaient le goût du savoir et la curiosité intellectuelle qui leur ont permis de maintenir leur intelligence en éveil : ils pousseront leur enfant, au prix de sacrifices financiers s'il le faut, afin de faire fructifier ce don qu'ils possédaient aussi, mais qu'ils n'ont pu alimenter comme ils en auraient eu le désir.

Parfois, la colère peut renforcer encore cette énergie : colère contre un père qui ne veut pas comprendre son enfant, qui le soupçonne d'une ambition démesurée et qui voudrait l'obliger à marcher sur ses traces ; colère contre des camarades d'un milieu plus aisé, peu charitables pour celui qui s'était égaré parmi eux. Cette colère doit rester tempérée ; trop empreinte de revanche, elle serait de mauvais conseil, génératrice d'actions mal dirigées, parce que trop passionnelles.

Ces combats appliqués à préserver l'indépendance d'esprit, ce désir de se forger soi-même son destin, même au prix d'un travail épuisant, fastidieux, avec des moments de découragement et des accès de faiblesse prouvent, à l'évidence, que la route n'est jamais complètement tracée à l'avance. Souvenons-nous de l'histoire d'Hercule, à la croisée des chemins, entre le vice et la vertu. S'il avait choisi « la route la plus agréable et la plus facile, où il n'est pas de plaisir auquel il ne goûterait... », aurait-il gagné sa gloire immortelle ? Il s'est décidé pour l'austère vertu, qui ne lui cachait pas les difficultés à venir. Son histoire reste exemplaire, sans doute parce qu'elle correspond à une idée profondément ancrée dans l'être humain : la liberté existe dans tous les cas, même si elle n'est pas totale. Dans notre héritage culturel, elle est toujours présente ; la transgression consisterait à la nier.

C'est ce sentiment de liberté qui donne à ceux qui se trouvent très tôt plongés dans le malheur l'énergie de s'en extraire. Au fond d'eux-mêmes, ils gardent intacte l'idée d'un bonheur lié à l'accomplissement de soi ; une telle ambition permet de fournir la somme d'efforts que ce travail exige, car c'est dans cette réalisation de soi-même que l'on trouve la véritable joie : ces adultes combatifs ne s'y sont pas trompés.

Et l'amour, dans tout ça ?

Ceux qui ont su sauvegarder une certaine armure ont toujours l'ironie preste, l'apparente désinvolture, l'agressivité charmeuse que donne un esprit sur la défensive. L'humour reste, en dépit de tous les drames, une des caractéristiques des enfants doués, et un adulte, même dans la pire des situations, conserve encore ce recours, comme le seul fil de lumière qui l'empêcherait de sombrer dans un noir désespoir.

Cet humour, qui atténue la portée des blessures, qui gomme la souffrance, qui relativise toute chose en permettant une mise à distance, est bien utile pour celui qui doit se forger une défense efficace. De surcroît, c'est une bonne façon de se faire accepter en société, la plaisanterie constitue un préalable, qui permet de gagner du temps ; c'est un laissez-passer assuré.

On donnera alors l'image d'un être jaloux de son indépendance, qui ne veut pas s'attacher, qui aime séduire pour le seul plaisir du jeu : se dévoiler un tant soit peu serait trahir sa faiblesse, il est donc préférable de conserver ce masque de brillant causeur maniant avec aisance le verbe et les idées – mais jamais, au grand jamais, on ne se risquera à montrer, ou même à laisser deviner, à quel point on peut être vulnérable, plus que nu, quand l'armure est enlevée. Ces sujets se sont construit une image flatteuse et dérisoire – une image de carton que la moindre larme peut dissoudre. Ils préfèrent s'habiller de mystère, ce qui ajoute à leur séduction, à condition de savoir tenir ce rôle assez longtemps pour rester crédibles et pour entretenir l'illusion.

Mais pour les autres ? Ceux qui n'ont pas su ou pas pu se forger une telle armure, qui n'étaient pas doués pour le verbe, qui sont restés dans le désarroi ? Comment oser offrir à l'autre, auquel on aura trouvé tant d'attraits, qui aura éveillé de tendres sentiments, une image aussi misérable ? Si l'on choisit son partenaire à l'image de ce qu'on pense être devenu, il y aura un tel décalage qu'aucune entente réelle ne sera possible : l'un sera au maximum de son raisonnement quand l'autre aura considéré ces prémices comme négligeables, car, au-delà de cet effondrement, la logique reste claire, droite, intangible. Le plus simple des dialogues deviendra une cacophonie excluant toute harmonie, même pour les détails du quotidien. Un mur séparera en permanence les conjoints, qui se heurteront sans cesse à cet obstacle. Un tel résultat donne raison à ceux qui restent sur la défensive.

Les couples formés trop jeunes rencontrent souvent des difficultés pour conserver leur entente. Ils se sont choisis en fonction de ce qu'ils pensaient être, sans entrevoir que l'image qu'ils avaient d'eux-mêmes ne s'était pas forgée au plus profond de leur être, mais qu'elle n'était que le reflet que leur renvoyait leur entourage – qu'ils ne songeaient pas à remettre en question. Puis, la maturité aidant, l'expérience de la vie éclairant les esprits, ils ont eu une vision plus claire et plus véridique d'eux-mêmes, et ils ont recherché ailleurs un partenaire correspondant mieux à leur personnalité réelle. Le couple le plus heureux ne pourra cependant jamais effacer complètement la trace de la première expérience qui aura, malgré tout, laissé une discrète cicatrice, de celles qui entretiennent le souvenir d'une douleur ancienne, presque oubliée, infime, mais réelle.

Chez les adultes qui ont été « trop » doués dans un temps ancien, cette image plus précise et plus vraie ne se forme pas ; il n'y a pas de modèle tout fait, et, surtout, trop d'éléments négatifs viennent brouiller le miroir qu'on leur a tendu. Il ne leur a pas été possible de dégager des éléments solides, structurés, les pièces ne s'assemblent pas en un tout homogène, restant éparses, contradictoires, comme si, en se regardant dans la glace, ils ne voyaient qu'une surface plane et vide. Ils se disent : « Ce n'est pas possible que je sois ce rien, ce néant, j'avais des qualités, il semble que tout se soit effacé, comme si j'existais à peine... » Ils ne trouvent nulle part de place qui leur convienne, changeant souvent de résidence, de métier, de pays, même, dans une quête perpétuelle de leur identité, qui se dérobe sans cesse puisqu'elle ne leur a jamais été présentée de façon cohérente. Il leur est donc impossible de se reconnaître et ils errent, s'affublant parfois d'oripeaux censés leur conférer le relief qui leur manque.

Ils adoptent ainsi des positions provocatrices, affichent des goûts excentriques, manifestent en toute chose une originalité destinée à surprendre... Mais eux-mêmes ne sont pas dupes de ces artifices, bien peu efficaces. Toute satisfaction leur est interdite : tant qu'on ne sait pas qui on est, quelle direction choisir, tant que le moindre doute, le plus léger trouble, la plus subtile perception d'une différence suffisent à bousculer des repères péniblement mis en place, il n'est pas permis de se former de soi une image acceptable.

Et c'est ce vide, cette absence, qu'on va offrir à celui qu'on veut séduire ? Comment donner quelque chose à l'autre quand on ne sait plus rien de soi et que c'est précisément de cet autre qu'on attend sa propre définition ? Qui peut avoir assez de grandeur d'âme, d'abnégation, d'oubli de soi pour se consacrer à reconstruire l'adulte blessé et lui redonner l'usage de ses qualités ? Entendre, au-delà de l'immense lassitude, le son ténu d'un espoir qui n'a pas renoncé, deviner la marque des émerveillements d'autrefois, sentir la force refoulée, retrouver les élans du passé : sans doute cela n'est-il accessible qu'à celui qui a parcouru un chemin identique, mais qui a reçu moins de coups, s'est fait moins de bosses, a conservé moins de bleus à l'âme.

Se lier d'amitié est déjà, en général, difficile pour les enfants doués ; ceux qui ont connu une bonne scolarité n'y parviennent souvent que dans les grandes classes – et, surtout, dans les meilleures sections, où ils rencontrent enfin des semblables et peuvent se confier sans crainte des moqueries. Et les autres ? Ceux que l'école a laissés de côté ? C'est un miracle s'ils parviennent à se reconnaître entre eux, malgré leurs blessures. Se préserver étant la première des préoccupations, l'amitié est rangée dans la catégorie des chimères, comme bien d'autres désirs.

Alors, l'amour... Toutes les qualités des êtres doués ne peuvent disparaître totalement : ils conservent leur rigueur d'analyse, leur justesse de jugement, et les relations n'en sont que plus ardues. Exigeants jusqu'au perfectionnisme, mais sans en avoir conscience, passionnés même quand ils n'en laissent rien paraître, d'une ironie critique qui affleure souvent, ils ne peuvent se contenter de relations médiocres. L'amitié, l'amour, comme la réalisation de soi, deviennent plus difficiles et souvent source de déceptions(1).

Ces adultes en péril doivent savoir que, pour parvenir à une certaine sérénité – du moins à un certain apaisement –, il faut pouvoir retrouver son image d'antan et la regarder en face, sans y superposer toutes les paroles définitives et dévalorisantes qui lui ont été appliquées. Un échec isolé ne signifie pas qu'on atteint ses limites. C'est là une idée catastrophique, car pernicieuse et réductrice. Il reste toujours des portes qu'on avait crues fermées à jamais et qui ouvrent sur l'univers illimité de l'intelligence.

Il est vrai que ce travail demande une audace dont, nous l'avons vu, l'enfant doué devenu adulte a presque perdu jus-

---

1. Cette quête de relations avec des semblables fait la spécificité d'une association telle que MENSA, où l'on espère se trouver d'emblée « en intelligence » avec les autres, puisqu'il faut passer des tests de raisonnement logique pour pouvoir y adhérer.

qu'au souvenir. La tâche peut paraître d'une difficulté insurmontable à celui qui a tant souffert que son énergie semble s'être dissoute dans les efforts qu'il a dû consentir pour éviter de plonger définitivement dans le désespoir ; mais on peut se dire qu'il y aura toujours des lueurs, même sur le chemin le plus désolé, pour guider le voyageur courageux. Les discerner parmi les faux-semblants est possible pour celui qui possède la vue aiguisée de l'enfant doué, cette acuité d'esprit dont il usait pour échafauder les plans de contrées où il trouvait jadis refuge, quand la réalité devenait trop dure et trop contraignante.

« Nous vivons une vie, nous en rêvons une autre, mais celle que nous rêvons est la vraie », dit Jean Guéhenno. A ces adultes douloureux, on peut adresser cette exhortation : « Rêvez, rêvez encore, et des chemins nouveaux s'ouvriront devant vous ! »

L'APPROCHE CLINIQUE DES ENFANTS DOUÉS OU LE MALENTENDU

« Malentendu » semble bien être le mot le plus approprié pour caractériser le mécanisme qui s'instaure dans nombre de relations entre l'enfant doué et le monde extérieur, surtout quand il s'agit des personnes chargées de l'éducation, de l'enseignement et même des interventions thérapeutiques. Pour schématiser, disons qu'il y a d'un côté des enfants qui ne peuvent s'expliquer ni expliquer leur vécu personnel, et de l'autre des adultes supposés les comprendre grâce à leur savoir, leur expérience, leur métier, mais qui s'égarent dans de fausses voies.

Ainsi, on voit arriver en consultation des enfants décrits comme « difficiles, ayant rencontré très tôt des problèmes d'intégration scolaire », conduits par des parents sourdement inquiets et parfois exaspérés, ne sachant s'ils doivent s'en prendre aux institutions en général, parce qu'elles n'ont pas su comprendre leur enfant, ou bien à l'enfant lui-même, qui n'est pas comme les autres – sans que cette différence puisse être clairement explicitée.

Parfois, ces enfants, déjà renvoyés de plusieurs écoles, sont accueillis à contrecœur par des professeurs tenus de les accepter dans leur cours, mais rebutés à l'avance par la description qui leur a été faite de ces sujets « bizarres », capables de perturber un groupe entier et d'autant plus agaçants qu'on attendait d'eux une vivacité et une rapidité d'esprit qui en feraient les moteurs de la classe. Cet espoir déçu accroît encore la méfiance des adultes, qui ont de surcroît l'impression vague d'être mis en question dans l'exercice de leur métier.

Les descriptions données de ce type d'enfants se répètent inlassablement : paresseux, distrait, rêveur, perturbateur, incapable de s'intégrer, il ne joue pas avec les autres, ou bien il choisit les plus mauvais éléments... Ces portraits laissent d'ailleurs parfois percer une certaine agressivité, sous-jacente mais violente, à l'égard de l'enfant différent.

Bref, le chef d'établissement, consciencieux et soucieux de l'équilibre de ses professeurs comme de la bonne marche de ses classes, expose objectivement la situation aux parents et leur conseille d'aller voir un spécialiste, qui saura donner un avis autorisé.

UN DIALOGUE DE SOURDS

Affolés à l'idée que leur enfant n'est pas « normal », qu'il risque en permanence le renvoi s'il ne s'amende pas et que se dessine déjà pour lui un avenir des plus sombres, les parents vont « consulter », en proie à une anxiété qui sera déjà comprise comme le premier symptôme d'une pathologie. Puisque le tableau le plus clair est celui qu'a dressé l'école et que les précisions ajoutées par les parents ne font que le compliquer et l'obscurcir au lieu de le clarifier, il ne reste qu'à traquer le problème et à s'y attaquer.

Nous nous trouvons là au point de départ du processus qui va entraîner tous les protagonistes dans une série d'actions totalement inefficaces, car fondées sur un malentendu capital. En effet, si cet enfant ne présente pas les symptômes habituels de l'inadaptation scolaire, on va néanmoins étudier son cas comme tel, parler avec ses parents, l'aider à s'adapter, puisqu'il est considéré comme « hors norme » – ce qui n'est pas très éloigné d'« anormal ».

Dans certains centres de consultation, on estime inutile de faire passer un test de niveau intellectuel à ces enfants, manifestement dotés d'une intelligence « classique ». En revanche, on leur fait passer un Rorschach, délicat et subtil test de personnalité qui devrait seulement, en principe, contribuer à l'établissement d'un diagnostic dans un protocole plus complet.

Le simple fait de s'en tenir au seul Rorschach, ou à un test similaire, au lieu d'appliquer une batterie plus complète de tests, peut être considéré comme le premier élément du malentendu : le Rorschach peut en effet inciter une imagination débordante à s'exprimer abondamment ou au contraire provoquer un blocage prudent, réactions qui seront interprétées de façon très négative.

Rappelons seulement qu'un enfant doté d'un QI de 120/125 sera considéré comme très intelligent, alors qu'un univers le sépare d'un enfant au QI de 150/160. C'est dans cette différence que se tient tout à la fois son génie et son malaise ; méconnaître cet élément fausse toute approche clinique, et seul un test approprié peut indiquer le niveau véritable d'un enfant. Les dessins, les entretiens, les jeux n'en donnent qu'une approximation, parfois très éloignée du chiffre réel. Il est donc absurde et dangereusement réducteur de se contenter de cette seule observation : « Il s'agit d'un enfant intelligent. »

Souvent, on s'attache essentiellement au symptôme qui a motivé la consultation ; ce sera donc le plus fréquent chez les enfants doués : cette fameuse maladresse graphique qui peut empoisonner leurs premières années de scolarité. Il est tellement marquant, tellement évident, qu'il suffit à justifier une intervention d'ordre thérapeutique.

Les parents sont d'ailleurs très inquiets, eux aussi, quand la maîtresse les appelle pour leur signaler les déficiences spécifiques de leur enfant : elle s'étonne qu'il puisse tomber aussi souvent dans la cour de récréation, elle leur montre des œuvres picturales affligeantes : au lieu de bonshommes aux couleurs éclatantes, au large sourire et aux mains en forme de fleur, ils découvrent de lamentables têtards, grisâtres, ratatinés et caoutchouteux, qui leur font honte. Les pages d'écriture sont du même ordre : des lignes cabossées, des angles là où il aurait fallu des courbes, un tracé tremblotant de vieillard malade – bref, une catastrophe généralisée.

Comment songer à un don intellectuel particulier au vu de telles productions ? On va alors entreprendre une rééducation psychomotrice, qui améliorera un peu la situation en permettant à un enfant, en effet mortifié par sa maladresse motrice, d'établir une relation privilégiée avec un adulte à l'écoute.

Le malentendu porte sur l'interprétation de ces symptômes, compris au mieux comme l'expression d'un vague malaise, au pire comme un réel retard moteur qu'il est urgent de combler. On ne cherche pas à savoir pourquoi un enfant si vif d'esprit devient si maladroit un crayon à la main. Ce signe banal, dont nous avons vu qu'il ne fait que marquer le décalage entre la rapidité d'esprit et l'exécution par une main encore enfantine, exaspérante de lenteur pour une pensée si véloce, devient le symptôme majeur, dramatiquement rebelle à la rééducation. Et cet enfant un peu anxieux finit par voir, dans ses cahiers salis, un reflet du désordre de son esprit.

De même, s'il tombe avec cette fréquence étonnante, c'est, bien sûr, qu'il est encore trop pataud, trop immature pour exercer un bon contrôle de son équilibre ; comment deviner qu'un enfant s'emmêle les jambes parce qu'il a trop souvent la tête dans les étoiles et qu'il a oublié un instant sa petite taille ? Il se croyait déjà grand, capable d'enjambées de sept lieues, comme dans les histoires qu'il aime tant...

En mettant l'accent sur un seul signe, sans s'interroger sur son origine véritable, on enkyste un problème : ce qui n'était qu'un décalage dans la maturation générale ou la marque d'un caractère trop rêveur, trop imaginatif, devient un trouble important, qui prend la première place et occulte tous les points positifs. Des genoux sans cesse écorchés sont considérés comme le signe ostensible de cette gaucherie. Les pages à recopier, les mauvaises notes sanctionnant la négligence, alors que le devoir était juste, réduisent l'élève à cette seule saleté. Honteux et fâché, le maladroit multiplie les taches, fait dévier les traits, accumule les ratures, autant pour marquer sa révolte que pour faire comprendre quelle tension le tourmente.

Ce malaise prend parfois une tournure dramatique : le graphisme devient une obsession pour tout le monde ; pour l'enfant, que son appréhension à l'idée d'écrire pousse à se crisper de plus en plus violemment dès qu'il prend un crayon, et pour la maîtresse, irritée par cette maladresse persistante.

Les pièges de la psychothérapie

Quand le symptôme le plus évident a trait au comportement, on songe alors à entreprendre une psychothérapie. C'est une indication d'autant plus aisée à poser que les parents se sentent généralement assez concernés pour venir régulièrement aux séances, pour parler avec le thérapeute quand il le faut, pour apporter tous les éléments dont ils disposent, en vue d'un plus grand bien-être de leur enfant.

Pourtant, à ce moment-là, peut s'amorcer un autre malentendu, plus profond et plus grave encore, qui finit parfois par devenir le sujet principal de travail à mesure que se déroulent les séances.

L'enfant aborde cette thérapie avec une vision déformée de lui-même ; elle s'est construite à partir des adjectifs qui le qualifiaient et qu'il aimerait réfuter, mais il est totalement impuissant à offrir en réponse une image de lui plus conforme à ce qu'il ressent. Lui manquent les mots, les concepts mêmes, qui pourraient le définir. Ce ne sont, pour le moment, que d'obscurs sentiments, de souterrains cheminements de pensée qui n'ont pas encore affronté l'épreuve du jour et de la réalité.

Ses quelques tentatives pour avancer une idée originale, oser un trait d'humour, etc., n'ont recueilli que mépris et incompréhension chez ses camarades si sereins. Les parents apprécient et admirent cette jaillissante créativité, mais il ne faut jamais oublier que l'approbation sociale revêt plus d'importance pour un enfant que celle de ses parents, qu'il juge peu objectifs à son égard ; il veut être comme tout le monde et non un prodige solitaire.

C'est donc empli d'espoir que l'enfant « à problème » aborde cette situation nouvelle, dont on lui a dit qu'elle le sortirait de tous ses désarrois. Il va pouvoir s'exprimer librement et être compris comme il ne l'a jamais été.

Certaines thérapies aident merveilleusement l'enfant à se réconcilier avec lui-même et avec le monde : il y trouve enfin une image de lui cohérente, séduisante, même, puisque son interlocuteur le reçoit avec un plaisir évident. La thérapie devient un lieu de parole, lieu privilégié, puisqu'il n'appartient qu'à lui. Il peut enfin apprendre à se structurer en toute connaissance de cause, c'est-à-dire sans s'aveugler sur ses failles.

D'autres n'évoluent pas de façon significative et aboutissent peu à peu à l'épuisement, ou seulement à la lassitude, des protagonistes. Comment cet enfant, dont l'expérience est si courte, pourrait-il exprimer un malaise indéfinissable, le sentiment d'une différence aux contours si imprécis, d'un décalage impossible à cerner ? Comment formuler une pensée plus rapide, plus vagabonde, plus aisément distraite, une appréhension plus exhaustive, un champ d'investigation plus large ? Car c'est dans tous ces « *plus* » que réside l'impalpable différence.

Alors, l'enfant retrouve la prudence qu'il avait espéré pouvoir abandonner. Il avait été vital pour lui d'apprendre à se préserver des attaques quotidiennes, et il prend vite conscience que la méthode réparatrice qu'on lui propose ne lui convient pas ; mais il voudrait, tout de même, être accepté, aimé, dans cette situation privilégiée, quitte à ne pas être compris. Il commence donc à élaborer un nouveau système de défense, à l'image de celui qu'il utilise ailleurs, système mis au point avec le soin qui lui est habituel, du moment qu'il y consacre le temps nécessaire. Il a compris qu'il devait parler s'il veut pouvoir espérer qu'un jour cette écoute si attentive porte ses fruits et lui offre le pourquoi de son indicible souffrance.

Le thérapeute veille et attend l'étincelle qui lui fera dire : « Ah oui ! Bien sûr ! » En attendant, il doit se contenter d'accompagner son jeune patient dans un passage particulièrement périlleux de son existence ; mais un lent engourdissement peut gagner les acteurs : parents, enseignants et thérapeute.

Le corps enseignant se sent pour sa part soulagé de savoir cet enfant « difficile » dans les mains d'un spécialiste ; il lui est plus aisé de gérer le quotidien sans tout remettre en question, il ne craint plus ces éclats gênants coutumiers aux enfants différents quand ils explosent soudain, sans que l'on sache pourquoi. Les parents suivent quant à eux les conseils des pédagogues ; ils accompagnent ponctuellement leur enfant chez le thérapeute et font taire la voix ténue qui leur suggère que ce n'est peut-être pas tout à fait la bonne solution ; d'ailleurs, ils n'en voient pas d'autre.

Donc, cet enfant qui désire être accepté, apprécié et, plus que tout, aimé, consolide son système de défense à mesure que le temps passe, ce qui lui permet plus d'audace dans sa conduite. Il a bien remarqué que ses cauchemars intéressaient cet adulte attentif, et il est enchanté de lui faire plaisir – et de s'offrir en même temps une petite récréation, en évoquant les horribles monstres censés troubler ses nuits. Il en rajoute, sans imaginer les conclusions que l'on tirera de ses joyeuses élucubrations. S'il aborde le registre familial, il raconte combien il aime sa mère, ou son père, et comme il est jaloux de l'autre, son rival. On dira que ces thèmes n'ont pas été choisis par hasard et qu'ils recouvrent une réalité, déguisée et transformée par l'exagération du narrateur... Toujours est-il que la façon, provocatrice sans qu'il y paraisse, dont ils sont évoqués finit par enfermer l'enfant complètement : son imagination, stimulée par une situation propice, déborde au point que le thérapeute inquiet commence à voir dans ce discours des éléments un peu discordants, et même nettement psychotiques.

J'ai vu des enfants, pleins de charme et d'un humour décapant, devenus, par un enchaînement mal maîtrisé, des manipulateurs si adroits qu'on avait conclu à un état prépsychotique grave. Trop d'idées « folles », qui auraient été prises au pied de la lettre comme on se ferait prendre et sournoisement engluer dans un piège en apparence anodin...

■ Cédric adore inventer des histoires absurdes : ses héros s'envolent avec le plus parfait naturel quand le vent est favorable ou simplement quand ils s'ennuient un peu trop... Ils tiennent des discours d'une incohérence sans rapport avec la fantaisie habituelle aux enfants de 7 ans, qui ont encore un pied dans la magie : Cédric dit, à proprement parler, n'importe quoi, comme on alignerait distraitement des mots sans suite.

Il a en fait peur de la vie, qui lui a déjà fourni son lot de drames : il se protège de son angoisse par ce recours au non-sens et à l'absurde. Mais cette exubérance raffinée n'étant pas de son âge, elle paraît éminemment suspecte.

Un si profond malentendu ne peut, en aucune façon, aider l'enfant à trouver le chemin de la connaissance de lui-même. Prisonnier de sa fiction, si efficace dans son rôle protecteur, l'enfant s'étiole et s'étouffe, accablé par cet amas de fantasmes qui ont été pris au sérieux. On pense à ces masques effrayants déguisant si bien ceux qui les portent qu'on finirait par croire qu'homme et masque ne font qu'un(1). Mais, ici, l'enfant comprend de moins en moins la situation et pourquoi il n'en va pas de lui comme de ses camarades, qui ignorent ces tourments.

Il a voulu plaire, se montrer intéressant, et il s'est coupé encore davantage du cours ordinaire de la vie enfantine, piégé par ses défenses trop efficaces, par son imagination trop riche. Il s'aperçoit qu'il s'est encore plus éloigné des critères d'une norme, qu'il ne connaît d'ailleurs pas, en laissant courir, avec tant de bonheur, ses fantasmes dans un lieu où il pensait n'encourir ni jugement ni sanction, mais être enfin compris.

---

1. « [...] ces masques de mardi gras qui deviennent effrayants quand de vrais hommes vivants les portent sur leurs visages. » (Jean-Paul Sartre)

Or, se rebeller ouvertement et franchement aggrave sa situation.

■ Charles, 9 ans, à bout de patience après deux ans de thérapie, ne se résignait pas à subir la monotonie et la rigidité de sa scolarité. Il s'est décidé à accuser son thérapeute de vouloir réduire et transformer sa personnalité. Cette incongruité n'a pas tardé à provoquer des réactions en chaîne : le thérapeute a, bien entendu, accepté ce jugement, puisque Charles avait clairement formulé son malaise et précisément indiqué ce qui ne lui plaisait pas, mais l'école, mise au courant, a saisi l'occasion de renvoyer ce sujet rebelle, décidément impossible, dont l'attitude même prouvait qu'il n'était pas un enfant comme les autres.

Dans pareil cas, l'origine du malaise de l'enfant est complètement niée ou méconnue, mais on s'arrête à ce malaise, compris par l'adulte qui en reçoit les échos comme une mise en question de lui-même et de son savoir, alors qu'il s'agit d'un appel au secours dont la détresse n'est pas entendue.

■ « Comme c'est intéressant, ce que vous dites là ! » remarque sobrement une thérapeute en apprenant que l'enfant qu'elle a suivi plusieurs années pour ses difficultés d'intégration scolaire a un QI de 155. « Mais cela ne change rien à son problème. » On serait pourtant tenté de penser que cela change tout, au contraire, et qu'on tient là une clé expliquant au moins en partie son comportement difficile.

De trop bons élèves en sont ainsi réduits à ajouter des fautes à leurs devoirs : c'est à ce prix qu'ils peuvent conserver des amis et une bonne image sociale ; sinon, ils sont considérés comme des provocateurs à soigner d'urgence.

L'enfant doué est maintenant dépouillé de tout ce qui faisait sa spécificité, comme écorché et laissé ensuite sans protection, n'ayant d'autre ressource que de se faire le plus neutre, le plus insignifiant, le plus invisible possible. Or, à partir du moment où il pense que ce deuil est préférable à un rejet de la part de son entourage amical et scolaire, où il accepte de se soumettre à la voix de la sagesse, il n'est plus rien. On ne peut le définir que par des phrases négatives : il n'est pas audacieux ni dynamique, il ne désire rien et rien ne l'intéresse vraiment, il ne sait pas ce qu'il veut, on ne sait comment lui faire plaisir. Tant de passion contenue finit par faire naître une obscure violence, qui se retourne inévitablement contre celui qui la génère : le désenchantement – qui peut aller jusqu'à la dépression – envahit l'enfant doué, jugé uniquement sur sa différence et qui use toute son énergie à la cacher. C'est le résultat final du malentendu.

Dans un autre registre, il a été émis par une unité de recherche d'une faculté le constat suivant : « Les enfants doués sont souvent psychotiques. » Ce qui finit évidemment par être compris comme : « Le don intellectuel n'est qu'une forme de psychose. » Cette classification pour le moins hâtive provoque des dégâts que les naïfs chercheurs ne pouvaient imaginer : elle est utilisée comme un argument péremptoire assené aux parents présomptueux. En clair, on leur laisse entendre qu'ils doivent savoir à quoi ils s'engagent lorsqu'ils parlent du don de leur progéniture : c'est une maladie qu'on peut tenter de soigner, si on la prend à temps. Il ne reste alors qu'à gommer cette différence rebelle, qui conduit les enfants sur le chemin de la psychiatrie. On peut seulement espérer que leur énergie en sommeil finira par se réveiller et les poussera à une salutaire révolte : si elle est convenablement dirigée, elle pourra atténuer les désastreuses conséquences du malentendu, mais la revanche aura un goût amer, celui des années perdues dans les limbes de la conformité.

UNE CONFIANCE RÉTIVE

Il arrive, bien entendu, que des enfants doués aient réellement besoin d'une thérapie, pour des causes indépendantes de leurs dons intellectuels. Ils peuvent souffrir de leur place dans la fratrie ou avoir du mal à suivre les aléas de la vie familiale, quand elle commence à être désordonnée. Tout enfant, dans certaines situations, a besoin qu'on lui tienne la main, qu'on l'accompagne, mais il lui faut un interlocuteur neutre, auquel il fera confiance et, surtout, qui sera totalement étranger aux drames qui l'accablent. Le thérapeute le comprendra, l'aidera, mais il ne sera pas touché au cœur par l'évocation d'une tragédie où il n'est pas impliqué. On peut donc lui en parler sans craindre de raviver une blessure mal cicatrisée – contrairement à ce qui se passe avec ses parents, que l'enfant connaît suffisamment pour savoir qu'il est préférable d'éviter certains sujets s'il ne veut pas voir sa mère pleurer, ou ravaler silencieusement ses larmes, ou encore son père pâlir, le visage décomposé. De même, il fera tout pour que ses parents ne soupçonnent pas le monstre de jalousie tapi chez leur aîné, au calme si trompeur.

Pourtant, pour l'enfant doué les choses ne sont pas souvent simples ; il y a de fortes probabilités qu'il ait déjà connu quelques expériences malheureuses, à cause de l'incompréhension des adultes à son égard ; ses émotions ont été mal accueillies, mal interprétées, on l'a cru indifférent quand il n'était que pudique et qu'il cherchait à ménager ses parents, se refusant à troubler leur joie à la naissance d'un bébé ou à aggraver leur peine quand ils traversaient un moment particulièrement pénible...

Dans ces conditions, quand il entreprend une thérapie, il estime préférable, dans un premier temps, de rester prudent, de ne pas faire immédiatement confiance à ce personnage, certes gentil, mais dont il convient de se méfier en raison des déboires passés : des souvenirs désagréables sont là pour rappeler qu'une gentillesse apparente peut cacher un esprit rigide, une méconnaissance absolue de la sensibilité trop vive de l'enfant doué. Pourquoi ferait-il d'emblée la différence entre cet adulte inconnu, attentif et censé le comprendre, et la maîtresse, également gentille, attentive et censée le comprendre, mais qui lui a dit des choses blessantes, dont il conserve encore l'écho douloureux ?

L'arsenal subtil et raffiné qu'il est capable de déployer pour cacher ses véritables émotions risque, encore une fois, de se mettre en place : il y aurait trop de danger à se montrer tel qu'on est, à se révéler dans toute sa vérité, à dévoiler ses failles, même quand on est dans un péril extrême. Cette méfiance, qui puise ses racines dans les premiers contacts avec la réalité, n'a aucune raison de disparaître ; au contraire, elle peut sembler le dernier recours contre la situation difficile qu'il faut affronter.

La thérapie, si nécessaire soit-elle, et certainement bénéfique, peut ainsi manquer son but, le thérapeute se heurtant à un discours plaqué sur une réalité parfois trop pénible, sans trouver le passage vers le noyau même de la souffrance endurée.

Cet enfant blessé n'a peut-être pas envie, non plus, de se montrer faible ; il peut penser qu'une telle fragilité est répréhensible, qu'il doit paraître capable de faire face à l'adversité, même si cette adversité le tourmente cruellement.

Au contraire, à partir d'un rien, il peut échafauder des constructions qui le conduiront sur des chemins terriblement angoissants : parce qu'il aura mal interprété des bribes de phrases à peine audibles émergeant d'un murmure, il aura imaginé un drame effrayant ; le malentendu trouvera son origine dans un mot compris de travers, qui aura transformé le sens de la phrase saisie au vol... Parfois aussi, une situation très claire pour les adultes reste mystérieuse pour un enfant qui ignore ce qui s'est passé avant sa naissance et qu'on ne lui a jamais expliqué, parce qu'il est encore trop jeune et qu'il n'a jamais osé poser de questions : les enfants ne posent jamais ces questions essentielles quand ils pensent qu'elles seront indiscrètes et mal venues ; leur silence n'est pas le signe d'un désintérêt, il trahit au contraire leur crainte d'aborder un sujet explosif ; il justifie aussi le soulagement un peu lâche éprouvé par les adultes quand ils ont, encore une fois, échappé à l'épreuve difficile d'aveux longtemps tus.

■ Aymeric ne sait pas que sa mère a été mariée une première fois, mais, comme elle a gardé d'excellentes relations avec la mère de son premier mari, elle l'invite à toutes les fêtes familiales et l'appelle affectueusement « maman » ou bien d'un nom approchant. Aymeric n'est pas censé s'étonner que sa mère ait deux mères, alors que lui-même et tous ses copains n'en ont qu'une seule. Il n'a jamais demandé pourquoi sa maman à lui avait droit à deux mamans : c'est donc qu'il trouve cela normal, en conclut son entourage, soulagé par son absence de curiosité. Personne ne songe qu'Aymeric se tourmente depuis longtemps à ce sujet, tentant de trouver une explication logique et cohérente à cette anomalie singulière.

Dans cette histoire, une seule chose compte : Aymeric ne doit absolument pas savoir que sa mère s'est trompée dans son jugement, qu'elle a commencé par épouser un homme qui ne lui convenait pas et dont elle ne veut plus rien savoir ; mais elle n'a pas résisté au plaisir d'avoir une deuxième mère...

Nous l'avons évoqué en traitant de la fratrie : l'enfant doué peut aussi se torturer parce qu'il se sent coupable d'une honteuse jalousie, pourtant fort naturelle ; il vit un drame étouffant pour un motif aussi courant qu'un cadet trop envahissant et trop materné, un aîné trop brillant, un père trop triomphant et trop aimé de sa femme. Les tourments que son esprit perfectionniste aiguise prennent parfois une allure pathologique, d'autant plus inquiétante qu'on ne songe pas toujours qu'un si jeune enfant puisse éprouver de tels scrupules : il a l'air tellement sage, tellement tranquille, tellement appliqué ! Certes, il dort mal, mais tous les enfants connaissent des périodes de sommeil difficile, c'est la croissance qui veut ça.

■ Amélie, 8 ans, est fière de son petit frère, qui paraît déjà développer un véritable génie des mathématiques : à 4 ans, il adore jouer avec les nombres, faire des multiplications ; tout le monde s'extasie devant tant de virtuosité chez un si petit bonhomme – et souriant avec ça, gentil, câlin, affectueux. Amélie travaille bien, elle a des amies et se montre adorable avec son cadet ; pourtant, elle est un peu sauvage, elle se réfugie dans sa chambre quand il y a des invités et, signe un peu inquiétant tout de même... elle s'arrache des mèches de cheveux.

Quand on lui a expliqué qu'elle était elle aussi très intelligente, tests à l'appui – sinon, la démonstration n'est pas crédible pour un enfant doué à la logique rigoureuse –, et, surtout, quand elle a compris que l'aîné occupe une place unique, impossible à modifier, elle a cessé de s'arracher les cheveux et a commencé à accueillir les invités avec le sourire.

Une thérapie bien menée est donc une aide remarquable pour les enfants doués, qui saisissent très vite ce qu'on veut leur faire entendre, avançant au rythme qui est habituellement le leur – rapide et efficace – dès qu'ils se sentent en confiance. Ils ont si peu l'habitude de se livrer qu'il leur faut commencer par s'assurer qu'ils seront compris et qu'on ne va pas leur retourner une interprétation dont ils ne sauront que faire. Ensuite, ils savourent pleinement ces moments privilégiés, où ils peuvent s'exprimer en toute liberté, sans crainte de froisser une sensibilité à vif ni d'évoquer inconsidérément des choses qu'ils sont censés ignorer.

Les enfants doués craignent toujours de trahir leurs proches : il faut donc qu'ils se sentent totalement libres pour oser aborder des sujets qui les préoccupent, sans penser aussitôt qu'ils ont livré à un inconnu un secret qui devait être préservé – et pourtant, c'est justement ce secret qui les tracasse et les bloque dans leur épanouissement.

De même, ils se chargent à tout âge du fardeau de leurs parents, et ils n'imaginent pas s'en défaire si on ne les y aide pas. Leur souci de perfection risque de les rendre un peu trop scrupuleux : ils pensent qu'ils ont pour mission de rester sans cesse en alerte pour éviter un drame, pour apporter dans l'instant la consolation indispensable, quitte à sacrifier leur devenir. On conçoit bien qu'ils aient, comme les autres, besoin d'être accompagnés durant ces moments pénibles – à l'occasion de la séparation de leurs parents, par exemple. Pour eux, le poids du malheur est même encore plus lourd et plus écrasant, parce qu'ils en conçoivent la force négative et destructrice avec l'imagination débridée qui est la leur. Il n'y a pas de bornes aux catastrophes qu'ils sont capables d'envisager.

L'aide qu'apporte la thérapie est vraiment efficace, puisqu'on ne les incite pas à oublier leur spécificité pour mieux s'adapter au groupe, mais qu'on s'appuie au contraire sur leurs dons pour leur permettre de retrouver le plein usage de leurs forces, entamées par des drames familiaux.

La question de la mort

Une des interrogations les plus fréquentes, et des plus inquiètes aussi, des parents surpris concerne la mort. Quand on comprend la façon dont raisonnent les enfants doués, ils n'est pas si étonnant que leur curiosité admirative de toutes les formes de vie finisse par toucher le point extrême de celle-ci : sa fin.

Leurs questions à la fois naïves et perspicaces bouleversent les parents, désarçonnés par cette vision brutale du sort humain, qu'ils s'étaient tant appliqués à montrer sous son aspect le plus riant. Leur perplexité est grande quand ils entendent leur adorable bambin demander de sa voix douce à quel moment ils vont mourir, eux aussi. La voix douce cache en fait l'angoisse oppressante qui envahit l'enfant à l'idée qu'il pourrait se retrouver seul, sans protection, dans un univers hostile que ses faibles forces ne sauraient affronter.

Autant il est facile d'expliquer la naissance, la conception, la petite graine, autant il est délicat de parler, en termes accessibles, de la façon de quitter cette terre. Quand un événement éclaire brutalement cette réalité de la condition humaine, comment réagir sans crainte de choquer un enfant si jeune ?

L'enfant doué, confronté à des drames lourds, réagit avec une intensité qui n'est pas toujours très évidente pour son entourage. Cette confrontation est toujours brutale : même si la disparition était attendue, elle produit un choc. Évoquer la paix retrouvée de celui qui a cessé de souffrir ne suffit pas à combler le vide de son départ, et l'enfant doué ressent violemment ce manque, amplifié par la souffrance qu'il perçoit chez les adultes de son entourage. Il découvre que nous sommes tous mortels et qu'il s'agit d'un événement grave, *sur lequel nous n'avons aucune maîtrise*.

Jusque-là, durant les toutes premières années de son existence, il pouvait penser que le savoir des grandes personnes leur permettait de réagir en toute circonstance comme il convenait. Quand il les voit dans le désarroi, il commence par en éprouver une stupeur qui le bouleverse ; mais, s'il est directement touché, c'est un univers hostile et sans pitié qu'il découvre. Ses convictions vacillent, il doit remettre de l'ordre dans sa vision du monde : on pourrait dire qu'il voit surgir le mal, quand il croyait que l'amour dominait.

Les questions vont se presser en nombre dans son esprit : pourquoi vivre, si l'on risque de mourir à tout moment ? Pourquoi une telle souffrance ? Pourquoi devons-nous la subir ? Enfin, question essentielle qui l'emporte sur toutes les autres : pourquoi sommes-nous sur terre ?

Comment répondre à un très jeune enfant, si doué soit-il ? Encore une fois, on a recours à une solution toute faite : la psychothérapie. Mais une thérapie, si bien menée qu'elle soit, peut-elle répondre à ce genre de question ? Ce n'est pas exactement son registre : à question métaphysique, réponse thérapeutique ?

Pourtant, ces interrogations ne peuvent rester sans réponse : elles vont tourmenter l'enfant, qui ne sait à qui s'adresser et qui va donc les poser de travers, en les déguisant, afin de tenter de réveiller un écho chez quelqu'un qui saura l'entendre, le comprendre et lui parler – ce qui suppose une grande disponibilité et de rares qualités d'écoute chez un individu idéal, bien difficile à trouver.

Des apaisements, des explications à la portée d'un enfant de 3 ou 4 ans ne sont pas toujours suffisants pour un esprit déjà logique et clair, en quête de cohérence, persuadé qu'on lui cache la vérité pour le ménager et qu'il lui faut encore attendre quelques années pour enfin « savoir ». Se sentant encore une fois tenu à l'écart, il va commencer à souffrir, puis à tenter de s'accommoder de cette souffrance, à la déguiser en colère, en caprices, en moments de rêverie, d'où il émergera encore plus lointain que de coutume.

S'il a été directement frappé, s'il s'agit d'un parent proche, d'un ami, il risque de glisser peu à peu dans un état de tristesse discrète, mais insidieusement destructrice, puisqu'il va désormais se garder de mettre trop de passion dans une relation, une amitié, un domaine d'intérêt, même, préférant se tenir toujours prêt à l'abandon : il s'entraîne au deuil à chaque occasion – et elles sont nombreuses à cet âge de découvertes incessantes.

On ne peut imaginer qu'un enfant si gentil et si sage élabore un système de pensée digne des philosophes les plus noirs et les plus amers : éviter de s'attacher, de nourrir trop d'espoir, se préparer à la souffrance et s'endurcir du mieux possible... tous modes de défense complètement dépourvus d'efficacité. Bien au contraire, ce raidissement dans la recherche illusoire d'une sérénité fallacieuse va bloquer l'évolution naturelle, la construction d'une défense efficace, en privant l'enfant en deuil du recours à des pensées heureuses, à des moments de grâce où tout est harmonie – moments privilégiés qui rendent une personnalité plus forte et plus apte à affronter les drames de l'existence.

■ Mélanie a de piètres résultats en classe ; on ne reconnaît plus la petite fille si vive, si curieuse de tout, si désireuse d'apprendre à lire et à écrire : elle lit d'ailleurs mal et renonce très vite à tout effort. Sa mère évoque le passage très difficile que la famille vient de traverser : accidents de voiture et d'avion, maladie foudroyante, divorce d'un couple proche, qui n'a pas résisté à cette série noire. Maintenant que le cauchemar paraît terminé, Mélanie ne retrouve pourtant pas son intérêt pour l'école, accueillant ses mauvaises notes sans trop en souffrir, semble-t-il. Elle est toujours aussi gentille, mais comme indifférente à la réussite scolaire.

Mélanie a en fait été horrifiée par ces tragédies successives, accumulées en si peu de temps. Elle en a déduit qu'il lui fallait s'endurcir pour résister aux catastrophes à venir, s'entraînant à ne plus rien désirer, à demeurer dans une neutralité dénuée d'élan et de passion, afin de se préserver de la douleur du manque, de l'arrachement, de la frustration.

Elle a oublié qu'on ne peut se priver à jamais de rire et de beauté : elle s'efforce de vivre dans l'austérité absolue, comme si l'on pouvait subsister sans s'alimenter. Il lui faut comprendre que l'acquisition du savoir peut, au contraire, l'aider à mieux se défendre contre les aléas de la destinée et que c'est là le meilleur remède qui soit contre la douleur ; que de tels acquis sont ses plus sûrs et ses plus fidèles alliés.

Mélanie se laissera peu à peu convaincre ; mais il faudra beaucoup de temps et de patience pour que lui reviennent le désir et le goût de la quête.

Quand une religion est là pour apporter une amorce de réponse, des éléments permettant de trouver des points d'appui, une voie qui ne débouche pas sur le vide, la situation s'éclaircit. Sinon, on a tout à craindre de la secte, d'apparence solide et sûre, où celui qui n'a jamais reçu de réponses satisfaisantes à ses questions vitales s'engouffrera avec la passion, l'idéalisme, et le goût de l'absolu des enfants doués quand ils sont en quête de cohérence et de guide.

■ Dans la même semaine, j'ai vu une petite fille qui se désolait de la disparition accidentelle et prématurée de son chien. Ses parents la rassuraient ainsi : « Il est au ciel ; de là-haut, il veille sur toi. » Au petit garçon dont l'amie avait été brutalement emportée par la maladie, ses parents disaient, pour apaiser son chagrin : « Maintenant, elle vit seulement dans ton souvenir, garde-la dans ta mémoire, puisqu'elle a disparu. »

Quelle est la consolation la plus douce ?

On voit bien qu'il y a là un espace que les armes de la clinique ne sauraient combler. On se heurte rapidement aux limites du rationnel, de la raison logique, quand la mort est de l'ordre du mystère. Pour distraire son chagrin, l'enfant dans la peine pourra s'initier aux multiples rites funéraires en vigueur de par le monde. Leur diversité l'aidera peut-être à apprivoiser sa souffrance.

La thérapie est un cheminement particulier qu'il faut destiner à des situations précises, mais dont on ne saurait faire une panacée. On a tendance à recourir trop systématiquement à cette approche, et à mon sens de façon le plus souvent injustifiée ou maladroite pour ce qui est des enfants doués, dont le sentiment aigu d'une différence que rien n'explique pourrait être aisément dissipé. C'est le diagnostic initial qui est en cause ici. L'intelligence n'est pas une névrose...

L'ENFANT BIEN ACCOMPAGNÉ : UN AVENIR DE LUMIÈRE

Il ne faudrait pas croire que l'enfant doué soit promis à un long calvaire que viendraient sporadiquement éclairer de rares moments de paix quasiment volés au destin... La réalité est tout autre, et, quelles que soient les difficultés soulevées dans cet ouvrage, elles ne l'ont été que pour mieux souligner le paradoxe de l'intelligence : une force fragile ouvrant sur tous les bonheurs et toutes les douleurs. Il s'agit donc de bien accompagner ce vif-argent dans une alchimie lumineuse qui en fasse de l'or...

Et d'ailleurs, quelle existence digne de ce nom pourrait prétendre à un parcours lisse, uniforme, dénué d'obstacles et d'impasses ? Il ne faut pas oublier que, si l'acuité des enfants doués ne laisse guère de place à l'illusion et à l'autosatisfaction, si leur extrême sensibilité les expose plus que d'autres à la déception et au chagrin, leur finesse de cœur et d'esprit leur dévoile des contrées auxquelles peu ont accès, gages de joies pures. Bref, ils respirent l'air des sommets : l'oxygène y est rare, mais la poussière absente.

Ils deviennent ainsi, pour peu qu'on les laisse déployer leurs ailes, des êtres passionnants autant que passionnés, prodigues de leurs talents et de leur affectivité, et d'autant plus attachants qu'ils ont souvent payé cher le droit de n'être pas seuls : ils savent ce qu'harmonie veut dire, pressentent la fêlure, ont le goût de l'écoute et du don. Leur richesse est celle du voyageur au long cours dont le vaisseau a essuyé bien des tempêtes avant d'être autorisé à rentrer au port : ils ont appris la patience.

■ Jean-Paul se plaint de son don, qui l'empêche de vivre « comme tout le monde », qui ne lui procure même pas une réussite scolaire éclatante, instaure un décalage permanent avec son entourage et le coupe des autres : où est l'avantage, vraiment ? Il aimerait bien qu'on lui explique en quoi réside sa chance.

J'ai suggéré à Jean-Paul de concevoir son intelligence comme un jeune saint-bernard qui aurait débarqué un matin, par surprise, dans sa chambre : encombrant, exigeant, réclamant une attention de tous les instants, ce compagnon chaleureux deviendrait aussi son meilleur allié, le plus sûr et le plus fidèle.

La métaphore a porté : Jean-Paul a soudain pris conscience qu'il pouvait considérer ses dons intellectuels comme un cadeau du ciel et non plus comme un fardeau écrasant. Qu'il s'agissait là d'un instrument magnifique, qu'il lui faudrait apprivoiser, accorder, maîtriser, mais sur lequel il pourrait s'appuyer le reste de son âge.

« Celui qui se connaît est seul maître de soi » (Ronsard)

Comme tous les autres, les enfants doués ont ainsi dû apprendre à surmonter les embûches quotidiennes : ils ont découvert que leur pouvoir était limité par la réalité, ont dû renoncer aux rêves de réussite magique, ont connu la frustration, le deuil, le manque, l'impuissance et aussi l'injustice. Dans le même temps, ils ont compris qu'ils possédaient une force incommensurable, celle de l'esprit humain qui peut voyager dans des contrées imaginaires comme dans les voies plus strictes du raisonnement ; ils ont exploré des modes de pensée inédits, où ils ont trouvé un enseignement profitable, ils ont appris qu'ils étaient, tout à la fois, très forts et très faibles. Ils ont eu, beaucoup trop tôt, conscience de leur fragilité, mais ils ont vite saisi que la connaissance allait leur donner la force qui leur manquait et ont éprouvé mille joies en découvrant toutes ces voies menant vers un infini qui ne laisse place à aucune lassitude.

Parfois, ils ont eu du mal à accorder leur envergure intellectuelle à leurs forces défaillantes : il leur a fallu admettre qu'on commence toujours par être maladroit, par accumuler les chutes et les erreurs, avant de réussir comme dans les rêves. Leur sagesse, tôt acquise, leur a permis d'apprécier l'autorité de leurs parents, assurés qu'ils étaient de leur amour sans faille. Ils ont préféré l'harmonie des relations à la révolte, l'esthétique à la destruction. Ils ont acquis le goût de la beauté – leur souci de perfection s'accommoderait mal de la laideur –, et s'ils devaient choisir un nombre parmi ceux qu'ils aiment manier, ce serait le *nombre d'or*.

Ils savent que rien n'est jamais acquis, qu'ils seront souvent obligés de combattre pour faire reconnaître leurs dons ou même seulement la valeur de leur travail. Pour les soutenir dans ce combat, ils détiennent une force impossible à vaincre : celle de l'imagination, qui permet d'échapper aux pires contraintes, qui sait percer et éclairer la grisaille la plus terne. Ils n'oublieront pas qu'il est toujours possible d'évoquer un univers éblouissant : « Glaciers, soleils d'argent, flots nacreux, cieux de braise » surgissent quand on quitte les « fleuves impassibles » et qu'on se laisse guider par Arthur Rimbaud...

Enfants, ils ont souffert de ce surcroît de sensibilité qui les rendait trop vulnérables ; maintenant, ils savent utiliser la richesse incomparable que donne cette sensibilité enfin bien maîtrisée, sans craindre que leur « luth constellé porte le soleil noir de la mélancolie ». Il est vrai que ce « soleil noir » les a parfois glacés durant leur enfance ; ils demandaient alors, sur un ton de scepticisme triste : « A quoi me sert mon intelligence, puisque vous dites que je suis intelligent ? » Ils écoutaient avec incrédulité cet adulte étrangement enthousiaste leur parler, à eux qui se croyaient revenus de tout, du plaisir d'exercer librement ses dons et de la joie pure d'une émotion artistique, littéraire, scientifique, même : ceux qui se contentent d'un petit univers étriqué et clos, abrité des fulgurances de l'imagination créatrice, goûtent des plaisirs à la mesure de ce réduit sans surprise.

Un coucher de soleil fastueux emplit d'un bonheur indicible celui qui sent qu'une émotion de cette nature va amplifier encore son goût de la beauté. Celui qui aura trop réprimé ses sentiments dira que c'est un spectacle banal, mais il sera peut-être obligé de refouler des larmes inattendues.

L'accomplissement de soi est le plus grand cadeau que l'on puisse s'offrir : il couronne les efforts, les batailles durement remportées, il prouve qu'on a pu se forger un caractère à la mesure de ses rêves, qu'on a su transformer ses faiblesses en richesses, par la force qu'elles ont obligé à déployer pour les vaincre. Sans mise à l'épreuve, il n'y a pas de réussite que l'on puisse véritablement apprécier. Les enfants doués aiment tous relever un défi, encore faut-il qu'il soit à la mesure de leur don : dérisoire, il serait trompeur, et quelle serait alors la saveur du triomphe ?

En guise de conclusion

L'ENFANT DOUÉ TEL QU'EN LUI-MÊME…

On les dit « rêveurs », on les dit « ailleurs » l'esprit voyageant dans des univers inventés, joyeux et beaux, fourmillant de merveilles à chaque détour du chemin, peuplés d'amis chaleureux et gais qui savent écouter et parler de tout sans s'étonner. Personne ne sait à quel point ces mondes imaginés sont séduisants et quelle force d'âme il faut pour retrouver le quotidien banal, monotone, terne et surtout terriblement contraignant, qui impose de refouler sans cesse les questions passionnantes qui viennent à l'esprit.

S'il n'y avait l'amour réconfortant et chaud des parents, il serait bien tentant de rester dans cet espace propre, à volonté nourri de chiffres et d'équations, de planètes fascinantes, de plantes mystérieuses et rares. Les animaux n'y manquent pas : dragons fraternels ou hostiles, sauriens préhistoriques à profusion, petit ou gros chien amical et fidèle.

Il y a aussi cette curiosité d'esprit qui fait espérer un avenir plus attrayant, quand les professeurs seront en mesure de tout livrer de leur sujet, quand les discussions seront permises, les débats ouverts, parce qu'on aura soi-même enfin assez de science pour soutenir un échange stimulant et voir monter du fond de l'horizon des idées nouvelles.

Pour ces aventuriers de l'esprit, de l'imagination, de l'humour, parfois même de l'absurde, il est bien lourd de s'obliger à paraître conforme, plat, lisse, pour ne pas compliquer encore la situation... et pour rester en paix.

Le silence des espaces infinis laisse tout de même passer une douce et lointaine musique, qu'il serait merveilleux d'entendre de plus près, peut-être en rencontrant, émergeant peu à peu du brouillard des jours ordinaires, des frères, des semblables, pareillement à l'écoute de cette mélodie qu'ils sont si peu à percevoir.

Tout est possible, à condition de rester ferme dans ses résolutions, de ne pas se laisser impressionner par les critiques spécieuses, de conserver une fidélité à soi-même et de ne pas oublier l'idéal qu'on avait chéri dans les tout premiers temps de sa naissance au monde des idées. L'accomplissement est à ce prix, le bonheur aussi.

Quelques mots clés

Au terme de cette évocation du parcours spécifique de l'enfant doué, on peut retenir quelques mots clés : ils permettront parfois de comprendre une réaction surprenante, des phrases incongrues, de brusques passions et des rejets tout aussi brutaux.

Tout d'abord, la ***logique***, toujours étonnante quand elle est maniée par un enfant qui, hier encore, ne parlait pas. D'où lui vient alors cette capacité à enchaîner les idées comme s'il en avait usé de tout temps, en sautant l'étape du babillage mal maîtrisé ? Peut-être de nos plus lointains ancêtres, qui auraient disparu dans les tourmentes climatiques des prémices de notre histoire s'ils n'avaient appliqué sur-le-champ le fruit de leur expérience pour survivre malgré tout. Sans logique, l'être humain ne tarde pas à s'égarer dans des méandres où il finit par s'enliser irrémédiablement.

Au-delà de cette logique – indispensable, mais insuffisante, car elle n'est que la base sur laquelle s'édifie la personnalité – apparaissent, dans tout leur éclat, les qualités phares de l'enfant doué : ***humour, perfectionnisme, passion***. Elles confèrent au don un aspect particulier et rare, en lui donnant la solidité, la durée, la distance, mais aussi la profondeur, qui permet l'émergence d'idées personnelles et originales, venues du plus loin de l'esprit, en suivant un cheminement impossible à cerner et qui est le propre de l'être humain : cheminement mystérieux, secret, qui aboutit aux découvertes de génie. On pourrait croire que ces extraordinaires éclairs d'intelligence sont exceptionnels : ils présideraient seulement aux grands moments de notre histoire – le feu, la roue, la gravitation universelle, la relativité... Mais les idées novatrices jaillissent sans cesse de l'imagination de ceux qui se sont passionnés pour un domaine précis, et auxquels leur passion, précisément, interdit l'abattement découragé qui aurait freiné leur élan.

Le ***goût du défi*** est parfois négligé, quand on ne le confond pas avec le désir de l'emporter sur les autres, de conserver une supériorité... Pourtant, il donne une saveur particulière à l'effort comme à la réussite. Relever un défi et l'emporter, c'est gagner une victoire sur soi-même, sur ses faiblesses, sur sa peur parfois ; c'est progresser, grâce aux forces inhabituelles, insoupçonnées, qu'il a fallu déployer à cette occasion ; c'est se mettre à l'épreuve et s'exposer à l'échec, à la perte de son image ; c'est faire acte de courage.

■ « Le courage ? C'est d'aller à l'école quand on n'a pas envie », dit avec sérieux une Jennifer de 5 ans tout juste. Elle sait déjà qu'il faut forcer sa nature, prendre sur soi,

accepter des contraintes pour progresser et pour se construire une personnalité forte et solide.

Gardons-nous bien en cela de ne songer qu'à la seule intelligence : c'est là la vision volontairement réductrice de ceux qui aimeraient nier l'existence d'un don de cette nature et qui s'appliquent à le considérer comme une hypertrophie d'une partie du cerveau, une anomalie qu'on est heureux d'éviter à ses enfants. L'***intelligence*** dite ***du cœur*** est tout aussi importante : sans elle, y aurait-il l'humour ? Et, plus encore, la passion ? Un mécanisme intellectuel qui fonctionnerait sans faiblesse chez un individu glacé et dépourvu de toute émotion aboutirait à une vision de cauchemar. On serait alors bien loin de la séduction subtile et du charme pénétrant des enfants doués quand ils sont heureux. *Puer egregia indole,* disaient les Anciens (célèbre exemple de grammaire !) : un enfant hors du commun.

On peut à ce propos s'arrêter sur la surprenante difficulté qu'il y a, semble-t-il, à *identifier l'intelligence* : car, si l'on ne peut mesurer soi-même l'étendue de ses capacités intellectuelles, l'histoire de nombre d'enfants doués non ou mal reconnus démontre que cette intelligence n'est pas toujours identifiée comme telle. En témoigne l'entêtement forcené de certains pédagogues refusant l'idée qu'un enfant, traditionnellement considéré comme trop jeune pour apprendre à lire, puisse tout de même manifester un attrait réel pour la lecture ; ou, plus tard, l'obstination cassante d'un professeur affirmant qu'un raisonnement particulièrement pertinent ne peut qu'avoir été recopié dans un livre et ne saurait en aucune façon être le fait de l'élève lui-même. Cette incrédulité farouche, cette constante mise en doute des qualités intellectuelles provoquent les ravages que l'on sait chez un enfant déjà troublé à son propre sujet.

Il est tout de même étonnant que des qualités telles que la clarté de pensée, la rigueur de raisonnement, la précision du vocabulaire soient négligées. On qualifie celui qui les manifeste de « mutant », de « martien », d'« intellectuel », de « dictionnaire », sans jamais établir de relation entre cette marque distinctive et d'éventuels dons intellectuels. La pertinence « excessive » devient gênante, provoquant un malaise qui conduit invariablement à laisser de côté, voire à rejeter violemment, celui qui « dérange ». Il ne s'agit pourtant pas d'une maladie contagieuse – quel dommage, d'ailleurs !

FAISONS UN RÊVE...

Il semble évident que la société tout entière bénéficie des dons de chacun ; cet aspect un peu polémique n'a pas été abordé, mais les expériences de nombreux parents et adultes doués peuvent l'illustrer abondamment. Contentons-nous d'un souhait, peut-être encore utopique – mais caresser des idées chimériques permet une halte apaisante dans un combat sans fin : une société heureuse et harmonieuse, où le talent de chacun profite à tous ; qui, sans être un paradis, en recueillerait quelques parcelles, lointains échos des moments de pur bonheur, quand le cœur et la pensée peuvent s'allier pour donner le meilleur de l'être ; et qui permettrait aux enfants doués de déployer leurs talents pour le plus grand bien de tous...

ÉPILOGUE EN FORME DE CONFESSION

Pour quelles raisons ai-je été attirée par ces enfants doués ? Question souvent posée par des journalistes curieux d'anecdotes personnelles et vécues, douloureusement si possible, afin de les rendre plus intéressantes.

Il se trouve, simplement, que j'ai commencé à travailler à une époque lointaine, classique et protocolaire, où tous les enfants devaient passer un test avant d'être présentés à la consultation médicale obligatoire, quel que soit le centre de consultation. Par la suite, le principe même des tests a été violemment décrié, sous le prétexte qu'un examen psychologique « jugeait » les enfants de façon trop réductrice et les « classait » dans une catégorie plus ou moins favorable. Il m'est cependant toujours apparu que se révélaient à cette occasion des aspects de la personnalité risquant, autrement, de rester longtemps ignorés. C'était, en particulier, le cas des enfants doués, présentés en consultation pour les motifs les plus divers – mauvais résultats scolaires, difficultés de comportement, attitude asociale, parfois même soupçon de troubles plus graves – sans que l'hypothèse d'un niveau intellectuel bien supérieur à la moyenne fût jamais évoquée. Pratiquer une évaluation du QI, enrichie par un examen de la personnalité, permettait d'ébaucher un reflet plus fidèle de l'enfant, pour le lui renvoyer et éclairer ses parents.

Ces situations très particulières m'ont fait découvrir que les enfants doués étaient très rarement identifiés comme tels, qu'on recherchait ailleurs la raison de leurs difficultés, alors qu'il était si facile de les reconnaître dans leur spécificité et de les aider de façon plus efficace et plus juste. Pourquoi négliger cet outil et se priver d'une source d'informations indiquant sans équivoque la voie à suivre ?

A ce propos, une précision s'impose au sujet de l'intérêt qu'il y aurait ou non à communiquer les résultats des tests aux enfants : le chiffre précis a peu d'importance, il doit être relativisé, il risque des fluctuations en fonction du moment, de la personne qui préside aux opérations et, surtout, de l'état d'anxiété du sujet, qui appréhende cet « examen » en dépit de toutes les paroles rassurantes qu'on lui prodigue largement. Ces interrogations n'ont pas lieu d'être : un enfant inquiet doit, avant tout, être rassuré le plus rapidement possible, afin de n'être pas plus longtemps rongé par l'angoisse que lui inspire la question de son éventuelle « anormalité » : est-il oui ou non porteur d'une marque infamante, ou bien sa différence provient-elle d'« autre chose » qui ne soit pas, pour autant, une « maladie » ? Il attend la réponse avec une tension qui mérite bien qu'on l'écoute et l'apaise sans délai.

Des années après, d'ailleurs, les enfants gardent un souvenir précis de la personne qui a éclairé l'aspect le plus important de leur personnalité quand tout le monde le méconnaissait – un souvenir intense, encore chargé de l'émotion ressentie au moment où ils ont appris l'origine de leur malaise. Pour la première fois, quelqu'un qui ne les connaissait pas leur a retourné d'eux une image enfin *cohérente,* dans laquelle ils pouvaient se reconnaître sans se sentir trahis ni contraints. Pour eux, il y aura toujours un avant et un après : entre les deux se situe le franchissement d'une ligne qu'on pourrait qualifier de « magique », séparant l'obscurité du doute de la lumière d'une révélation leur dessinant un avenir riche de promesses, bien éloigné du chaos qui leur était généralement prédit.

■ Une petite Daphné de 6 ans tout juste demande qu'on lui achète un joli carnet – le premier de sa vie – où elle puisse écrire le nom de la gentille dame qui l'a si bien comprise. Elle est sûre, ainsi, de retenir le nom de la personne qu'elle pourra appeler en cas de besoin : elle en a aussitôt compris l'intérêt et l'importance.

Cette révélation est si marquante que des adolescents tourmentés reviennent d'eux-mêmes voir la psychologue qui a su les aider dans les temps lointains de leur enfance. Ils ne doutent pas un instant que la lumière qui les a si bien éclairés autrefois puisse fonctionner de nouveau pour les tirer d'embarras. Depuis cette première rencontre, ils ont gardé en mémoire l'image de quelqu'un qui était capable de les comprendre. Ils trouvaient là une certitude rassurante, qui a pu les accompagner dans leur évolution : même s'ils n'ont jamais eu besoin d'y recourir, il était pour eux réconfortant de savoir qu'il existait une personne au fait des embûches guettant particulièrement les enfants doués durant leur parcours personnel.

Je garde moi aussi en mémoire les visages de ces enfants, dont je retrouve les traits chez les adolescents embarrassés et incertains qui reviennent plus tard, souvent sans très bien savoir eux-mêmes ce qu'ils attendent de moi. Ils se souviennent seulement du bonheur ressenti jadis, en recevant une clé leur donnant accès à des voies ignorées : ce fut pour eux un cadeau somptueux que la découverte de ce « don » au sens propre, qu'ils pourraient travailler, modeler, faire fructifier avec bonheur. Leurs efforts ne seraient plus jamais vains, ils les guideraient avec sûreté vers l'accomplissement d'eux-mêmes : c'est là, en effet, un cadeau inestimable. Et qui vaut toujours à la psychologue une amitié, une confiance, une reconnaissance qui justifient à elles seules, si besoin était, de longues années de recherche et de pratique. Il s'agit somme toute, là aussi, d'un très beau cadeau.

Petits contes à l'usage des enfants doués… et de leurs parents

Afin d'illustrer ces propos, je n'ai pas résisté à la tentation de terminer par trois petits contes. Pourquoi, en effet, se priver du plaisir de lire une histoire ?

Les jeunes enfants qui ont cru qu'ils avaient atteint leurs limites parce qu'ils n'avaient pu réussir dans l'instant une tâche inhabituelle seront enchantés de constater que ce problème remonte à la nuit des temps et que, déjà, un certain *Petit Ptérodactyle* se désolait en se croyant atteint d'une déficience irréparable.

La Minette jalouse éveillera chez des aînés traversant un passage difficile l'écho de leur légitime fureur. Souhaitons qu'à la lecture de leur drame, ils se sentent compris et puissent ainsi prendre quelque distance et renouer avec eux-mêmes.

Quant au douloureux *Flamant gris*, on doit l'envier d'avoir découvert le bonheur. Qu'importe alors les vicissitudes passées ?

Le Petit Ptérodactyle

Il était une fois un adorable petit ptérodactyle qui habitait avec son papa et sa maman tout près d'une belle forêt vert sombre. Ils étaient très heureux ensemble, aimant aller se promener en lisière de forêt, volant çà et là – mais jamais très loin, parce que le petit ptérodactyle se fatiguait vite ; alors, ses parents s'éloignaient parfois sans lui, lui racontant à leur retour ce qu'ils avaient vu et ce qu'il verrait à son tour, quand il serait un peu plus grand.

Tout aurait été parfait et la vie se serait déroulée dans un bonheur absolu si le petit ptérodactyle n'avait été secrètement tracassé par un problème lui paraissant impossible à dépasser. Ses parents avaient beau lui répéter que ce n'était pas grave du tout, que cela n'avait aucune importance et que beaucoup de petits ptérodactyles avaient rencontré des difficultés semblables – eux-mêmes en connaissaient des quantités –, rien n'y faisait : il se désolait et ne parvenait pas à se consoler. Il avait même tellement honte qu'il osait à peine évoquer ses tourments.

De quoi s'agissait-il ? Eh bien, voilà : il ne savait pas dire « ptérodactyle ». Chaque fois qu'il essayait, il s'embrouillait en route, s'emmêlant dans une sorte de bouillie de lettres qui l'affolait. Il prenait son élan, respirait un grand coup, attaquait : « Ppppp... » Il respirait à nouveau : « Pépépépopopopotéro... ptoré... péro... topéro... » Il était au bord des larmes, de gros sanglots se bloquaient dans sa gorge, il bafouillait de plus belle : « Péroto... téropo... » Et il s'arrêtait, le bec ouvert, comme si ce mot si beau allait enfin sortir tout seul de sa gorge.

Le soir, bien au chaud et à l'abri à côté de son papa et de sa maman, il avait du mal à s'endormir. Tout bas, il essayait encore : « Ptoro... » Ah, ça allait un peu mieux, il avait réussi à prononcer « pt » ! Mais ce n'était pas encore satisfaisant, il fallait poursuivre encore et encore son effort : « Péro... poré... toré... » Il en faisait des cauchemars.

Les moments les plus pénibles, ceux qui lui faisaient le plus peur, étaient ceux qu'il passait avec ses camarades. Tous les autres savaient dire « ptérodactyle », et, pour s'amuser, faisaient répéter au maladroit : « Péro... téro... » Ils riaient comme des fous ; leurs becs claquant de joie, tandis que lui ne désirait qu'une seule chose : disparaître, devenir invisible et, surtout, ne plus entendre ces cruelles moqueries.

Il rentrait à la maison en pleurant, si triste qu'on ne pouvait le consoler, même en lui racontant des histoires drôles. Une, pourtant, qu'il aimait particulièrement, l'apaisait un peu : celle du grand tyrannosaure qui s'était coincé la queue dans un tronc d'arbre pourri et qui, incapable de se dégager, avait dû demander aux termites de creuser l'arbre pour lui permettre de se libérer. Comme il était très orgueilleux – ne se faisait-il pas appeler « Rex » par son entourage ? –, il avait été affreusement vexé après que les termites eurent raconté l'anecdote aux fourmis, qui l'avaient répétée aux abeilles, qui l'avaient propagée de fleur en fleur au cours de leur périple... On s'amusait encore de ce terrifiant géant qui pouvait balayer toute une clairière de sa queue formidable, la vidant du même coup de ses habitants, et qui s'était soudain trouvé bête, sa fameuse queue qui lui inspirait tant de fierté stupidement bloquée par un arbre imbécile – qu'il aurait peut-être, une autre fois, ébranlé d'une pichenette, mais qui, ce jour-là, avait résisté à tous ses efforts... N'auraient été les obligeants termites, l'affreux tyran(nosaure) y serait encore.

« C'est tout de même un comble ! se lamentait le petit ptérodactyle. Je sais dire "ornithorynque", je sais que nous sommes au Jurassique supérieur, je sais comment naissent les bébés, mais je ne parviens pas à prononcer "potéro... dacylo...". » Et il pleurait de plus belle, si fort qu'il en perdait le goût des œufs de tritons qu'il aimait tant – et que sa maman lui préparait si bien avec des herbes choisies.

Une nuit, il fit un terrible cauchemar : puisqu'il ne savait pas dire « ptéro..., etc. », il allait grandir tout de travers, les ailes sur les pattes, le bec dans le dos, et ses copains auraient cette fois de quoi rire de lui pendant très, très, très longtemps – toujours, en fait. Il était bien le seul à ne pas pouvoir dire « ptéporact... », jamais il n'y arriverait, quelque chose en lui l'empêchait d'être comme les autres et de parler comme eux. Ils avaient bien raison de tant rire, puisqu'il était parfaitement ridicule, avec cette maladresse idiote, qui faisait de lui un idiot.

La cause était entendue, ce n'était même pas la peine d'essayer encore, de s'obstiner, de s'entêter aussi stupidement, il ne saurait jamais parler comme ses copains et puis c'est tout. Il devait simplement s'habituer à son infirmité et éviter les situations l'obligeant à décliner son identité. Après tout, cela se voyait bien qu'il était un reptile volant ! Bien sûr, il aurait préféré pouvoir dire, avec une élégance désinvolte, des phrases aussi magnifiques que : « Nous autres les poré... non, les pérot... non, oh, quelle horreur ! Nous autres, les potéro... les doréto... les dacotyles... » Jamais il ne serait capable de le dire.

Il y avait vraiment de quoi devenir de plus en plus triste. Pourtant, un jour qu'il avait volé en solitaire jusqu'à l'orée de la forêt vert sombre et s'y désolait tranquillement, il commença à se répéter, pour lui tout seul : « Potéro... non, proto... non, ptoro... non, ptéro... ptérodactyle ! » Il s'arrêta, saisi de stupeur. Il l'avait dit ! Il l'avait dit !

Le soleil brilla très fort, faisant étinceler ses larges membranes et luire son long bec d'un éclat inédit. Le petit ptérodactyle fut, tout à coup, très pressé de rentrer à la maison. Il prit son envol, déployant naturellement ses ailes immenses, et, se laissant porter par les courants d'air, il répétait, avec un plaisir fou : « Je suis un ptérodactyle, un ptérodactyle, un ptérodactyle, un ptérodactyle... »

La Minette jalouse

Il était une fois une ravissante Minette qui vivait heureuse avec deux grandes personnes et une autre, beaucoup plus jeune. Dans cet univers idéalement équilibré, chacun savait ce qu'il pouvait attendre des autres habitants de la maison, et la Minette mieux encore.

Ainsi, avec le plus jeune, elle jouait, et, comme elle aimait infiniment s'amuser, elle attendait avec impatience le moment où ils se lanceraient une balle ou sauteraient sur les branches du grand arbre pour voir les choses d'un peu plus haut... Ce compagnon de jeu avait bien été un peu brutal au début, mais elle avait facilement rétabli l'ordre : quelques coups de griffes judicieusement distribués, et il n'y avait plus eu de dérapage.

La grande personne qui avait la voix la plus douce lui donnait à manger ; c'était aussi avec elle que se partageaient les plus gros câlins – c'était « la dame ». Elles s'aimaient beaucoup et ne cessaient de se dire des mots gentils. « Mamourinette, Mapoucinette, Amoucatou », disait la dame. « Moi aussi », répondait la Minette, en lui caressant doucement la joue de ses coussinets veloutés. Elle lui faisait ses yeux en amande et ronronnait, comme assurément elle seule savait le faire. La dame aurait bien voulu ronronner elle aussi, sûre qu'on évitait ainsi quantité de mots inutiles et qu'on devait éprouver un grand plaisir à murmurer toutes ces gentillesses à l'intérieur de soi. La Minette n'était pas peu fière de sa supériorité : elle ronronnait donc de plus belle avec, parfois, ce rien de provocation exercée par les gens qui usent avec aisance d'un don naturel.

Elle voyait moins le dernier membre du trio : il avait une grosse voix, la soulevait comme si elle n'avait rien pesé, lui parlait ainsi qu'à ses copains ; elle s'appliquait à prendre l'air attentif, histoire de ne pas passer pour une idiote : elle ne comprenait pas tout, mais elle l'adorait.

Tout était parfait et la Minette vivait dans un bonheur absolu, comblée de caresses, mais aussi dévouée au bien-être des autres habitants de la maison. Car elle avait des obligations, où elle voyait en fait l'occasion de manifester son amour à ses bienfaiteurs : elle s'était ainsi entraînée à tuer les insectes le plus rapidement possible – son coup de patte était devenu sans égal. Preuve de son abnégation : elle tuait les mites, dans lesquelles il n'y a guère à manger qu'un peu de poussière insipide. Elle tuait également cafards et araignées, plus consistants comme apéritif. Elle avait même inscrit à son tableau de chasse une grosse souris, ce dont elle avait été chaudement félicitée quand, au matin, elle avait triomphalement apporté son trophée sur le lit des grandes personnes ; il faut dire que ladite souris avait fait des ravages, déjouant les pièges les plus fins et continuant à grignoter toute la nourriture qu'elle trouvait – même les rideaux et les couvertures.

Elle savait aussi se précipiter au cœur de la nuit pour apaiser le plus jeune, anticipant le moment où il sortirait de l'affreux cauchemar contre lequel il était en train de se débattre. Quand, dans le noir, il ouvrirait les yeux, encore terrifié, la Minette serait là pour le rassurer, le consoler, lui permettre de se rendormir. Elle ne craignait pas non plus la chasse aux monstres qui viennent hanter les rêves des jeunes enfants, ignorants qu'ils sont du guet vigilant qu'opère une Minette dévouée.

Et puis, dans cette maison d'esthètes, on appréciait sa beauté à sa juste valeur. On louait la symétrie parfaite de ses rayures noires, le tendre beige de son ventre et, surtout, sa splendide queue touffue, noire et brillante, qu'elle entretenait d'ailleurs avec un soin particulier, dont elle était souvent complimentée. On admirait le mystère de ses yeux verts, on vantait sa grâce autant que sa joie de vivre.

Quand il y avait soirée, elle était un peu la reine : chaque invité voulait la caresser, quémandant un câlin, qu'elle accordait d'ailleurs de bonne grâce, mais en y mettant quelques formes tout de même, pour ne pas avoir l'air trop facile. On lui offrait toujours un peu de ce délicieux poisson fumé rose, à l'odeur si agréable, et même, à la saison froide, des parcelles d'un foie conservé dans une merveilleuse graisse onctueuse.

La vie était un cadeau splendide qu'elle appréciait chaque jour un peu plus. Elle songeait parfois qu'elle aurait pu être comme ces affreux matous qui rôdaient dans le jardin, tout pelés, faméliques, couverts d'écorchures et de croûtes. Quand ils la voyaient, si belle et si forte, ils s'éloignaient, parce qu'ils savaient qu'ils n'avaient aucune chance contre elle, qui était sur *son* territoire à elle.

Mais, un jour, cette sublime idylle cessa brusquement, sans que la Minette ait rien vu venir. Elle n'avait pu se défendre ni préserver ses droits, ayant été placée devant le fait accompli, qu'on lui avait présenté distraitement, comme s'il s'agissait d'une broutille, alors que toute sa vie basculait soudain et qu'elle plongeait dans un cauchemar bien pire que les plus noires visions infligées aux humains.

Le drame surgit sous l'apparence d'un minuscule chaton : ce n'étaient certes que quelques grammes, mais d'un poison redoutable, qui allait ronger le cœur de la Minette.

Voilà que tous ces gens qui hier, autrefois, il y a si longtemps, à l'époque où la vie était ici un paradis, l'admiraient sans réserve, devenaient complètement gâteux devant cette stupide boule de poils sentant mauvais, ne s'exprimant que par des gémissements intermittents, incapable de prononcer le moindre mot intelligible, qui de surcroît bavait, tétait tout ce qui était à sa portée, ne savait pas se tenir... Et ces imbéciles étaient là, tout attendris par cette demi-créature absurde, qui n'aurait même pas dû voir le jour !

Le pire était qu'on prenait la Minette à témoin de la séduction de ce crétin. On lui lançait gaiement : « Tu vas avoir un petit camarade de jeu, tu es contente ? » Ou encore : « Regarde comme il est gentil ! Tu vas être sa petite maman... » Et autres idioties qu'elle devait subir sans avoir l'air fâchée, puisqu'il était évident que sa colère aurait été mal comprise.

Décidément, puisqu'on s'extasiait sur cette chose sans nom, c'est qu'on ne l'aimait plus, elle, qu'on pouvait la mettre dehors à tout moment, qu'elle serait alors comme les matous pelés et malades – qui ne manqueraient pas de prendre leur revanche. Elle en mourrait, sale, croûteuse, crottée, et surtout vexée, humiliée. De toute façon, elle allait mourir, puisqu'on ne l'aimait plus.

Elle avait bien cherché une souris à tuer, histoire de rappeler à ces oublieux quels services elle pouvait rendre, mais ces froussardes avaient toutes disparu – elle avait trop bien fait son travail. Alors elle s'en prenait, sans conviction, aux mites et aux araignées, mais personne ne semblait s'en soucier. Le petit garçon dormait à côté de l'usurpateur et ne faisait plus de cauchemars.

On ne voyait même plus ses superbes sauts périlleux avant, arrière, doubles : elle serait arrivée marchant sur les seules pattes de derrière qu'on ne se serait aperçu de rien, tout occupé qu'on était à dorloter l'autre crétin tremblotant sur ses pattes arquées – enfin, peut-être pas complètement arquées, mais presque...

Parfois, la Minette se sentait si délaissée qu'elle ne pouvait s'empêcher de se rattraper un peu en embêtant le petit imbécile. C'était d'ailleurs très facile, naïf et confiant comme il était : il croyait que tout le monde l'aimait et que ses bêtises étaient aussitôt pardonnées. Une fois, tandis qu'il rêvait, en haut de l'escalier, d'un imperceptible coup de patte, sans le vouloir vraiment, uniquement parce qu'elle avait cru voir une mite, la Minette l'avait comme ça, au passage, un peu bousculé – à peine ; mais il avait dévalé tout l'escalier, dans un grand méli-mélo de pattes, de tête et de queue, et s'était mis à pleurer dès qu'il avait repris son souffle. La Minette était déjà loin, mais elle était accourue avec tous les autres, mimant l'inquiétude, et le microbe ahuri n'avait rien dit.

Une autre fois, il était entré dans un placard par une porte entrouverte qu'elle avait vite refermée, dans un souci d'ordre bien légitime : une porte à moitié ouverte, ça fait négligé, n'est-ce pas ? Il avait mis du temps avant d'appeler au secours, croyant sans doute qu'il s'agissait d'un nouveau jeu et attendant tranquillement qu'on vienne le chercher pour le câliner et le couvrir de baisers.

Ce petit machin exaspérant était incassable, impossible à étouffer, toujours naïf et incapable de la dénoncer. Elle s'enhardit donc : elle but son lait, elle qui y avait depuis longtemps renoncé, griffa subrepticement sa peau si tendre, lui mordit les oreilles, s'étonnant avec les autres de ce que, par la suite, il pleurnichât et se débattît chaque fois qu'on les lui effleurait.

Sur le moment, elle trouvait un certain apaisement à exercer sournoisement sa vengeance, mais, aussitôt après, le remords la tenaillait ; elle se justifiait en arguant de la défense de son territoire, qui est le bien le plus sacré pour un félin : n'en était-elle pas la première occupante, et tout intrus ne devait-il pas en être impitoyablement chassé ? Les autres paraissaient avoir oublié ces règles élémentaires, mais où irions-nous, je vous le demande, si chacun agissait au mépris des lois fondamentales ? C'était son rôle de veiller au grain ; on lui en saurait gré, une fois l'importun éloigné et ce caprice oublié.

En attendant, elle voyait bien qu'elle ne comptait plus : on la caressait distraitement, on lui parlait comme à un prédateur endurci, alors qu'elle était une chatte sensible, qui allait s'étioler et dépérir si on persistait à la priver d'amour.

C'en était trop, la Minette résolut de se rebeller par une action d'éclat.

Déjà auparavant, les rares fois où elle avait été fâchée, elle s'était réfugiée, le cœur gros, dans un coin discret où son chagrin n'avait pas été remarqué, car elle avait sa dignité et n'aimait pas qu'on la vît dans la détresse. Elle décida donc de se cacher si bien qu'on la chercherait partout des heures durant : ces renégats inquiets seraient enfin punis des souffrances qu'ils lui avaient si cruellement infligées. Pendant ce temps, la Minette invisible savourerait sa revanche.

Elle trouva pour se glisser un tout petit trou, vraiment minuscule – presque un trou de souris –, et s'y tassa du mieux qu'elle put. Elle était à l'étroit, évidemment, mais elle endurait cet inconfort pour une juste cause. Elle se doutait bien qu'on finirait par la chercher, malgré la présence de l'*autre*. Ce fut le plus jeune qui s'avisa le premier de sa disparition. Il commença à parcourir la maison en criant « Minette ! Minette ! » d'une voix de plus en plus forte, de plus en plus angoissée. « C'est bien fait pour lui ! » pensait la Minette en silence. Il inspectait méthodiquement tous les endroits où elle avait coutume de se réfugier, quand elle désirait méditer en paix. Mais elle était pour l'heure bien loin de songer à la méditation, et personne n'eut l'idée de regarder dans le trou minuscule où une souris aurait à peine tenu.

« Où est ma Minette ? » hoquetait le petit garçon au bord des larmes. « Il m'aime donc un petit peu », pensa la Minette émue. « Minette ! » hurla-t-il, d'une voix si déchirante que celle-ci n'y tint plus et sortit de son trou, lentement, péniblement, en s'écorchant au passage. Elle se sentait toute drôle, un peu malade, comme rapetissée... Et elle se vit : toute grise, toute moche, toute petite, toute râpée. Elle était devenue souris.

Le petit garçon pleurait de plus en plus : « Où est ma Minette ? Où est ma Minette ? » Elle s'égosillait : « Ici ! Je suis ici ! » Mais on n'entendait pas sa toute petite voix de souris. Le petit garçon l'aperçut tout de même, la menaçant avec colère : « Tu n'es pas ma Minette, ma si belle Minette, tu es une vilaine souris toute grise, attends un peu, quand ma Minette reviendra, elle te mangera. »

« Je suis la Minette, gémissait la Minette, mais où sont mes belles moustaches toutes blanches et fières ? Celles-ci sont mitées, effilochées, j'ai honte. Et mes griffes qui ne rentrent plus ? Je vais me blesser, m'accrocher. Et mon beau ventre beige ? Il est ridiculement rose, sans un poil dessus, affreux. Et ma belle queue touffue que tout le monde admirait et m'enviait ? J'ai un petit filament sans couleur, vilain comme tout. Oh, que je suis malheureuse ! » Et elle pleurait, pleurait, à se demander comment un si petit corps pouvait contenir tant de larmes. « Où sont mes beaux yeux verts ? Je suis hideuse, je ne peux plus sauter, je vais déraper, ne parlons même pas de ronronner... Et puis personne ne me verra, et la première Minette venue me croquera. »

Elle se désolait de plus belle en entendant le petit garçon crier et la dame pleurer aussi. « Où est la Minette ? » « Ici ! » répondait la Minette, tout à fait certaine de n'être pas entendue. C'était épouvantable, elle n'aurait jamais cru qu'on pût être aussi malheureux. Comme elle regrettait sa colère passée ! Elle voyait bien qu'on l'aimait, mais c'était trop tard, maintenant. Les autres finiraient par se consoler, puisqu'ils avaient l'usurpateur pour leur tenir compagnie. Comment une telle catastrophe avait-elle pu arriver, alors qu'elle était au paradis ?

Alors la Minette se dit qu'il valait mieux mourir, plutôt que de se résigner à ce désastre. Elle retourna tristement dans son trou, où personne ne la trouverait jamais, s'y pelotonna, pleura encore et finit par s'endormir.

C'est une caresse qui la réveilla : le petit garçon avait déniché son antre et lui murmurait des douceurs à l'oreille : elle était à nouveau la Minette, avec ses belles moustaches, ses yeux verts, son soyeux ventre beige et ses longues griffes acérées. Elle ne s'était jamais sentie aussi heureuse de sa vie : non seulement elle savait qu'on l'aimait, mais encore elle remerciait le Ciel de l'avoir faite si belle, après s'être crue si moche, toute râpée.

Elle allait apprendre au bébé à vivre en chat digne, propre et bien élevé. Après tout, il n'avait jamais dénoncé sa perfidie, et la vénérait pour son savoir et son adresse. Alors que les autres ne paraissaient plus voir ses prouesses acrobatiques, lui était demeuré éperdu d'admiration : c'est en tentant maladroitement de l'imiter qu'il trébuchait de si ridicule façon. C'était un chat de bonne race ; elle l'éduquerait et ferait de lui un parfait compagnon, sachant aider ses maîtres attentionnés chaque fois que cela serait nécessaire ; plus tard, ils chasseraient ensemble, et alors, là, on pouvait être sûr que pas une souris n'échapperait à leurs forces unies.

Le Flamant gris

C'était un marais plat, terne et gris ; une végétation parcimonieuse créait quelques touches d'un vert éteint, le sable et les cailloux déclinaient des bruns et des ocres, mais, au milieu de ces tons sourds, les flamants roses rutilaient de tout leur éclat.

En groupe compact, ils bavardaient, juchés sur leurs longues pattes élégantes, et de leur cou si souple ils exprimaient bien des émotions.

Un peu à l'écart, le flamant gris tentait parfois de se rapprocher ; il allait tout doucement, pour que le bruit de l'eau n'alerte pas les autres, ceux qui brillaient au soleil ; quant à lui, il voyait le plus éclatant soleil absorbé par tout ce gris qui l'habillait.

Petit, il avait longtemps pensé que, plus tard, il aurait comme tout le monde ces plumes étincelantes, délicatement ourlées de rose, et qu'il brillerait même d'un éclat particulier parce qu'il aimait prendre soin de sa personne. Mais les mois passaient, et il restait irrémédiablement gris, comme les cailloux, comme le ciel les jours de pluie, comme l'eau quand tout est triste.

Chaque matin, quand il se réveillait, il pensait qu'il aurait peut-être une bonne surprise, il y pensait avec tant d'intensité, durant une minute heureuse où il voulait encore croire que tout serait possible, qu'il se voyait aussi brillant que les autres, mais il lui fallait bien ouvrir les yeux, voir ce gris qui l'accablait et se résigner à une autre journée de tristesse et de solitude.

Les autres le regardaient toujours d'un air étonné, comme s'il n'était pas l'un des leurs ; ils l'évitaient – l'air de rien, d'ailleurs : quand le flamant gris faisait trois pas discrets dans leur direction, les autres s'écartaient d'autant ; quand il leur parlait avec naturel et même en essayant de paraître désinvolte et d'oublier sa couleur absurde, personne ne lui répondait. Parfois, il se disait qu'il devait être contagieux et qu'on le fuyait pour ne pas risquer de devenir comme lui.

Solitaire, mélancolique, il ne pouvait se résoudre à s'éloigner définitivement des autres : il les admirait de loin, souhaitant tellement leur ressembler un jour ! Il aurait pu aller vivre dans un autre marais, juste de l'autre côté des dunes à peine renflées ; ils les aurait même entendus vivre et rire. Mais le cœur lui manquait quand il envisageait de prendre cette décision cruelle. Les voir de loin lui laissait croire, dans de brefs moments de rêverie insensée, qu'il était un peu comme eux ; un passant aurait pu penser qu'il s'était écarté momentanément, à dessein, parce qu'il avait fait une trouvaille intéressante et qu'il allait ensuite rejoindre le groupe et lui faire admirer sa découverte. Oui, de loin, on pouvait croire qu'il était avec eux.

Les mois passaient, il restait obstinément gris et les autres étincelaient au moindre rayon de soleil.

Il y avait bien les mouettes, souvent tachées de gris elles aussi, et qui n'étaient pas rejetées par les autres, toutes blanches. Mais les mouettes avaient le cœur plus simple que les flamants. D'ailleurs, elles ne semblaient pas voir sa différence quand elles le croisaient : pour elles, il était un flamant, sans caractéristiques particulières. Mais il ne pouvait pas fréquenter les mouettes et accomplir dans le ciel les mêmes acrobaties qu'elles ! De plus, avec elles aussi il aurait été différent, même s'il s'était agi d'une autre différence ; ses longues pattes l'auraient fait paraître ridicule au milieu de ces gentils oiseaux qui lui arrivaient au-dessous du genou.

Les poissons qu'il avalait perdaient leur goût, la brise du soir ne sentait plus rien. A quoi bon avoir un cœur plein d'amour pour les autres si les autres ne vous voient pas ? Puisqu'il n'avait pas d'existence, que son image n'était pas visible, le mieux était encore de disparaître réellement.

Au centre de la mare, il y avait un trou si profond qu'on le pensait sans fond. C'est là que les corps des très vieux flamants tombaient sans jamais remonter, tandis que leur esprit s'envolait vers le soleil et lui ajoutait un peu d'éclat. Il savait, comme tous les habitants du marais, qu'il ne fallait jamais s'approcher de ce trou, puisque c'était la porte qui ouvrait sur un monde mystérieux d'où personne ne pouvait revenir.

Il fit une toilette soignée, sans savoir pourquoi, mais c'était plus fort que lui ; pourtant, même lustrées avec un soin extrême, ses plumes restaient désespérément ternes.

Ce n'était pas la peine de prendre des précautions pour se diriger vers le centre de la mare : personne ne ferait attention à lui, personne ne chercherait à savoir pourquoi il se conduisait d'une façon si étonnante et peu conforme aux lois ; pour être libre, il était vraiment libre, il pouvait même aller tout seul dans le trou sans qu'on y trouvât à redire.

La tête vide, les yeux secs, les pattes actionnées mécaniquement, comme si elles ne lui appartenaient pas, il avança, sans penser à rien. Il savait seulement qu'il serait soulagé et que sa souffrance s'apaiserait, « après ».

Le sol devint glissant, il se sentit aspiré par une force inconnue ; par réflexe, il battit un peu de ses malheureuses ailes grises et il tomba d'un coup, plumes lourdes, pattes raidies, cœur gonflé de trop de larmes.

La descente était interminable, il ne savait même plus s'il vivait encore ; mais il respirait, il sentait l'eau le presser, il avait toujours les ailes tristement déployées, sans bien savoir pourquoi.

Cette descente se ralentit un peu, il commença à tournoyer et pensa vaguement qu'il allait enfin franchir la fameuse porte ; autour de lui, des algues sombres le caressaient au passage, peut-être pour le réconforter ; elles devinrent plus serrées, plus sombres encore, faisant ressortir l'éclat lumineux du poisson d'argent qui venait à sa rencontre.

« Tu me sembles bien jeune pour venir déjà dans ces parages, lui dit le poisson doucement. Ton cœur bat trop fort pour un flamant qui doit mourir, ton bec est dur, tes ailes vigoureuses, que t'arrive-t-il ? »

Le flamant se sentait si fatigué qu'il n'avait pas envie de répondre. Il aurait voulu s'endormir là, tout de suite, avec le poisson d'argent qui l'aurait accompagné et les algues qui l'auraient bercé. Mais il était trop poli, et c'était sa dernière occasion de parler : « Je suis trop malheureux. Mes plumes sont grises, les autres ne me parlent pas, ils ne me voient même pas, je suis seul, seul et seul, je n'en peux plus... » Les mots se bousculaient. Il s'était tenu depuis si longtemps ce discours qu'il ne savait même plus comment le formuler ; c'était son langage intérieur qu'il exprimait, et il était tout étonné d'y parvenir.

Le poisson d'argent avait une lueur de compassion dans l'œil, ses nageoires ondulaient doucement, comme pour apaiser ce chagrin immense qui lui était livré.

« Écoute, je peux faire quelque chose pour toi. Tu es gentil, tu as bon cœur, tu n'as pas pris prétexte de ton malheur pour faire des bêtises, voilà ce que je te propose : tu remontes, tu as le plumage superbe dont tu rêves, mais, en contrepartie, tu ne manges jamais plus de poisson. »

Le flamant gris sentit son sang circuler plus vite, son cœur devenir plus léger : il serait comme les autres, il était sauvé !

Prudent, il remonta un peu à l'écart du groupe rose qu'il devinait à travers l'eau ; s'il avait brusquement surgi au milieu d'eux, ils auraient peut-être été trop surpris pour l'admettre aussitôt dans leur groupe, il ne lui fallait pas gâcher cette chance merveilleuse de vivre enfin comme tout le monde, et, surtout, il lui fallait s'habituer à sa nouvelle allure, faire connaissance avec ce nouveau flamant, maintenant si semblable aux autres.

Il jaillit assez loin d'eux pour ne pas attirer leur attention. Comme d'habitude, les flamants roses étaient ensemble, ils jouaient, avec distinction, de leurs plumes brillantes et ils ployaient leur cou avec grâce.

Retenant son souffle, calmant son cœur, il se regarda : il était exactement comme les autres, blanc ourlé de rose, étincelant et fier.

C'est d'un pas altier, mais aussi un peu désinvolte, qu'il s'approcha ; les autres lui jetèrent un regard distrait et lui firent une place dans leur groupe. Il ne savait pas s'il devait avoir l'air de les découvrir, en jouant le rôle d'un voyageur assez courageux pour quitter seul son territoire d'origine, ou bien adopter une attitude un peu distraite et rêveuse, qui aurait l'avantage de s'accorder avec son nouveau régime alimentaire. Personne ne lui posa de questions. On accueillit ce frère identique avec naturel, le seul éclat de ses plumes justifiant qu'il fût reconnu et admis sans autre difficulté.

Enfin, lui aussi pouvait parler des heures de tous ces petits riens qui font la joie de l'existence ! Il pouvait commenter le temps, la température de l'eau, l'odeur de la brise, les sentiments naissants entre certains, la séparation des autres, le vol des oiseaux frères... Il pouvait jouer avec le soleil et faire briller quelques plumes bien choisies, juste pour le plaisir, par l'effet d'une coquetterie que sa beauté justifiait. Il n'était plus seul, il n'avait plus froid, il se sentait exulter d'un bonheur qu'il n'aurait jamais cru possible : son rêve s'était réalisé, *il était comme les autres !*

C'est quand il lui fallait manger que les choses se gâtaient : il tentait de se cacher pour déguster quelques algues, mais comment manger avec discrétion quand on est au milieu d'un groupe si compact ? Pour rien au monde il ne s'en serait écarté, même de quelques mètres, après tant de souffrances endurées pour y entrer.

Parfois, il rêvait aux poissons qu'il mangeait jadis, mais aussitôt lui revenait le souvenir de sa solitude d'alors, et il se faisait une raison en avalant son algue.

Tant de bonheur ne pouvait durer. Peu à peu, les autres commencèrent à s'interroger sur ce flamant bizarre, qui avait pourtant bien l'air d'être des leurs, mais qui ne mangeait pas de poisson. Il était grand, très beau, sa blancheur lumineuse semblait retenir l'éclat du soleil, le rose de ses ailes faisait penser aussi au soleil, juste au moment où il se couche, et bien des dames le regardaient en soupirant un peu, mais son air lointain et rêveur les dissuadait d'aller plus avant.

Confusément, les autres commencèrent à remarquer de petites différences : on ne savait pas exactement pourquoi, mais ce flamant n'était pas tout à fait comme eux, et cette manie de refuser le poisson n'était pas normale, il y avait quelque chose... Peut-être était-il préférable de se tenir un peu à l'écart de ce curieux individu ?

Peu à peu, sans qu'il y paraisse, de façon insidieuse, il se retrouva de plus en plus isolé. On recommençait à ne pas le voir ; malgré tout son éclat, il devenait transparent. Il se sentait fondre de douleur en retrouvant sa solitude passée, encore plus terrible, maintenant qu'il avait goûté à la chaleur des autres. La contemplation de ses ailes si raffinées ne le consolait pas : à quoi bon devenir si beau si c'était pour se trouver à nouveau dans la désolation de la solitude ?

Les algues n'avaient pas de goût, il faisait froid, l'eau même semblait hostile, quand elle lui renvoyait son reflet coloré, mais dérisoire. Il ne faut pas chercher à forcer le destin, il faut accepter son sort avec dignité et avec résignation, il avait eu tort de prendre au sérieux la proposition du poisson. Maintenant, on ne le piégerait plus aussi facilement : il allait retourner dans le trou et, même s'il rencontrait le poisson d'argent, il n'écouterait plus ses belles paroles.

C'est d'un pas décidé, animé par une colère inhabituelle qu'il marcha résolument vers le trou ; il connaissait le chemin, mais, cette fois encore, il ne put s'empêcher d'ouvrir les ailes quand il commença à glisser.

Les algues le caressaient, mais sa colère était trop forte pour qu'il fût sensible à cette marque de gentillesse ; alourdi par son trop grand chagrin, il tombait comme une masse ; il allait droit vers la porte et il ne souffrirait plus.

« Te voilà encore, dit doucement le poisson, apparu dans un éclair d'argent. Je crois comprendre ce que tu veux faire, mais cela ne te coûtera pas beaucoup de me dire avant ce qui n'a pas marché. »

Comme la fois précédente, les mots se bousculaient. Il allait tout de même pouvoir se confier, juste avant de disparaître, cela valait mieux que rien... Et puis ce poisson beau parleur et rusé allait peut-être éprouver quelques remords pour l'avoir rendu si malheureux. « Les autres se moquent de moi parce que je ne mange pas de poisson, je me retrouve encore plus seul qu'avant, parce que, avant, j'espérais changer, mais maintenant je vois bien qu'il y a toujours quelque chose qui ne va pas, je ne suis pas fait pour ce monde hostile, adieu. »

« Attends ! dit le poisson en ondulant avec compassion, si tu veux, tu peux redevenir gris comme avant, je suis sûr que tu seras content de te retrouver toi-même, ce déguisement ne t'allait pas, ce n'était pas ta nature d'être en vedette, la méditation solitaire te convient mieux. »

Le poisson profita de l'imperceptible hésitation du flamant pour lui restituer son plumage originel et le renvoyer vers le haut. Mais il ajouta : « J'oubliais : les accords antérieurs sont toujours valables, tu restes végétarien. »

Finalement, c'était assez confortable de retrouver ses oripeaux : il se sentait à nouveau lui-même, dans un tout petit sentiment de joie, celui que l'on éprouve en retrouvant un vieux vêtement auquel on était attaché par une longue habitude et qu'on croyait perdu.

Le gris ne lui allait somme toute pas si mal et, de toute façon, c'était la couleur, si l'on peut dire pour une aussi triste teinte, que le sort lui avait octroyée. Il avait eu tort de se révolter, il allait se résigner à rester à l'écart et il méditerait sur la futilité des apparences.

Le goût des algues devenait infect ; il ne savait pas méditer, ni réfléchir, ni penser ; de loin, il voyait les autres rire et déguster des poissons ; la solitude devenait glaciale, mortelle, sans recours.

C'est presque avec un sentiment d'absence qu'il se dirigea vers le milieu du marais ; il se sentait dépouillé de toute émotion, il n'était même pas triste, seulement un peu vide, un peu froid à l'intérieur de lui-même, mais son départ ne lui demandait pas de grand sacrifice. A quel bonheur possible devait-il renoncer ? Aucun. Il n'attendait plus rien d'heureux de la vie, il allait l'achever dans une indifférence égale à celle qu'il avait toujours connue, et ce serait bien ainsi.

Il était devenu insensible, tant aux souffrances morales qu'aux douleurs physiques. Il allait plonger en pensant à autre chose, et, pour éviter toute tentation, il nouerait ses pattes avec son cou ; il serait sûr ainsi de ne pas remonter, et tout irait très vite.

La glissade, les ailes qui s'ouvrent par réflexe, et il commença à tricoter des pattes... Tout à coup, il sentit une chaleur inhabituelle, lui qui commençait à avoir l'habitude de ce gouffre tellement terrifiant pour les autres. Les algues le caressaient, mais elles s'inclinaient aussi vers l'arrière et l'eau bougeait de curieuse façon. Là, juste un peu plus loin, il y avait une boule de plumes grises détrempées qui descendait lentement, ses pattes entortillées lui interdisant absolument de remonter. Elle tournoyait entre les algues avec une douceur d'une tristesse absolue.

De cette boule émanait quand même un appel, si ténu qu'il fallait avoir beaucoup souffert de la solitude pour le percevoir ; de loin, il devinait les battements d'un cœur affligé, affolé.

Ce fut plus fort que lui : il défit ses pattes aussi vite qu'il le put, se lança au-devant de cette boule d'un gris plus misérable encore d'être trempé, la saisit et la remonta avec un sentiment d'urgence qu'il n'avait jamais connu. Arrivé à la surface, il n'avait plus de souffle, plus de force, mais il trouva en lui encore une parcelle d'énergie pour tirer la boule hors des pentes glissantes.

C'était le plus joli flamant gris du monde : des yeux encore embués de toutes les larmes versées avant la grande décision, le tendre renflement de la poitrine laissant deviner ce cœur qu'on avait voulu arrêter, la grâce infinie d'un cou qu'on déployait lentement en murmurant : « Je croyais que j'avais passé la porte... Ou alors, c'est la même chose de l'autre côté ? » Il ne savait que dire, éperdu de reconnaissance envers un sort si attentif, qui lui permettait de sauver une si douce vie. Il la réchauffait, il faisait bouffer les ailes, qui recouvraient peu à peu leur gris sublime et délicat.

Jamais il n'avait vu de plus bel oiseau : pas un de ceux qu'il avait fréquentés un moment, si fiers de leurs beaux atours, n'avait la délicatesse de la merveille qu'il tenait près de lui.

Bienheureuse porte de l'enfer, qui lui avait permis de connaître cet éblouissement ! Bienheureuse plongée, qui lui avait fait sauver la vie la plus précieuse qui soit ! Il ne regrettait plus ce passé si pénible, il comprenait qu'il lui avait fallu traverser toutes ces épreuves, éprouver le doute, l'angoisse, la souffrance, le sentiment de n'être rien, seulement pour cet instant, le plus important de tous.

Béni soit le poisson d'argent, qui l'avait conduit jusqu'à cette minute, sans le ménager, sans lui dévoiler ses desseins, mais qui avait dû savoir depuis le début qu'il fallait qu'il plonge pour sauver la tendre oiselle qu'il ne lâchait plus et qui s'abandonnait avec confiance.

Tous ses malheurs passés lui semblaient désormais négligeables, de peu d'importance, à côté de l'éblouissement qui lui réchauffait l'âme. Il avait connu une vie austère, simplement pour se trouver là au moment opportun et pour que tous deux puissent se comprendre sans qu'il soit besoin de se parler.

Chacun savait les souffrances de l'autre, et c'est cette expérience similaire, mais vécue pour chacun dans une douloureuse solitude, qui allait donner à leur amour une force que rien, jamais, ne pourrait entamer.

Annexes

ASSOCIATIONS CITÉES

ANPEIP
(Association nationale pour les enfants intellectuellement précoces)
Fondée par Jean-Charles Terrassier en 1971 et fédérée depuis 1995.
Tél. : 04 93 92 10 53.
Représentation dans les régions : on peut donc se renseigner au siège social pour connaître l'adresse du représentant local.

ALTAÏR
Organisme des courts séjours et des vacances à thèmes essentiellement scientifiques.
Tél. : 01 41 98 65 70.

AFEP
(Association française pour les enfants précoces)
Fondée en 1993 par Sophie Cote, alors principal du Collège du Vésinet.
13 bis, rue Albert-Joly – 78110 Le Vésinet.
Tél. : 01 34 80 03 90.
Représentation dans les régions : la liste en est communiquée au siège social.

ALREP
(Association de rencontres et de loisirs pour les enfants et adolescents précoces)
Fondée par Paul Merchat : 33, avenue Franklin-Roosevelt – 30000 Nîmes.
Tél. : 04 66 64 82 51.
Représentation à Paris.

Jeunes Vocations artistiques, littéraires et scientifiques
Association fondée en 1978.
Directrice : Béatrice Cazelles.
14 bis, rue Mouton-Duvernet – 75014 Paris.
Tél. : 01 45 40 95 61.

MENSA
20, rue Léonard-de-Vinci – 75116 Paris.
Association internationale existant en France depuis 1966.
Tél. : 01 48 31 34 64.
S'est longtemps adressée seulement aux adultes ; accessible désormais aux enfants.
Représentants et groupes régionaux.

Autres associations

EUROTALENT
15, rue Barillet-Deschamps
37000 Tours.

Certaines associations organisent des rencontres, des colloques, des activités destinées aux enfants doués ; elles conseillent les parents sur les démarches à suivre pour obtenir, par exemple, un saut de classe ou pour toute autre action et peuvent donner des renseignements sur les ressources en écoles offertes par la région concernée.

Ouvrages recommandés

– Alice Miller, *Le Drame de l'enfant doué*, PUF Le Fil Rouge, 1983.
– Rémy Chauvin, *Les Surdoués*, Stock, 1996.
– Jean-Claude Grubar, Michel Duyme, Sophie Côte, *La précocité intellectuelle : de la mythologie à la génétique*, Mardaga, 1998.
– Jean-Charles Terrassier, *Les Enfants surdoués ou La précocité embarrassante*, ESF Éditeur, 1999.
– Jean-Charles Terrassier et Philippe Gouillou, *Guide pratique de l'enfant surdoué : comment réussir en étant surdoué ?*, ESF Éditeur, 2000.
– Sophie Côte, *Doué, surdoué, précoce*, Albin Michel, 2002.

Index

TABLE DES MATIÈRES

2 – QUI EST CET ENFANT ?

3 – ET MAINTENANT, QUE FAIT-ON ?

Impression réalisée sur CAMERON par

BUSSIÈRE CAMEDAN IMPRIMERIES

GROUPE CPI

à Saint-Amand-Montrond (Cher)
en octobre 2003

N° d'impression : 034622/1.
Dépôt légal : octobre 2003.

Imprimé en France